運動反派的告白

左外野方向的逆轉思潮

陳子軒——

CONFESSIONS O
A SPORTS ANTIHER
REVERSING THE GA
FROM LEFT FIE

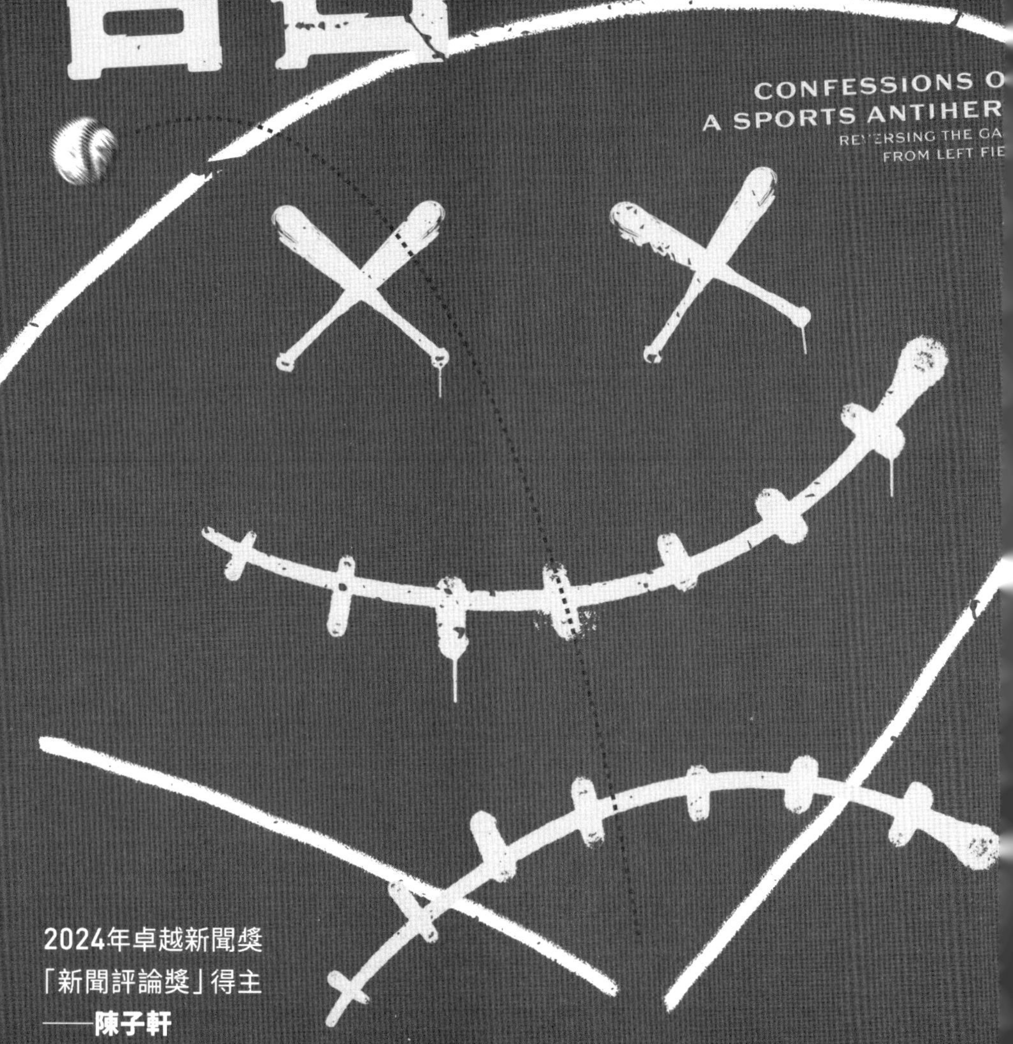

2024年卓越新聞獎
「新聞評論獎」得主
——陳子軒

繼《左·外·野》後再一次
挑戰運動主流的批判之作

當運動不再只有英雄，我們才真正理解比賽的意義。
左外野方向的逆轉，不只是在球場，而是整個世界觀的翻

推薦序

專剋「右」打者的左外野手

成大歷史學系副教授/謝仕淵

運動的世界裡，勝利的桂冠極其誘惑，發散的光芒耀人，擁護者保皇黨居多，保守價值—國族的、男性的、資本的、厭女的、霸權的，始終靠其捍衛。這些「右」打者慣性把球打到左外野，陳子軒教授的新書《運動反派的告白：左外野方向的逆轉思潮》，專門接殺這些守舊的價值。

運動賽事是奇觀，玩票與搶票的人多，也常涉及選票與鈔票，錢與權經常是運動場上的幕後王者，只能以「左、外、野」，字字基進的三個字，反派告白逆轉思潮，讓多元、平等與正義等價值棲身球場。

我是臺灣棒球歷史研究者，歷史脈絡的重構與批判，是運動領域自我解殖之不可或缺，但《運動反派的告白：左外野方向的逆轉思潮》更為敏銳的在當代的、流動的、跨國的視角中，找出了運動場上糖衣包裹的種種毒藥，觀點深具啟發，篇篇都是經典，子軒的文章獨自架構出了另一個運動場，上演著關於運動領域中，轉型正義與保守價值的對抗賽局。臺灣運動迷多，但運動領域中，卻極其欠缺深刻且獨立的批判傳統，這本書有效填補了運動書寫的空洞處，為臺灣的運動文化批判書寫，建立了全新的高標準。

運動是公民社會構成的重要部門，流動於其中的價值，如同書中的分類，涉及「運動與國族」、「運動與媒體」、「運動與都市」、「運動與全球化」、「運動與性別」、「運動與文化」、「運動員的多元宇宙」等議題。有的是正火熱上演的臺灣棒球場上的啦啦隊，有的則是國外的故事，如同美洲原住民卑微的轉型正義，提醒我們臺灣球迷熟悉的戰斧加油歌跨海來到臺灣後，「若透過運動場上揮舞戰斧、兇殘是你想到原住民勇士的第一甚至唯一印象，這無疑讓他們在白人西部『開拓』史中的被害地位以及種族滅絕的歷史退居次位甚至遺忘。」這些世界各地的案例，其實都有個屬於臺灣的參照意義。

《運動反派的告白：左外野方向的逆轉思潮》可以滿足追求深入分析運動文化現象讀者的好奇心，成為厲害專業的運動迷，很需要培養如本書一般的銳利觀點。子軒老師理當是憤青，但全書文字親善可人，閱讀此書，如同夏夜涼風下看場球的輕鬆。如果你說自己常運動、愛看球，必須要加上閱讀這本書，才能成為超越同好的專業運動迷。

作者序

「左」派、場「外」、在「野」，一直是我自勉身為運動社會學家的核心精神，在二〇一九年集結在《udn 鳴人堂》的專欄文章而出版了《左．外．野：賽後看門道，運動社會學家大聲講》。之後，一場 COVID-19 疫情讓世界按下了暫停鍵，運動用閉門、泡泡等方式，勉力地成為維繫世界仍在躑躅運作的寄情所在。

文壇知名的一句警語「第二本書永遠是最難的」，可不是嗎？感謝堡壘夥伴尤其是伯儒「盲目」相挺，相隔六年，容我再一本文集的問世。運動世界看似恢復到了疫情前的模樣，但卻變得更難以捉摸。這兩本書出版的期間，除了與我摯愛的 FOX 體育台道別之外，疫情、東京、巴黎夏奧、北京冬奧、卡達世界盃足球、WBC、十二強、大谷翔平、影音串流平台、AI、啦啦隊、運動博弈、DEI，每個都是足以定義時代的關鍵詞，更別說它們彼此交織下的複雜景象。幸運地，我從《udn 鳴人堂》轉戰到了《報導者》，這十一年來，持續觀察與評論運動世界中的脈動。乍到《報導者》之時，惠君以網球賽場上永恆的「長盤制」（Long Game）來為這專欄命名，象徵著人類的愛恨情仇、喧囂歡愉、當代價值，都將天荒地老地在運動這場域中戰鬥與論證下去。儘管網球界為了縮短比賽時間，已經將長盤制淘汰，實在沒想到，我的「Long Game」，竟然比網球的「Long Game」存活的更久。看來，這場永恆的戰鬥，還會再持續下去。

二〇二四年，無疑是我各式斜槓生涯值得紀念的一年，身為學者，在臺灣運動社會學界夥伴的力挺之下，完成了首屆東亞運動社會學論壇的主辦，日、韓、紐、澳學者齊聚一堂，為全球與在地之間，尋求區域的視野；身為作家，「Long Game」專欄拿下卓越新聞獎的新聞評論獎，這是對於運動評論這文類前所未有的肯定，我也利用獲獎時發表感言的機會，為臺灣運動新聞發聲，期待未來卓越新聞獎也能為專業運動媒體人給予最高的肯定；最驚喜的莫過於，身為球評，與緯來夥伴一同前進東京巨蛋，為臺灣隊在棒球十二強奪冠的轉播中，鑲嵌進了我的聲音導覽。

艾美獎得主約翰・奧利佛（John Oliver）曾經以「香腸理論」來批判他所熱愛、但本身卻又醜陋無比的世界盃與國際足總，也就是說，如果真心愛一樣東西，就像香腸，別管它怎麼做成的（反串要註明）；這麼說來，臺灣的運動更像個臭豆腐，越臭我卻越甘之如飴似的，熱愛運動，更真心渴望知道這臭豆腐到底是怎麼做出來的。

運動社會學家，似乎就註定了是運動場域中的「反派」，我們不該、也不會是主人翁。泰勒絲唱道：「永遠支持反派一定令人精疲力竭吧」，那她一定未曾成為真正的反派過吧！

運動與都市

運動與全球化

運動員的多元宇宙

運動與國族

國族主義向來是觀看運動的重要切入點，911 事件儘管已經過了二十多載，但卻是美國運動史上「最長的一日」，從運動敘事角度的改變，到球場安檢措施，在 2001 年 9 月 11 日之後就在一回不去了。至於臺灣，儘管已經不再是黨國體制下少棒風潮的扭曲形狀，但從 COVID-19 疫情下東京奧運的集體情緒出口，到 2024 年棒球 12 強的世界之巔，都讓臺灣再次沉浸在國族榮光的極樂之中。儘管不該是運動的唯一樣貌，但運動與臺灣的國族認同就是無止盡的糾葛與摩盪。然而，在此關係下所折射出來的樣貌眼花撩亂，究竟，「誰」才可以是自己人，誰又不是我們硬蹭出來的「臺灣之光」呢？血緣、遷徙運動比賽千百種，各比賽成色卻又不一，怎樣才是最「純正」的國際賽事，職業運動又如何與國族認同交錯、衝突卻又強化？

東京奧運激情後的現實：一起進擊吧，一日球迷們！

首先，曾經沉浸在東京奧運氛圍的臺灣人、乃至世界公民，都應該向日本說聲謝謝。謝謝日本的承擔，承擔了難以回收的鉅額成本、承擔著每日 COVID-19 確診的新高，有日本的承擔，才有臺灣史上最成功的奧運。

東京奧運就像是個泡泡裡的冷酷異境，那麼如此晦暗背景所襯托的，就是最為鮮明的人性與情感。如果不是疫情，怎麼會有潘政琮與林盈君如此美麗動人的愛情故事，比《千萬風情》（Tin Cup）這部電影更浪漫卻更真實地上演。

包括臺灣在內的全世界各國，透過媒體轉播，著實享用了舉國沸騰的自助餐式國族饗宴，在苦悶之情下集體宣洩。運動大國如美國、日本、中國等國，照例各自在獎牌總數進行國力宣示，但是邊緣與蕞爾小國，同樣可以各取所需。臺灣拿下二金四銀六銅，有史以來最成功的賽場表現，蘊積了令人難以逼視的能量；菲律賓透過女子舉重、百慕達透過女子鐵人三項，各自奪下奧運史上首金；張家朗的擊劍金牌，吸引大批在商場觀戰的民眾，為幢幢中國陰影下的香港認同，不知能再有幾回地凝聚與釋放；人口僅有三萬四千人的聖馬利諾，成為奧運獎牌落腳的最小國家；科索沃再添兩面女子柔道金牌，儘管鄰國塞爾維亞堅不承認其獨立，但這全世界最年輕的國家之一，依舊透過柔道為他們在世界上留下印記。

當我們在東京奧運開幕兩週前，由戴資穎一張經濟艙照片引發的「盛怒」開始，導致體育署張少熙署長「留校查看」而揭開序幕；開幕後，一路的「狂喜」至今，風光榮歸的代表隊，以及傲人的「業績」之後，署長還該下台嗎？

所以了，千萬別在最激情的時候，做下重大的決定。

在臺灣的奧運史上，沒有比東京奧運的兩個星期更激情的時刻了，郭婞淳最美麗的失敗嘗試、麟洋配的臺灣IN、戴資穎與李智凱的銀恨、三位神箭手們傳承了雅典奧運之銀、楊勇緯讓黑了許久的柔道一夜洗白、「精彩」的林昀儒、黃筱雯等四英雌拳手，讓我們看到了臺灣新生代運動員的崛起；而我們也給予盧彥勳與莊智淵他們兩位所應得的告別。

在東京，沒有臺灣棒球聚光，反倒讓其他運動更被看見。

這個世代的臺灣運動員，我們看到了他們的多元、勇敢、強壯、團結，他們改寫了運動員陽剛氣概的定義，即便是九十六公斤級男子舉重的陳柏任、無限量級的謝昀廷，都有一種不同以往的氣概，妙的是，此次代表團裡最霸氣的反倒是小戴和四位女拳手。這個世代的臺灣運動員，正是過往幾十年，這個自由民主與多元文化社會累積的成果。

但可惜的是，隨著臺灣代表隊一面面獎牌入袋，新聞媒體鋪天蓋地的為每個運動員更添難以逼視的光環，這樣的氛圍下，讓任何關於運動員的討論都容易被導向民粹式的發洩。我們可不可以、夠不夠「資格」評論運動員？當然可以，也是應該的。四年一度的體壇大拜拜，引出了前所未有的一日奧運迷，這部分並沒有問題。問題是，這一群「一日迷」的聲音，卻透過網路群聚與發散，上達天聽。這是民主常態，政治如此，運動亦然。就像雖然不是每個選民都牢記憲法條文、政府組織權責，但我們無法以此作為剝奪其選舉權的理由，那麼我們也無從阻止包含「一日迷」在內的每個人對於運動賽場的多元意見。當代民主並非完美，甚至多有破綻，但它卻仍是人類社會數千多年，嘗試錯誤後的最好成果，對於運動的發聲也是如此，重點在於，主事者能否過濾這些雜音，為臺灣長期運動發展做下最好、卻未必是最受歡迎的決策。

當小粉紅之亂遍及全球之時，身為臺灣人，我看到的是不合尋常的自制與理智，在接連目睹了李智凱與戴資穎的超級周日之夜，當我還停留在「哀傷五階段」的「否認」，進而轉向「憤怒」時，卻發現我的情緒難以尋找共鳴，因為網路上的意見風向已經全然跳到接受與希望的最終階段。

但這時刻讓我想起二〇一八年世界盃足球賽，比利時在十六強淘汰賽傷停補時絕殺日本之後，日本球員卻可以抑制住如此巨大的心碎與失望，將休息室收拾乾淨，並以俄文留下感謝的字條。我的反應是：「日本人，拜託好不好，你們是允許發洩的，別再壓抑了！」這也是我在此次超級周日夜之後第一時間的感想。運動之所以迷人，甚至扮演著類宗教狂熱的角色，就是集體共感共應的經驗所致，適時的情緒發洩該是被允許的。或許這是多數臺灣人為了反制網路上小粉紅令人厭惡的中國狼性所發起的反制之舉，以溫情與鼓勵我們的運動員來凸顯與對岸獎牌工廠的不同之處，但當有些人批評戴資穎金牌賽的「失誤」，就被群起攻之甚至迫而刪文之時，這樣的行徑，也該休矣。

是的，有人會說，將自身的期望加諸在這些已經很了不起的運動員身上，是很不公平的，我懂。運動員養成的辛苦與付出，無須贅述，尤其許多都是以運動作為其階級流動的賭注，能忍他人所不能忍的動力，值得他們到目前為止一切的掌聲。但運動之所以在當代社會有價值，就是在於超越個人，集體情感的投射。所以當我們提到國家隊、職業球會時，總會說「我們的」隊伍，但每個球迷都知道自己並非球隊實質的擁有者，或只是因為國族的想像，讓他們成為代替我們出征的戰士（proxy warriors）。因此，這個時代下的菁英運動員，不管他們願不願意，來自商業的、國族的權利與義務是相伴而生的，同樣都是運動，但當我們徜徉公園期間慢跑、或是在河濱球場打一場慢壘，那是屬於自己身體的空間，無人當可置喙。但是運動成就伴隨著名聲與利益之時，不管是一日迷或是資深專家，當然都有評論的權利，這也是民主常態。

回想東京奧運前幾個月，大坂直美與拜爾絲勇敢而誠實面對自己的不OK，那是時代氛圍所致。當她們在此次賽會中，以她們令人心碎的不完美，提醒著世人，所謂的完美運動員已漸走下神壇，但此時，來自大眾媒體或是社群媒體上不容批評運動員的造神氛圍，卻也不是健康的。

當運動員有說不的權利與表達脆弱時，以及民意紛呈的公共領域，才是運動文化質變真正成功之時。只要不是惡意的人身攻擊，就算是來自一日運動迷的意見，都是運動領域的養分，怎樣不讓這些一日運動迷，不要永遠停留在那一日，那才是重中之重。

在這激情的時刻，原住民的運動才能果不其然地又被提及討論甚至頌揚。還記得二〇一七年世大運時，紅極一時的米田堡基因的研究吧？出賽東奧的臺灣選手中有十三位原住民選手，佔了六十八名選手的一九%，遠遠過度代表了臺灣總人口中原住民二．四五%的比例，他們在東奧的成就，照例又引發了甚至包含原住民意見領袖在內，大力鼓吹運動作為他們的登天之梯。

各種族間的生理差異，是否能直接轉化成運動能力的展現？至今科學界仍未有決定性的結論。退一步說好了，原住民即便先天上有某種程度的運動發展優勢，當臺灣運動發展環境仍如此令人詬病時，我們憑什麼讓他們「被決定」？一個衣錦還鄉運動員的背後，需要踏上同一條路上多少「失敗」運動員的陪襯與陪葬？我們在這最激情的時刻，只把目光聚集在這最少數的人身上，甚至嚷著其他人前仆後繼，那是極不負責的作法。我們憑什麼灌輸給絕大多數的他們如此虛幻的想像？就直白地這麼問吧，看著一面金牌兩千萬的份上，你願意讓你的孩子走上郭婞淳這條路嗎？如果你，還有許許多多已成名的運動員都回答說，「不要，太辛苦了」的時候，那麼，僅憑種族就產生集體的、窄化的對自我的認識與期許，忽略菁英運動成就需要的遠遠超越可能存在的天賦資質，這種鼓吹和政策是個人一場勝率極低的賭博。只有極少數的臺灣原住民透過運動脫貧，運動場上的原住民過度代表性美化出運動脫貧的可能，每逢大型賽會勝利的狂歡之後，表象上鼓吹原住民的順性發展，其實是讓臺灣社會集體得以迴避種族和原漢社會資源分配不均之間的究責，不要再讓種族先天的羽翼反倒成為國族加諸在他們身上的枷鎖。奧運該是一個好機會，讓我們見識和思考運動和人、運動和國家、社會間不同的排列組合方式和關係。這場東京奧運的光榮外，反倒襯托出臺灣不公平的社會結構，才會有這樣集體動員原住民，給予他們一種唯有運動才是生存策略的「天命」。

尤其國際運動秩序，可能並不像我們所想像的那麼穩定。就在奧運閉幕日當天，IOC 投票表決通過，未來 IOC 將擁有更大的權力，得以「紀律問題」為由將某項運動從奧運中移除。雖未明說，但針對的正是此次我們有出色表現的舉重與拳擊這兩項運動。近年來，IWF（國際舉重協會）和 IBA（國際拳擊協會）因禁藥泛濫、貪污以及組織內部嚴重的紀律問題，早已經成為國際運動組織間的黑名單，如今 IOC 擁有更大權力下，這兩項運動就是最可能被開刀的目標。如果巴黎縮減名額，洛杉磯甚至刪除這兩項運動的話，貿然投入的運動員，赫然發現他們的天命卻是此路不通時，我們如何負責？

同樣的激情時刻，也讓臺灣各級單位挾著民氣拚場，成了漫天喊價的場子，那只是一個之前沒做事，事後趕緊補上的遮羞布而已。從全運、亞運到奧運，各級政府秉此思維，只是錦上添花，而又無責的便宜行事。

最後，在這情緒化的時刻，正名之聲再起，但此時究竟是不是一個好的時機？根據政大選研中心的民調，近年來，認同自身為臺灣人的比例穩定在六成以上，但是此次轉播以及報導中，媒體中「中華隊」加上「臺灣選手」的混用，反而成了臺灣媒體內部的妥協機制，光是說出「臺灣隊」彷彿就成為一種政治宣示，但另一方面，我們卻可以因為外媒喊出臺灣而興奮不已。奧運賽場，正是臺灣如此精神分裂的寫照。

理想而言，沒有人希望揹著中華臺北這個荒謬的名字，但是從本屆奧運諸多外媒的報導中可以發現，就因為這名字以及奧會模式的荒謬至極，反倒凸顯了中國對於臺灣的打壓與霸道，各國媒體或直呼臺灣、或是隨著郭婞淳、桌球、羽球諸將傑出表現之後，撰文介紹「奧會模式」並凸顯兩岸的差異，以後見之明來說，臺灣反而得到正面的聲量與宣傳。更何況，二〇一八年正名公投未通過，出賽權就是選手們最疾呼反對正名的著眼點，如今正是運動員聲勢最高之時，在東奧賽場如此傑出的成就之後，更強化了他們出賽權利的優先性。在誰都無法保證正名申請結果的情況下，再推正名公投，並非策略上的最佳時機。

更何況，在最迫切的現實面而言，東奧半年後的北京冬奧、二〇二二年接連著的成都世大運以及杭州亞運，連續三大賽會都在中國舉行，擺在我們眼前的是更多政治的不確定因素，屆時臺灣運動員會面對著中國官方甚而小粉紅們什麼樣的對待？尤其當我們面對強加著的「中国台北」之名時，該將如何應對？而這還是臺灣代表隊真能成行的前提下。

東京奧運的點點滴滴，都是臺灣面對未來挑戰的養分，但千萬別讓這一時激情，主導了未來臺灣運動發展的至高願景。

恐攻、戰爭、愛國主義——二十多年了，九一一仍是運動史上最漫長的一日

那是一個你永遠會記得你在哪裡、做些什麼的當下。

二十多年了，身為一個第一年到美國的菜鳥博士生，依舊清楚記得九月十一號那個星期二早晨，上著巴利歐（Tino Balio）教授「好萊塢與全球化」這門課。第一堂課下課時間，所上的助教走了進來，告訴我們有架飛機撞上紐約的世貿中心。我聽完只回說，希望不要有太大的災害，然後竟還傻呼呼地跟老師和同學說起，真正的大新聞應該是前一天宣布將在巫師隊復出的喬丹（Michael Jordan）吧。十分鐘後，助教再衝了進來，上氣不接下氣地喊著：「第二架飛機……第二架飛機……」

自此之後，美國就像陷入按下循環鍵的國度，每一家電視台不斷反覆播放飛機撞上世貿中心與五角大廈的畫面，世貿中心雙塔一次又一次地倒塌，運動，當然不會、也不該是還有人關注的活動。儘管大聯盟季後賽資格競逐正酣、大學與職業美式足球方才開季，但一切嘎然而止。《運動畫刊》以一幅美國國旗，靜置在空蕩的球場座椅上，告訴著美國人，這是「運動靜止的一週」（The Week That Sports Stood Still）。但，也就才經過一個星期。

太快了嗎?美國人可不這麼認為，運動真的承擔起恐怖攻擊陰影下，美國人要回他們正常生活的最重要象徵。

美國人以進球場的方式，展現出無懼於恐怖份子的威脅，儘管人群聚集之地，正是恐攻最鮮明的目標。九月十七日，率先復賽的大聯盟各場比賽，邀集了各城市的警察、消防隊與緊急救難人員擎著

國旗與旗幟，唱著國歌與《天佑美國》。首場全美電視轉播的密爾瓦基釀酒人與聖路易紅雀之戰，傳奇播報員巴克（Jack Buck）噙著淚水，朗誦著他紀念九一一的詩作，聞者無不動容。如同他在致詞的一開始所問到的：「我們到底該不該在這裡？」美國史上最大的恐攻災難後，運動，這個看似日常生活避風港、卻又無法實質真正改變什麼的東西，真的有這麼重要嗎？「是的！我們應該在此展現我們的堅決意志嗎？是的！」巴克接著如是說。

那年的運動賽事，非但不是美國日常生活的避風港，還是戰爭的延續。一架架球場上飛過頭頂的飛機，都成了眾人投以驚恐眼神的目標。恐攻震央的紐約，當然更是這個世代對此事件集體記憶的中心，紐約客沉浸九一一氛圍，難以自拔。九月二十日，紐約遊騎兵與費城飛人隊的 NHL 的熱身賽，正當小布希在眾議院聯席會進行九一一攻擊事件的演說時，超過一萬九千名現場觀眾自發性要求現場大螢幕轉播該場演說，賽事因而中斷並提早結束。他們不願讓運動隔絕九一一，而讓九一一走入運動。

二千九百七十七條人命的失去，讓娛樂為本質的職業運動顯得格格不入，復賽之後的 NFL 紐約噴射機隊主場，空著一大塊季票所有人的座位區，這些位子大部分的主人，都在世貿大樓的災難中離世。這樣的氛圍下，到底該如何對於球場上的一切進行回應？是否該持續哀悼？還是該從殘破的廢墟堆中走出來？鍾愛的球隊獲勝後，該是怎樣的情緒？

九月二十一日，後九一一在紐約的首場棒球賽事，大都會隊的強打捕手皮亞薩（Mike Piazza）在八局下半打出逆轉的全壘打擊敗亞特蘭大勇士隊，彷彿告訴著紐約客，你們的情緒是被允許暫時釋放的；二〇〇一年賽季的季後賽，三連霸的紐約洋基隊更承載著全城、甚至全美的期待，尋求慰藉這受創的城市。「那一年，在九一一之後，我們不再是令人討厭的洋基隊了」，連洋基隊的球員在受訪時都驚奇地感受到那樣的轉變。

洋基隊不負眾望，一路打進世界大賽，過程中有明星游擊手基特在分區系列賽出戰奧克蘭運動家隊瀕臨淘汰邊緣的第三戰，不知從哪裡冒出來的關鍵小拋傳，觸殺了本壘前的吉安比（Jeremy Giambi），進而扭轉洋基隊的命運，為他已是傳奇的生涯再添絕妙筆觸；世界大賽第四、五兩戰，馬丁尼茲（Tino Martinez）與布洛修斯（Scott Brosius）接連在九局下半兩出局的狀況下，從響尾蛇隊韓籍終結者金炳賢手中打出追平的全壘打，並最終在延長賽取勝，是太不可思議的奇蹟。儘管他們在最終的第七戰中，史上最偉大的終結者李維拉守成失敗，九局下半被岡薩雷茲（Luis Gonzalez）打出再見安打，但那年深秋的洋基神奇之旅，已是完美的缺憾。

九一一之後，球賽本身沒變，投手丘到本壘板依舊是六十英呎六英吋，但其他圍繞著運動的許許多多事物卻全變了樣。

原本屬於休閒的職業運動，在美國也開始承載國族意涵，自此，軍人、警消以及緊急救難人員開始成為這個場域中常駐的角色，不定時地現身球場接受現場球迷的致意與歡呼。《天佑美國》成了除了《帶我去看球》（Take Me Out to the Ball Game）這首棒球歌之外的曲調，球場的安檢也再也回不去九一一之前的規格，金屬探測器、嚴禁背包、只准攜帶透明袋子，看球儼然視同作戰，二十年不變。美國人的運動世界，也依舊活在九一一裡。

飛機撞上世貿大樓之後，小布希在佛州薩拉托薩（Saratosa）小學呆默而不知所措的樣子，卻讓他的支持度從原本的五成一夜之間上升到九成，這對於執政者而言，無疑是一場「幸運的大災難」，挾此民氣、對於人權的侵犯、對於遍尋不找大規模毀性武器的伊拉克，都得以國家安全之名而開脫。而他即便留下了困窘的畫面，卻在棒球場上被另一個經典畫面給替代。小布希在世界大賽第三戰的洋基球場開球，堅定地站在投手丘上，投出一記精準無比的好球，現場迸發出一聲聲「USA! USA!」的歡呼聲，那場開球儀式，由ESPN拍成的《開球》（First Pitch），獲得前所未有的歷史定位。

現代運動，或因其「類戰爭」的特性、或因政權挪用其意涵，與政權的詮釋結合的順理成章。美國因其「美國例外主義」（American Exceptionalism）的文化遺緒，除了少數冷戰期間的美蘇交鋒之外，運動，多半屬於市民社會的休閒，棒球，也就只是「花生、小餅乾」的小小娛樂而已。然而，如同一九七〇年代的國民政府，以少棒為鞏固政權及外交脫困的意涵，九一一事件之後，布希政府抓住了這個機會，將原本商業、休閒的運動，賦予了更多的美國愛國主義的意涵，各大聯賽紛紛景從。

二〇〇二年超級盃中場表演，愛爾蘭天團U2以《無名街道》（Where the Streets Have No Name）一曲作為完結，舞台上投影出所有罹難者姓名以為致敬，主唱波諾（Bono）更秀出外套裡的美國國旗，儼然傳達「我們都是美國人」的訊息。那樣結合著運動、男性氣概、軍事、愛國主義的趨勢，在NFL亞利桑那紅雀隊明星安全衛提爾曼（Pat Tillman）在當年球季結束後毅然從軍達到最高峰。他放棄了超過三百萬的合約，響應了愛國入伍的號召，諷刺的是，二〇〇四年，他在阿富汗遭友軍誤殺，客死阿富汗。兩天後的NFL選秀會上，時任NFL主席塔格里亞布（Paul Tagliabue）現身時身旁並列著與選秀會格格不入的陸戰隊員，並把握機會重申提爾曼的遺產。他致詞時說到：「提爾曼體現了美國和 NFL 的最高價值。像其他在全球保衛我們的自由的男女一樣，他做出了終極的犧牲，並將生命獻給了他的國家。」之後，從軍人節、國殤紀念日等等相關節日，各大職業運動聯盟都會推出應景的迷彩球衣、球帽；海外從軍的父母，在球場活動中現身，讓小孩喜極而泣的驚喜橋段，也成了近年各大職業運動必備的球場活動。

作為美國運動媒體領導者的 ESPN，也大肆利用這機會，將愛國與運動觀賞結合為一，徹底執行其軍事、運動、娛樂複合體的任務。二〇〇四年，ESPN 與美軍合作，進行為期一週的「向軍隊致敬」（Salute the Troops）公關活動，尤其王牌主播史考特（Stuart Scott）、李維（Steve Levy）等人，在位於科威特的美軍基地阿利夫疆軍營（Camp Arifjan）現場播報《世界體育中心》。以坦克為背景、軍人為現場觀眾，在在提醒著美國人，當他們在地球的另一端欣賞運動賽事之時，仍有一批美國軍人，在此進行所謂的自由之戰。

二十多年過去了，也適逢 NFL 新賽季的開幕週，他們已經準備與「週二之子」（Tuesday's Children）這個九一一遺族的公益團體合作，這一週的賽事，將帶著美國人再回到那個沉痛的星期二，當天的現場以及轉播，都已經策劃好濃濃的九一一情懷。奇妙的是，美國人的防疫作戰，可以在一年多之後近乎全然撤守，疫苗護身下，口罩反倒成了爭議的焦點、甚而棄之唯恐不及的物資；但面對與病毒同樣隱形難辨的恐怖份子，二十多年過去了，美國的運動場館依舊維持最高標準，未有任何鬆綁，而運動與九一一及軍事媒體複合體下的愛國主義論述，更未曾休止。

拜登一聲令下，美軍撤出了阿富汗，某種程度終結了後九一一的軍事行動，但在運動場上，美國卻依舊活在九一一的當下。

本土與傭兵疆界日益模糊，如何看待臺灣運動界的「外人」？

二〇二二年初，幾個名字分別因為不同的原因陸續佔據了臺灣運動新聞的版面：瑞莎、高塩將樹、阿提諾，還有傷癒復出的第一代「新臺灣人」戴維斯。除了這些已經是「臺灣人」的運動員之外，在三聯盟十七隊、外加大學與高中籃球聯賽，這些來自各大洲，分別以外籍、亞外、外籍生、歸化、華裔等不同名稱登場的形形色色「外人」們，更是在大籃球時代下成為臺灣籃壇普遍的存在。臺灣職棒開打至今，近千名來來去去的洋將，更早已是我們熟悉的「外人」。

這些人與你我有或大或小差距的外貌，如今都在各自的領域中成為臺灣運動中重要的一員，他們的身分在內與外、我族與他者之間，又有著模糊與曖昧的定位。透過跨國人口移動，身體形體與疆界的單一性已漸漸淡化，加上跨國傳播科技下造成文化全球化的動態關係加劇，「我族」與「他者」的界線更趨模糊。之所以選擇用「外人」一詞，因為它相較於外「國」或外「籍」的僵固界線，「外人」是一個動態的、與本地人相對、但卻未必全然互斥的指涉。另外，日文中雖然也有相同漢字的「外人」（がいじん）一詞來描述外籍人士，但是卻帶有「非我族類」的貶意，與官方中性的「外国人」（がいこくじん）意涵並不同，中文單純字面之意，意即「外人」一詞可同時乘載著多重意涵。但數十年來，臺灣運動場域中的教練、運動員，只要是「外人」，總是帶著相對於臺灣本土更為進步的意涵。

儘管因COVID-19疫情之故，讓全球人口遷徙與流動的速度暫時受阻，但不可否認的，傳統生理、地理、法律、政治等身分認同一致，也就是居住區域、公民身份與國族認同等面向乃合而為一，然而，全球化的去疆域化拉力讓上述固著力出現了鬆動，也因此出現了各種身分認同無法一致的新動態可能與折衝。運動競賽「類戰爭」非敵即友的特性，就成為這個時代下，檢視各種身份認同的絕佳載具。

運動世界中，足球員勞動遷徙的現象是最為普遍與頻繁的，一九九九年耶誕節後的節禮日（Boxing Day），英超切爾西隊排出了史上第一支全部「外人」的先發陣容，從此改變了足球的生態，職業聯賽的球隊與國籍身分，是可以全然脫鉤的，支持著「全外人」組成的「在地」球隊，或許在臺灣的運動迷難以想像，但這卻是全球資本主義跨國勞動力流動下，許多頂級聯賽的常態。所以，二〇一八年世界盃男足會內賽的三十二支隊伍，僅有英格蘭二十三名隊員是全數效力於國內聯賽的隊伍，塞內加爾與瑞典則是光譜的另一端，全數都是效力於國外的職業聯賽，二〇一八年世界盃男足賽登錄的七百三十六名球員中，五百二十七名是在本國之外的聯賽效力的「旅外」球員。在此全球最豐富人才庫的運動中，不意外的，與世界距離較遠的臺灣男足代表隊中，從一九五〇年代「港腳」的亞運金牌到對二〇一七年雙十節擊敗巴林的經典時刻，「外人」的成色不一，但歷來都是臺灣最具「外人」色彩的一支國家隊；大專男足聯賽，多年來流傳著一句反映現實的玩笑：「一支球隊的強弱，看他們外籍生的人數就知道了」。

這些四海為家的外人們，多少被定位成逐金錢而居的傭兵，他們同時還背負著壓縮了本土球員上場時間、破壞球隊化學作用等罪名，所以當有臺灣籃球迷哀嘆著，臺灣職籃已經成為「外人」們主導戰果的「洋將聯盟」時，我們或許可以反問，當臺灣的球員技不如人，只要我支持的球隊表現好，倚賴洋將又如何？甚至：「難道職業運動還需要為國家隊而服務嗎？」

如果說完全不必，倒也極端了些，畢竟連「足球祖國」英格蘭的球迷也同樣會擔心「本土」球員上場時間被壓縮、甚至阻礙其養成，但對於許多球迷而言，每天發生的職業賽事，比重上或許要比每兩年甚或四年一度的國際大賽來得更深入日常生活而更顯重要。對於巴塞隆納球迷來說，梅西更像是他們的子弟，即便他已離開到了巴黎，即便他的國籍是大西洋對岸的阿根廷。

因此，在這些跨境流動的運動員身上，內外之間已不是如此清晰，當阿提諾憑藉著不知道哪來的「特殊功勳」，甚至不需付出放棄美國籍這樣的「代價」而成為新一代的「新臺灣人」時，可以看出，在運動世界裡，彈性身份成為趨勢之下，戰略性模糊的身份，這些運動員得以多面逢源，獲得最佳利益的策略。

除了外貌上清晰可辨的「洋人」之外，臺灣運動場上一直有一群處於時內時外，海外華人、尷尬與動態身分的多元可能，他們或因為炎黃子孫、萬世一系神話的召喚、或因為政治立場的選擇、或因為機會主義下自身的套利，在全球華人離散的系譜中留下多元的足跡。

早在一九四九年國民政府遷臺之前，「中華民國」的大旗就已號召許多來自海外各地的華人參與奧運，早在一九三六年柏林奧運，馬來西亞華僑黃杜基與傅金城就曾經代表中華民國分別參加舉重與徑賽項目。一九四八年倫敦奧運，荷蘭華僑何浩華（Howard Wing）自費代表中華民國參加自行車一千公尺計時賽，另外，印尼華僑吳傳玉（Tjoan-giok Go）代表中華民國參加一百公尺游泳項目，在分組預算以第五的成績遭到淘汰；然而他在一九五二年時，卻代表中華人民共和國參加赫爾辛基奧運，成為代表兩岸參與奧運的第一人，一九五三年更代表中華人民共和國拿下在羅馬尼亞舉行的第一屆國際青年友誼運動會游泳比賽仰式金牌，成為中國參與國際賽會首面金牌得主，如此傳奇而在中國廣為流傳，但相對在臺灣卻鮮為人知，突顯出他在國共對峙時代氛圍下的尷尬身分。

華人離散在臺灣的再現方式，是臺灣以國族主義為運動敘事主視角的重要一章，這些運動員當中，有些是在中國生長與訓練，到了生涯晚期輾轉來到臺灣，尤其是解嚴初期，兩岸關係曖昧，中國出生的運動員就曾以「中華球員」、「炎黃新軍」到「大陸傑出人士」等不一的頭銜出現在臺灣體壇，桌球的陳靜、舉重的黎鋒英都以臺灣代表的身份在奧運奪得獎牌，網球的胡娜、籃球場上的王立彬、宋傑、張學雷和陳政皓也都循此模式。也有從小生長在海外（多數是美國），從蒲仲強、張德培、林書豪到莊吉生等，與臺灣的關係有的親密、有的疏離，具有多元身分的他們，有的走在臺灣正名運動的最前線，有的悠遊臺、中、美三地，讓這樣曖昧的關係延續著。

上述這些，還不包括位居幕後的外籍教練與顧問們，他們的臉譜，可能更加模糊，但卻扮演著傳遞福音與臺灣體壇「師夷長技」的對象。這些運動場上的外人們到底是我族、還是他者？是本土、還是洋將？我們都清楚，這心中的答案，絕對不單只依賴著那一張白紙黑字身分證明，而是依附在臺灣與世界的關係上，尤其是臺灣文化主體性定位的線索。

放眼國際體壇，不管何地、何種運動，「外人」運動員的情況越來越普遍，從各國聯賽到國際運動協會、乃至奧委會，都在追趕著這樣的趨勢而訂立新則。臺灣的職籃、職籃已經各自有了遊戲規則，試圖在這模糊地帶理出一些類目，接下來，可以預見的、甚至已經發生了，學生層級的聯賽，都會在職業端帶頭放寬認定身份別下，會有更多的「外人」現蹤，看似運動人才的自由流動，其實牽涉更多利益糾葛。內外之間，不得不有所取捨。

亞洲盃男籃的仲夏夜夢與魘：職業賽、國際賽的平行與交錯

「這什麼鬼！」「這什麼鬼！」「這什麼鬼！」

邱大宗教練在擔任二〇二二年亞洲盃籃球賽球評時，在「那記三分球」之後的真情反應，相信是所有球迷在觀賞臺灣男籃與約旦之戰後的心情總結，甚至成為那晚令人反側的夢魘。

確實，那也是在二〇二二年一月底亞洲盃女足賽在PK戰敗給菲律賓之後再次心碎的「莫再提」。一點點小細節累積起來的悲劇五十五秒，讓臺灣與亞洲八強擦身而過，七月初，二〇二三世界盃資格賽第三階段中，另一支男籃代表隊在三場比賽中，慘敗給中國與日本總共高達一百一十七分。國際賽的失落與憤慨，與六月底國內職籃聯盟之一、聲勢最旺的PLG冠軍賽風光落幕後，大家做起職籃永續發展美夢，形成極大的落差。

世界盃籃球賽資格賽被痛宰，亞洲八強之外，是否就代表沒有資格瘋職籃？其實國際賽與職業聯賽的成績原本就是兩回事，儘管英超作為全世界最值錢的職業足球聯賽，英格蘭卻也苦苦等待自一九六六年以來再一座的世界盃冠軍。但臺灣太過於熟悉國族至上的運動國族主義，因此甚至對這樣的論述不覺有異。於是乎，各式酸文、檢討文不一而足，所以，我們這樣問吧，職業運動的最終極目的是為國爭光嗎？在您不假思索地回答：「啊不然呢？」之前，我們至少先探詢一下其他答案的可能。

要知道，眾多運動組織與國內聯賽在歐美出現，也就是「運動化」與「現代化」的進程，要遠比國際運動組織成型來的早。英格蘭足總成立於一八六三年，國際足總成立於一九〇四年，就連國際奧

會都是在一八九四年才成立的，如果運動與我的日常、社區、城市夠緊密，我何以非得需要國家隊的成績來證成我的價值？再退一百步來說，我們大學求學時，不會有人認為大學生打系際盃的球技是頂尖的吧？但場邊忘情吶喊投入的程度可能不比國際賽來的遜色。甚至大一新生盃，連場上一個人都還不認識的時候，就巴著原本該上課的老師哀求停課，因為大家要為「我們系」來加油（好啦，不想上課也是原因啦！）這不只是熱血投入的青春回憶，也是運動與認同多元可能的例子。

投射在運動上的認同是多元層次重重堆疊的，即便看似神聖而高不可侵的國族，也未必是毫無疑問的個人認同的最高位階，而是歷史脈絡下逐漸構築出來的。

根據英國博弈公司 Grosvenor 在二〇一七年的調查，如果只能擇一，六三%的英格蘭球迷在世界盃冠軍與英超聯賽冠軍之間，寧願選擇聯賽冠軍。這相信是臺灣球迷難以同理的選擇，「臺灣拿到 WBC 冠軍還是您所支持的職棒隊拿下中職冠軍？」這……還要問？

除了英國之外，波蘭、塞爾維亞也許不會是一般球迷點名歐洲足球列強時一下子跑出來的名字，比起大家較為熟悉的英格蘭、西班牙、德國，當然是略遜一籌的歐洲足球國家，其最頂尖的足球員也都紛紛外流至上述三大頂級聯賽踢球，但是若論這兩國足球迷對於國內聯賽的狂熱程度，絕對不遜、甚至超越那些國家。

萊吉亞華沙（Legia Warsaw）的極端球迷（ultras）加油聲浪以及在政治社會議題上的活躍在全球知名，成為足球迷最為神往朝聖的主場之一，YouTube 廣為流傳的影片下面一排的「respect」，顯見他們在國際足壇的地位。另一方面，儘管波蘭近年擁有世界頂級前鋒萊萬多夫斯基（Robert

Lewandowski），但是該國男足自從一九九〇年之後也從未進入世界盃淘汰賽的階段，這樣的落差，卻捻不熄這些波蘭球迷對於球隊的死忠支持；波蘭之外，塞爾維亞首都貝爾格勒擁有號稱全世界最火爆的「永恆德比」（The Eternal Derby），也就是紅星（Crvena Zvezda）與游擊隊（Partizan Belgrade）的世仇交鋒，那是起源自南斯拉夫時期，內政與軍方勢力角力的延續，儘管塞爾維亞未在二十一世紀闖進世界盃的淘汰賽，但這同樣並未減損這些球迷對於國內聯賽與從小支持球隊的狂熱。對於這些球迷來說，國內的聯賽是每年的循環、是每個星期的日常，比起每四年一度的世界盃嘉年華，更加貼近他們的生活；對他們來說，運動賽場上的「家恨」也許比「國仇」的感受更加鮮明。

但臺灣年資尚淺的職業運動是否已經準備好承接市民社會的休閒與認同的缺口呢？這幾年，從職棒到職籃，球隊與城市連結的努力無庸置疑，固定的主場、具有高度城市意象的隊名的出現（桃猿、新竹攻城獅、高雄的鋼鐵人、海神），都已經看似有那個樣子了，但是從一些細節來看，仍有進步的空間。

回顧二〇二二年 PLG 熱鬧滾滾的冠軍賽，最終戰主場落敗的攻城獅，在現場由總經理致詞感謝球迷，雖以聯盟既定流程為由，但仍舊無法掩飾那「客人慶祝，主人忙安撫」的尷尬情境。接下來，轉播單位接連訪問了奪冠的富邦集團「二董」蔡明興、少主及領隊蔡承儒，反倒冷落了該是場上主角的教練與球員。是的，北美職業運動老闆出面領取獎盃仍為常態，NBA 勇士隊老闆雷卡布（Joe Lacob）、NFL 公羊隊老闆克隆基（Stan Kroenke）也都各自是冠軍獎盃頒贈的對象。當然嘛，支票是他們簽的，但相較之下，歐洲足球隊的老闆總退居幕後，在隊長舉盃的一刻，榮耀與球迷共享，那樣的畫面，總更引起我的共鳴。

球迷都懂，儘管自己再怎樣死忠，再怎麼跟人說那是「我的球隊」，但職業球隊實質上都是大老闆們的，冠上城市的名字，是當代團隊職業運動行銷劃定疆域的常態，但我總覺得可以做得更幽微一些，至少讓它多屬於城市、多屬於球迷一點。但說到幽微，這可能是老闆們最難做到的事，蔡老闆當場宣布兩千萬冠軍獎金固然讓勇士全隊上下開心不已，但這總是難脫富豪「打賞」的習氣，在職業運動中，凡事朝向制度化邁進，若能將這些明文寫入契約的激勵條款中，而非隨主子心情打賞，也許更能讓這支球隊不僅屬於老闆們的，而更具都市居民共榮的形象。

所以當國內職籃進入三國時代，PLG 脫穎而出，不但在進場人數或是收視率都勝過T1與 SBL，風光落幕的記憶猶新之時，旋即的世界盃資格賽慘敗與亞洲盃史詩般被淘汰的反差太過於強烈，「自爽」、「井底蛙」、「籃協不用負責嗎？」等等直覺的反應紛紛出籠。但，職業聯賽與國際賽，真的未必是非連動不可的。

國族的榮耀依舊是運動敘事的主流觀點，或因殖民血淚的集體記憶、或因國際政治現實、或因國家機器動員下的國族敘事，使其優先於市民社會與運動結合，即便是看似最為成熟的運動環境也難脫國族的敘事。葛齊（Markus Gerke）就在其研究中指出，美國足球迷正是從一九九四年主辦男足世界盃與近年來美國國家女足主宰世界足壇之後現身的，因此在包括臺灣在內諸多國家，依舊以國族作為運動的主流敘事角度當然不足為奇。中國的職業聯賽包括足球與籃球，儘管在過去十年間大撒鈔票，吸引許多國際級球星前往淘金，看似熱鬧非凡，但是未見中國國家隊整體實力的提升，尤其國足更是中國球迷無奈、憤怒、訕笑等多重情緒糾結的標的。也讓大家擔心，臺灣職籃喧騰熱鬧之時，會不會反倒重蹈中國覆轍？

當然，一下完全拋開出國比賽拿冠軍的意識形態是不可能的，尤其臺灣國際地位與曖昧身分下，運動員與團隊每每背負著需要被國際看見的宿命，但是此間漸漸醞釀的，由職業運動來背負國族認同的區域國際賽會，卻可能是這種樣態轉型的契機。疫情前的東南亞職籃 ABL 就已是這樣的模式，高雄聖徒、寶島夢想家、富邦勇士都已先後投身其中，以臺灣各都市的職業球隊身分，投身與東南亞各國的競技。

疫情重創後，ABL 也隨之收攤，但召集東亞各國職業聯賽勁旅而組成的東亞籃球超級聯賽已經展開，臺灣球隊也紛紛與會。在世界秩序漸漸邁向（後）疫情時代，各項國際賽會逐漸趨於正常化，也啟動新一波職業運動區域化的能量。籃球之外，辜仲諒當選亞洲棒球總會會長以及世界棒壘球總會執行副會長之後，也構築起亞洲大聯盟之夢。如此一來，富邦勇士是職業、國際、也是國內，是蔡家的、臺北的、也是球迷的混成模式可以漸漸沖淡由「臺灣人組成的國家隊代表臺灣參加國際賽」的模式，如此一來，辛特力（Mike Singletary）不也「好像」也是我們的一員了嗎？

職業運動繁榮發展，固然不一定產生立竿見影的國際賽速效，但卻是當代運動發展的必然方向，一九八〇年代由固定班底組成培訓隊的業餘模式已不可能複製，如何建立成熟、看得見未來的職業運動環境，讓更多人才投入，那正是擴大國家隊選材人才庫的根本之道。不久的未來，T1與 PLG 整併是必然，SBL 與籃協或因面子、或因過往包袱，難以拋開其「重點籌備賽事」之職，但不論未來臺灣的職籃長成什麼樣，都不該再由他們來扛國際賽表現之責。獨尊國際賽的球迷，也可試著慢慢放寬心，給予這些更貼近你我的球隊一個機會。

女足世界盃、世大運、U12 世界盃——二〇二三夏日運動的黑色喜劇

對我來說，這是一場黑色喜劇（dark comedy）

——梅根．拉皮諾

誰會想到，女足史上場內最偉大、場外最敢言的球員之一梅根．拉皮諾（Megan Rapinoe），竟會以這樣的方式告別世界盃的舞台。

二〇二三年世界盃女足十六強淘汰賽，美國與瑞典一路〇比〇踢進PK決勝負，被排在第四點的拉皮諾踢進的話，會讓美國佔據極佳的位置挺進八強。但一腳踢飛之後，她卻出乎所有人意料之外地露出笑容，但我理解，不但是對自己錯失機會的無奈解嘲，領袖如她，更是強忍著失望，用笑容希望能避免隊友因此士氣潰堤。兩隊膠著到第七點，瑞典的荷提格（Lina Hertig）看似被美國門將奈爾（Alyssa Naeher）撲到，但球反彈到身後再撥了出來，全世界靜默三十秒，就只能等待VAR宣判球到底有沒有越過球門線。

就這樣，以最些微的差距，球越過了球門線。

Sweden IN, USA OUT!

其實，這場比賽的觀戰是很矛盾的，我一方面希望有人終結美國的獨霸，但另一方面，我知道美國一但提早出局，一定會有很多酸民針對她們奮力爭取的同酬（Equal Pay）議題，還有她們在賽前拒唱國歌以示抗議美國民權議題來作文章，果不其然，各網站留言已經充斥著各式訕笑的言語，要這些球員好好「專心踢球」，別再「不愛美國」、「活該」、「報應」。

就在世界盃女足期間，夏日的各項運動賽事依舊熱鬧非凡，除了原先就規律進行的職棒之外，成都世大運、U12世界少棒賽也都在同一週進行，我所任教的國立體育大學，也是捷報頻發恭賀本校傑出的學生運動員在成都的優異表現，頓時彷彿二〇一七年臺北世大運的熱潮再現。但是，恭賀之餘，容我以寫在二〇一七年臺北世大運的評論，再次嘮叨：

> **我們卻不應該忘記世大運作為一項分齡賽事，參賽選手有奧運金牌、卻也有大學校隊等級的巨大落差，再加上我們有多少選手是因為此次賽事而硬被賦予了大學（或研究所）學籍，各協會心知肚明，因此評論各面獎牌時不宜等值以待。**

這樣的現實，我們只要看看美國在世大運的成績就可以看出端倪，作為世界體壇霸主的美國，在這屆世大運賽事中，卻總共「只」獲得一金在內的二十三面獎牌；遠不如臺灣的四十六面獎牌。而臺灣男籃可以一下子慘輸巴西隊五十八分被罵到臭頭，卻又可以立刻贏了中國而瞬間洗白；女籃力拼拿到世大運四強固然可喜，但是，六月份的亞洲盃中，先後敗給菲律賓以及黎巴嫩保級失敗，這才是最真實而殘忍的真相。

凡此種種，主要就是世大運真的不是最頂級的賽事，各國重視程度不一之外，團隊運動中的組隊層級就會直接反應在成績上。更重要的是，各國運動發展脈絡與資源配置未必依附在大學、甚至教育體系中，而臺灣卻是此模式發展到極致。世大運裡，臺灣與美國獎牌的距離，體現的當然不是臺灣在運動賽場贏過美國多少，而是運動文化的巨大差異，以及「一個世大運，各自表述」，僅此而已。

乍聽之下或許詫異，但實則世大運與U12本質上都只是分齡賽事而已。但我們卻在獎牌至上的價值下，透過媒體大量的吹捧報導，使得奧運、世界盃、亞運、世錦賽、世大運、少棒，甚至兒童韻律體操出國交流，這些根本不該等值的賽果，都被拉抬成為國爭光而面面等值的獎牌，說穿了，我們甚至是拿國家隊去打了人家的「全球大專盃」了。這些「格差」下的獎牌賽果，成了臺灣運動發展選擇性面對的現實，相關媒體的報導，有的真是不明究裡，不了解上述賽事層級的差異，有的是利益牽涉其中，即便知曉內情，也跟風起舞，反正奪牌就是爽、捷報就是流量。

如此一來，既然面面等值，那麼越個人、越冷門不是越容易拿牌？於是乎，資源就投入在最速成、競爭最少的吧？越多人的團隊運動反正也只算一面牌，不符CP值；全球越風行的運動奪牌越難，那就乾脆放生吧！十一個人玩的足球？下輩子吧！

在過去二、三十年來，對於臺灣而言，威廉波特光環漸淡是件好事，十二歲的小男孩們不需要再背負國族光榮，尋求最速成的國家榮耀。但臺南新聖地繼起，成為國際棒壘總會授予長年U12少棒世界盃的地主，在臺灣棒球迷心中已逐漸取代威廉波特之後，讓人不免擔心，原本近年來，在熱愛棒球的大家努力耕耘下，臺灣棒球的發展百花齊放，多元價值並起，但每兩年一次，臺南豔陽下的十二歲男孩們又一而再地演繹著勝利至上，看著臺灣男孩們不斷地觸擊、繁複的變化球使用，我懂，那是為了克服身體條件的差異而求勝的方式，但是當連以小球細膩著稱的日本，在球員時期以小球執行著稱的井端弘和教練堅持下，都盡可能忍住而不讓球員短打，那麼只怕這些臺灣小英雄們長大後，與棒球的未來競爭漸行漸遠。

容我再嘮叨一次。職棒賽場的啦啦隊，要賺錢，我懂，我也懶得再爭辯，但是連少棒賽場都還端上CT Girls，閉幕典禮上，在各國小朋友面前扭腰擺臀，真的太過了。

回到世界盃女足，臺灣女足從亞洲盃的菲律賓之戰PK落敗，錯失了重返世界盃舞台的最佳機會之後，接連再敗給越南，以及最後資格賽再在PK中敗給巴拉圭，一再錯過如此接近的機會之後，讓一些投身其中的夥伴不免洩氣。沒有成績，沒有資源，也讓改朝換代後的足協，開始限縮資源投入，甚至改走回頭路。

運動場內結果不如人意，不代表場外努力該被抹滅，場上的獎牌，也不必然代表運動發展就此走上康莊大道。德國男足、美國女足透過世界盃的大舞台，為場外議題發聲，卡達的人權、美國性別與種族平權訴求，他們的提早出局，成了酸民傾巢而出的攻訐對象，但議題與賽果的因果不該混為一談，美國女足場外同酬的成就，啟發著多少全球女性運動員，她們的出局，多少是場上世代交替的戰力空缺，也代表著歐洲近年來透過男足職業俱樂部培養女足模式的成功，拉近了歐洲與美國的距離。臺灣女足在世界盃如此接近的缺席，更不是原本已一步步朝向正確方向的木蘭聯賽之過。

女足世界盃、世大運、U12少棒，全球後疫情時代下，真正全面重啟的運動世界中，對的方向，不代表當下立現對的結果。二〇二三年北半球的夏天，就是這麼一場黑色喜劇。

蹭卡錯了嗎？運動員的多元身分認同與策略

從二〇二三年初的 WBC 開始，臺裔美籍的卡洛爾（Corbin Carroll）就獲得臺灣媒體與球迷的關注，隨著響尾蛇隊打入世界大賽，「卡仔」的身手與身分認同再度獲得了臺灣球迷的討論。他史無前例地在新人賽季就有二十五轟五十盜壘以上的成績，力量與速度兼具的全能身手，不管任何球隊有他加盟，絕對都是令人稱羨的戰力。

世界大賽開打前，一篇來自大聯盟官網標題為「卡洛爾在突破性的賽季中完成更多里程碑」（Carroll ticking off more milestones in breakout campaign）的文章，受到國內多家媒體的引述，文中第二段就提到，他「據信（believed）是第一位在世界大賽中登場的臺裔美國人。」這篇報導用語寫的保守，用了「據信」兩字，就是因為美國作為移民社會，有著太豐富多元的種族融合，更何況大聯盟自一九〇三年就展開兩聯盟的世界大賽，一百多年的歷史，誰能保證之前登場的數千位球員中沒有帶有一絲臺灣血統的球員獻技過呢？

在這篇廣為流傳的報導下面，一些球迷留下「不要再蹭了！」的心聲，認為這又是臺灣媒體硬要與卡洛爾「裝熟」的傑作。但這些報導確實為翻譯自大聯盟官網文章，因此也有運動新聞小編不甘受辱，索性跟球迷直嗆說這是翻譯自大聯盟官網的文章，難道「大聯盟也要亂蹭」嗎？

在進入下一層討論之前，其實認識這篇報導作者的背景，也有助於這議題的討論。朴道亨（音譯，Doh-Hyoung Park）在自己的 IG 網頁自界寫著：「韓國出生、明尼蘇達長大、灣區造就。打倒加州大學。」（Korea born, Minnesota raised, Bay Area built. Beat Cal.）短短一行字，正道出了他成長經驗的多元經驗，朴道亨在史丹福大學時攻讀化工，最後卻成為大聯盟明尼蘇達雙城隊的隨隊記者，自介的最後一句，正是史丹福大學校友對於世仇加州大學的「嗆聲」，顯示出他在畢業後，仍透過運動忠於母校，透過前面幾句，則不難理解他對於同樣具有東亞血統的卡洛爾會用此角度切入的動機。

所以，這確實並非臺灣記者、外電編譯、小編刻意蹭出來的一篇文章，甚至是一篇出自於與卡洛爾有相似背景記者的報導，但臺灣讀者的留言，正反映了這個時代臺灣讀者對於新聞媒體的不信任，以及對於國族身分認同相對單一的期待。

二〇一二年二月，面對著相似背景的林書豪，臺灣也曾經集體經歷過這段「欲迎還拒」的精神分裂時期，從哈佛大學時期的「臺裔美籍」球員，到林來瘋爆紅時期的「臺灣之光」，我們看見臺灣在面對這些既是我們、又不是我們的臺裔運動員的矛盾情感，深怕自己一廂情願的熱臉貼了冷屁股，所以初期展現自我節制、猶疑，等到外在客觀時機成熟，再奮力擁抱的過程。

二〇一二年二月，林書豪在紐約尼克隊爆紅，一開始的臺灣媒體與網友也對於這樣一位天上掉下來的禮物感到遲疑，林書豪在哈佛時期臺灣媒體雖有零星報導，但他畢竟與「臺南出生、北體長大、紐約造就」的王建民那樣土生土長的與有榮焉有所落差，對於林書豪情感投射的懷疑與怯步，直到現任《紐約時報》北京分社社長、時任香港特派員的柏凱斯（Keith Bradsher）在二〇一二年二月十五日的報導才得到緩解，該文透過阿嬤朱阿麵女士的視角，將林書豪與臺灣這塊土地連結起來，對臺灣來說，無疑是來自美國權威媒體的認證，自此之後，臺灣媒體就更放手擁抱他與臺灣的連結，緯來體育台的 NBA 轉播，也一路聚焦在林書豪所效力的球隊。

林書豪成為臺灣的認同投射，一路從舊金山、紐約、休士頓、洛杉磯、夏洛特、布魯克林、亞特蘭大而終於多倫多的 NBA 臺灣之（沾）光；九年 NBA 生涯後，他在 COVID-19 疫情下選擇到中國 CBA，甚至說出「回中國打球像回家」之語，映射出臺、中關係的尷尬與緊張；最終來到臺灣，二〇二三年幾乎隻手將高雄鋼鐵人帶入季後賽的神奇，到新賽季和弟弟林書緯同隊的團圓大戲，讓臺灣與林書豪這兩條平行線終於有了真正的交集。但即便如此，就算是在疫情期間正式取得臺灣護照，但還是鮮少聽到林書豪公開談到臺灣的深刻認同，這一切也許是有跡可循的。

二〇一二年底，就在尼克時期的「林來瘋」漸淡之際，運動畫刊一篇由華裔作家亞伯特・陳所撰寫的「林書豪的政治化」（The Politicization of Jeremy Lin）一文，記述了林書豪對自己身分認同的說法：「我有在中國出生長大的曾祖父母和祖父母。我的父母在臺灣出生長大。我在美國出生長大。我是誰？這背後有很多的歷史。」（I have great-grandparents and grandparents who were born and raised in China. My parents were born and raised in Taiwan. And I was born and raised in America. There's a lot of history behind who I am.)

如同韓裔身分引領朴道亨撰寫卡洛爾的報導一樣，相信背景的相似也是亞伯特・陳單刀切入林書豪身分認同核心的原因。當今的身分認同是多元、動態，甚至不穩定的，林書豪的生命歷程，也不代表卡洛爾也會經歷，比起林書豪，「卡仔」甚至都還沒有中文名字呢！距離林來瘋十一年，臺灣球迷對於攀親帶故的論述敵意更深，甚至連大聯盟官網的報導都無法平息「蹭」之名。

每個人的身分認同，不需要為其他人負責，但是身為運動員，在這個不是我族、就是他者的二分運動場上，他們不言明的模糊，也許是他們刻意的策略，也許是他們仍在探索。身為球迷的我們也必須理解，血緣已不再是身分認同的唯一投射線索，二〇二三年的世界棒球經典賽，努特巴爾（Lars Nootbaar）、艾德曼（Tommy Edman）雖然分別代表日韓出賽，但讓他們做出這樣選擇的背後，還有一層文化認同的牽引，也許才是我們討論這些「非純正本土」運動員時更重要的細節。

日美混血的努特巴爾九歲的時候，就曾在擁有田中將大、齋藤佑樹等名將的日本青棒國家隊訪美比賽中擔任日本隊的球僮，甚至邀請他們到家中作客，也因此埋下跟母親祖國連結的種子，才有WBC期間聞名的「轉胡椒罐」加油手勢；至於艾德曼，母親在韓國出生，選擇為韓國出賽，中間名「賢洙」（Hyunsu）就已留下了線索。有趣的是，他的太太克莉絲汀（Kristen）是日裔美國人，他還開玩笑道，禁止太太在日韓大戰時為日本加油。國族身分的多元性遇上非敵即友二分的運動場，總免不了產生些許扞格與被迫的選擇。

國際運動賽場上，國族身份認定漸趨彈性與寬鬆，大聯盟主導的WBC更是如此，陳用彩（Bruce Chen）先後代表過巴拿馬與中國、「A羅」（Alex Rodriguez）代表美國與多明尼加、史卓曼（Marcus Stroman）先後在二〇一七年與二〇二三年的WBC代表美國與波多黎各。世界盃足球的賽場上，更先後有博阿騰兄弟（Jérôme〔德國〕and Kevin-Prince Boateng〔迦納〕）、威廉斯兄弟（Inaki〔迦納〕and Nico Williams〔西班牙〕）各自為不同國家隊效力的例子。二〇二二年NBA選秀狀元班切洛（Paolo Banchero）還「背棄」了原先許諾的義大利，而在世界盃中選擇代表美國，引起義大利籃協批評。凡此類似的案例只會越來越多，這些運動員大可悠游其間，甚至成為世界公民，但我們必須理解，多元的身份固然是資產，卻也背負著更多的包袱，任何人的多元身分絕非問題所在，是當今運動的規則，迫使他們做出選擇。

誰才可以代表我們？每個人心中都有自己客製化的一把尺，土生土長、正港這些詞語多隱含了對於正統與純粹的期待，但臺灣又何嘗不是一個漸趨多元的移民社會。什麼才是真正「正港」的臺灣？或是，我們是否曾經真正純粹過？

臺灣棒球代表隊若有卡洛爾的加入，無疑是所有球迷所樂見的，戰力提升不在話下，但是他對於這個土地、這個球隊有什麼情感？儘管在受訪中提到他曾在十三歲時與母親來到花蓮、臺北遊覽，但除此之外呢？我們是否能以文化與情感來說服他？隨著他在大聯盟的表現日趨耀眼，召募的難度也許更高，但如果他是如此強大的戰力，本身也以臺灣身份為傲，那麼蹭一下，甚至更積極的召募又何妨？

棒球，就是如此浪漫——那些十二強奪冠出現的「魔幻數字」

棒球是一項從「家」出發再回到「家」的運動。

一九〇六年，日本殖民下，臺灣總督府國語學校中學部與師範部進行了一場臺灣史上首場具有正式紀錄的棒球比賽。一百一十八年後，來自臺灣的二十八位大男孩，在傳授給我們棒球的日本人的東京巨蛋裡，奪下首座大賽全球冠軍（Global Champions）。

野球，回家了。

轉播中，與我搭檔的張立群主播提到，日本帶著國際賽二十七連勝的紀錄，我隨即接著，二十七連勝，就像一場二十七人出局的棒球比賽，該結束了。這是我們青出於藍的時刻。

林昱珉在開幕與冠軍賽的先發，陳傑憲也同場開轟火力支援，有始有終地讓我們先後擊敗了韓國與日本；背號二十四號的隊長在二十四號的這一天，率領著臺灣封王，站上世界之巔。

二〇一三年世界棒球經典賽，臺灣與日本間的距離，只差一顆好球和一個井端弘和。十一年後，我們卻讓井端弘和呆立在休息室。

你怎能不對棒球有著浪漫懷想？

何其榮幸，我竟然能以球評的身分，在東京巨蛋的轉播間裡，為臺灣數百萬的觀眾「導覽」這不可思議的歷史事件，我的聲音，鑲嵌在這段歷史的紋理之中，這樣的震撼，怎能不讓自己謙卑。

在頒獎典禮前的空檔，我在轉播中用這樣一段話與觀眾分享：

我們也該好好謝謝日本，雖然我們今天擊敗了你們，但張奕、陳冠宇、陳傑憲都因日本豐富了他們不同階段的棒球路，我們還需要跟日本學習的實在非常非常多，這只是一場小小的勝利，希望對我們臺灣來說，這是一個全新的出發點，謝謝日本無私地為臺灣棒球提供了無比的養分。

臺灣與日本之間，總有個奇妙的羈絆，棒球尤其如此。我的棒球啟蒙來自外公盧萬，日本殖民時期，他是備受栽培的臺籍菁英，一九四九年後，也先後在礦坑、農會和鋼琴公司任職，嚴肅的他，只有講到棒球、和我用報紙摺成的手套傳接球才能感受到他真心開朗的笑容，大溪老家一櫃子的日本球員簽名球，是我們家族的傳家寶。

冠軍賽轉播到第九局，雖然我在九局上半隨著日本派出終結者「大勢」時，順口接了一句「已去」，當下聽來霸氣，但我一脫口後的心裡可是七上八下，深怕下半局有所閃失，我不就成為戰犯了？尤其當教練團派出林凱威關門，而不是冠軍賽前一路擔任終結者的吳俊偉時，心裡總是犯著嘀咕，更令人不安的是，日本首棒打者辰己涼介打出一二壘間穿越安打，頓時過往太多的創傷畫面開始一一浮現，準備好要提林凱威和我一樣來自國立體育大學的介紹詞，只好強忍著不敢再說，深怕連國體都被「牽拖」而成眾矢之的。但栗原陵矢的那記一壘平飛球之後，迴盪在播音間和我心裡的，只剩握拳與忘情狂吼。這些內心小劇場，隨著緯來創新的轉播方式，也多少讓透過 YouTube 觀賞轉播室動態的觀眾同步感受著。

從未想過我們會有這樣的一天，幸福以如此突然的型態降臨。

緯來決定前進東京現場轉播，與臺灣打入四強一樣突然。因此在十一月十九日的行前會後，文大培台長邀我留下來跟著體育台的夥伴一起吃披薩跟炸雞，他說到：

「原本以為『我們』的十二強就到這兒了，這就算是慰勉大家辛勞的慶功宴，沒想到……」

所以，在短短兩天不到，緯來決定將十二名成員送往東京現場轉播與採訪，從機票、旅館、前置、後勤、採訪計劃等完成了一項接著一項不可能的任務，我因為學校上課，在二十一日下午，輾轉經沖繩轉機，半夜才到旅館與大家會合；隔天一早，就前往東京巨蛋轉播臺美的關鍵戰役。

想起當時還在桃園機場候機時，看著臺灣在四強超級循環賽首場就以〇比二敗給委內瑞拉，心裡都涼了一半，心想，這樣還要去嗎？但還是強顏歡笑，在臉書上貼文跟大家說，「別擔心！吉祥物馬上到了！」接下來的，就是歷史了。

這趟對於所有涉身其中的人來說，都是一趟神奇之旅，不只是如此不可思議的冠軍，更是一趟重新發現臺灣的旅程。

弔詭的是，在臺灣意識逐漸增長的社會裡，最容易凝聚人心的運動賽場，卻是我們最難以「去中」的場域。數十年來，「中華隊」這三個字已如此習慣，用其他字眼代換都被視為一種挑釁，在其他場域如此自然的「臺灣」，一旦到了運動場，「臺灣隊」卻成為一種基進政治立場的宣示。過往，「中華隊」仍為主體，但本屆十二強賽會，無疑是中華、臺灣之爭最檯面化、競逐也最激烈的一次。

轉播與新聞媒體在代表隊名稱的使用上，多少就是臺灣媒體的政治立場宣示，但偏偏運動轉播又不僅止於此。一般觀眾不知道的是，各轉播媒體仍舊受限於國際運動轉播權販售商的壓力，即便取得轉播權，仍獲明示或暗示不得在節目名稱或是鏡面呈現上出現「臺灣」，至於轉播的口語使用，則是各主播賽評自由發揮，因此，大家也聽到張立群歷史性的「中華隊贏了！臺灣冠軍！」高呼，或是各媒體稱「中華隊、臺灣選手」等各種彈性迂迴策略。自從二〇二三年世界棒球經典賽後，Team Taiwan 成為運動場上「挺臺灣」的另類出口。

陳傑憲球衣胸口前的那片空白，是我們多想填上的名字？潘傑楷、林昱珉等球員所展現出無比自信的積極表態，在過往臺灣的運動團隊中都是少見的，網路上的臺日友好，在臺灣奪冠後，儼然昇華到另一個層次，我也收到許多來自日本友人的恭賀。令人不禁想著，這也許正是臺日之間解殖的另一種可能，不是仰慕、懷舊、更不是仇恨、怨懟，而是昔日的殖民地能長出屬於自己的自信與彼此尊敬的友好，在傳授技藝的昔日殖民者面前的不卑不亢，甚至能夠擊敗他們。

頒獎典禮後的東京巨蛋一角，我看到清宮幸太郎繞過重重人群，找到高國輝向他致意，那是師徒間的美好情誼，只是師徒的角色互換了。

完美，就是完美。

運動與媒體

FOX 體育台的離開，是我心中永遠難以填補的一個黑洞，但這正突顯了這個時代運動媒體所處的亂世，這曾經匯集了臺灣的運動媒體菁英於一堂的媒體家族，也在媒體串流時代的動盪中，於 2020 年底跨年煙火的巨響中歸零。自此之後，愛爾達確立了自己在跨平台時代下的運動媒體領導者地位，DAZN/Eleven Sports 有著跨國集團的奧援，博斯、MOMO 與緯來則仍在有線頻道堅持、摸索著。亞運、奧運、中華職棒、NBA、英超，從轉播權到文本內容，都各自呈現亂世中的眾聲喧嘩。身為一個教授 / 球評 / 作家的斜槓中年，得以用不同身分優游其間，箇中的變與不變，別有滋味。變的是，巴黎奧運體現時代精神而變出了史上最令人難忘的開幕式表演；不變的，則是看似每每在奧運與世界盃陷入付費與免費收視論辯的無間輪迴，但實則是舊媒體與政商勢力的戀棧與怯於進步。

FOX體育台撤出臺灣，然後呢？運動轉播新時代的必然與遺憾

FOX體育台在二〇二〇年底結束營運，無疑是運動迷心中難以彌補的缺口，但如同運動媒體前輩詹啟聖先生一針見血的評論所言，說穿了，就是臺灣運動觀眾人口養不起那樣的頻道。

在商言商，誠然如此，這是最殘酷的現實。當今無疑是個大敘事消逝、眾聲喧嘩的年代，運動賽事作為一個媒體文本，儘管有其他文類難以取代的集體性以及即時性，但運動賽事的保鮮期短，往往僅有少數經典賽事才有重播價值，但高額的轉播權利金泡泡，在國際間的轉播權市場卻沒有停止膨脹的樣子。舉例來說，儘管續約當時是在疫情前景未明，甚至面臨極大不確定性的勞資談判的二〇二一年，但是大聯盟與美國的Turner Sports就已完成到二〇二八年的續約，合約總值為三十二億美金，等於每年四億七千萬美金，比起現行合約還成長了四〇%。

在臺灣，FOX體育台的離開，只是整體運動頻道、甚至有線電視困境的縮影而已，他們競爭的對象已經不再只有彼此而已，而是與所有娛樂形式的競爭。如同Netflix執行長哈斯汀（Reed Hastings）所言，所有娛樂形式，包括運動頻道在內，共同的競爭對象就是你我的睡眠時間。

近的來說，有線電視上的運動區塊空出了七十三、七十四台，在MOD以及非基本有線頻道的博斯家族是一個很好的機會，也許可以買下味全龍明年的轉播權，將手上已有七個運動頻道的資源加以整合，順理成章進軍夢想許久的基本頻道的運動區塊，讓徐展元重返棒球播報的主戰場，完成他們在二〇一四年MP&Silva風暴下未竟的版圖。當然這也是MoMoTV在自家富邦悍將、未來P League+

勇士以及現有的NFL賽事之外，再更積極布局的機會，扭轉MoMoTV定位不明的現況。

所以我不認為FOX體育台的離開會讓大聯盟、日本職棒太平洋聯盟、網球、高球四大賽、F1、Moto GP、HBL、UBA等臺灣學生運動就此離開臺灣（合法收視）市場，問題是，以什麼樣的形式？還記得二〇一三到二〇一六年間，臺灣電視上沒有英超轉播的時期，Premier League Pass（PLP）以網路OTT的形式填補了有線電視的空缺，待Eleven Sports進軍臺灣市場，英超重新引進有線電視。

當PLP結束時，留下令人含淚莞爾的一張墓誌銘，至今仍留在官網（premierleaguepass.com）以為見證：

此處安眠的是英超通行證

二〇一三—二〇一六

在網路的世界裡，三年猶如一世紀

所以，我們一定會以某種形式、某個時空與這些美好的運動賽事再見的。緯來體育台、博斯運動網、MoMoTV、愛爾達體育台會以現行的有線及IPTV的平台接手部分重要賽事，但也可能是臺灣運動轉播進入OTT時代的一個里程碑。早在二〇一三年，臺灣大旗下的myVideo就嘗試過以網路轉播大聯盟，隔年更加入了NBA的轉播，可謂臺灣OTT運動轉播的先鋒，可惜，以當時的環境來說，那樣收費的機制，算是「超前部署」了一些，以失敗做收。未來，這樣的運動轉播型態應該會是常態，既然臺灣的運動轉播真的是小眾的利基市場，那麼轉化為分眾化的 OTT 服務也很合理，已經有成熟平台的麥卡貝、LINETV、yahoo!TV、Twitch 都可能在中職之外，加入新的運動內容。

疫情下的全球運動媒體都不好過，全球 Eleven Sports 大老闆拉德里扎尼（Andrea Radrizzani）也曾向各大運動聯盟喊話，他認為運動轉播權獨賣、統包、單一的行銷方式是到了該改變的時候，新媒體瞬息萬變，沒有道理運動轉播還在守著十五、二十年前的銷售方式。配合新媒體特性，職業運動聯盟及轉播權所有者，應該要提供更客製化的銷售產品，以吸引原先被忽視的消費者。未來，可能是付費計次收看（pay-per-view），也可能是 MLB.TV、NBA TV 由聯盟銷售給消費者（direct-to-consumer, DTC）的模式，但提供觀眾更多選擇的轉播內容。

也就是說，全世界的媒體都還在捉摸該怎麼因應這變局，在歐美等運動底蘊深厚的市場，傳統的模式尚可抵擋一會這樣的浪潮，但是在臺灣底子略淺，運動頻道與韓劇、網紅直播、政論節目的共同競爭下，臺灣 FOX 體育台的離開，也是國際間 FOX 與迪士尼集團整併後，所開出無情但合理的第一槍。

從二〇一四到二〇二〇年，我也幸運地成為 FOX 家族中偶爾串串門子的客人，身為運動媒體人，很清楚知道自身的定位，我們不是運動史的一部分，但卻有幸扮演運動史導覽者的角色。未來的運動轉播在進入更分眾化的市場之後，會削弱運動所扮演集體記憶的角色，即便未來仍能透過不同管道收視，但已失去了過去三十年間，從 ESPN 衛視（ESS）到 FOX 所蘊積的能量。想像一下這樣的畫面，二〇一三年，臺灣男籃在亞錦賽擊敗中國，沒有了田鴻魁的激情導覽；美國職棒，少了常富寧的

hasta la vista跟曾文誠的獨到視野；沒有許乃仁如數家珍、近乎炫技的網球四大賽；沒有鄧國雄在四月的凌晨，以他沉穩嗓音陪伴你每個半夢半醒之間的高球名人賽⋯⋯

運動史的形成，不是只有運動員的場上英姿，當然更不是媒介化下主播球評錦上添花的播報，而是運動、媒體與觀眾三者交織下，既共同擁有卻不能自私獨佔的視界。我們失去的，不是只有三個頻道，而是未來再譜一段屬於運動的共同記憶的機會。

謝謝您讓我們成為您生命中的一小部分。

影像記憶歸零——FOX體育台離開後，臺灣運動文化保存難題

我與 FOX 體育台不相見已二週餘了，我最不能忘記的是它的聲音與光影。

FOX 體育台在臺灣的血脈，可以上溯到連有線電視都還沒有真正合法化的一九九一年，從 Prime Sports、衛視體育台、ESPN 分合之間，又在二〇一三年整併成為 FOX 體育台，直到二〇二〇年十二月三十一日畫下句點。FOX 體育台並非臺灣目送離開的第一個運動頻道，但震撼之深，卻應為最。在此之前，東森育樂台隨著中華職籃 CBA 的夭折而告終，年代家族自歡樂無線台、TVIS、年代體育台以降，雖然至今以年代 MUCH 台經營，但在二〇一四年世界盃足球賽與愛爾達爭議遭轉播斷訊之後，除了零星轉播國內高爾夫球賽之外，至今也與運動無涉。

這些頻道還保留下了多少我們運動文化的資產，我並不清楚，但這次 FOX 體育台的消逝，讓人最驚恐的是，他們所有的足跡就此消失，彷彿未曾到來過，外資嘛，說走就走，無情得很。一九九八年曼谷亞運，陳金鋒從朴贊浩手中敲出的全壘打，網路上只剩韓國版本足堪聊慰，臺灣觀點的歷史影像，隨著 FOX 體育家族的離開而消失了；二〇一三年男籃亞錦賽擊敗中國，還好有人抓取下來，加上其他的運動歷史吉光片羽，透過 YouTube 殘存著。

這次 FOX 體育台的終止，不只是告別所有過去近三十年轉播過的賽事，是連所有的社群媒體足跡就此消失，彷彿未曾參與過臺灣這塊土地上運動歷史一樣。就在全臺灣各地倒數迎接二〇二一年的煙火昇起，FOX 體育台的三個頻道同時劃下句點的同時，臉書上四十五萬的粉絲與 YouTube 十萬的

訂閱者，一切歸零在這聲巨響。

運動文化的累積需要長時間的灌溉，網路時代原本可以創造並記錄下與電視線性傳播不同的文化，運動賽事轉播單位與觀眾的互動，在網路空間裡生產出全新的意義，也能反映著一個文化輾轉遞嬗的痕跡。殘酷的是，迪士尼集團終結的，不只是這些運動媒體人所共同生產的運動文化點滴，而是包含連所有網路使用者共同創作的文本都被抹去。多年後，誰還記得每逢F1賽事被職棒轉播犧牲時，車迷們怒而洗版的那段歲月？或是觀眾在粉絲團上的FOX體育台畢業紀念冊留下令人動容的隻字片語？

運動影像的授權是極為複雜的，即便擁有轉播權，但是後續什麼樣的畫面能用、不能用、用多久、保存多久、重製狀態等等都在相關的合約規範中，即便是賽事轉播單位，也是處於極為被動的位置。因此，你我的記憶會被如何保存，就成了不在我們手中能掌握之事。是的，還好有網路，還好有網友，但是，別太放心了，就連YouTube的影片也隨時可能因一個檢舉就消失了，所以即便是我們身處複製極為便利的數位時代，但這些運動歷史的影音保存，可能比我們想像中來的脆弱。

在《戰術書與支票簿》（Playbooks and Checkbooks: An Introduction to the Economics of Modern Sport）一書中，學者辛曼斯基（Stefan Szymanski）就列舉，就學理上而言，競賽發生地的球場、參與的球隊、交手的運動員、舉辦競賽的組織，其實都是潛在可主張轉播權的要角，不過，在當前運動商品化下的轉播權或是影音權利誰屬的議題討論上，似乎已經蓋棺論定，主要運動轉播權談判中，職業運動的聯盟（如NBA、英超）、主導國際賽事的運動協會（如奧委會、國際足總）是清清楚楚的權力擁有者，從中職與日本職棒的轉播授權模式，球隊也可以是職業運動的轉播權擁有者。至於國際賽事，這些國際運動組織的權力已近乎無限擴大，不管什麼賽事，轉播權就是在短時間內的「租用」而已，要再製需要另外一筆費用獲得授權，因此，許多媒體也就索性不留存檔，畢竟，留下了能合法使用的範圍也不大。球場、球員等運動賽事轉播構成的成員，都已被勞雇或是場地租用等形式的契約包括在內，你我的影像記憶能否留存，端看這些獨大的運動組織臉色。

從此看來，臺灣視角的國際運動賽事，本身就難以追溯與保存，儘管我們還可以在 MLB 官網上找到王建民的歷史比賽畫面，但是卻再也配不上常富寧與曾文誠的聲音導覽；喬丹的成神之路，我們也找不回傅達仁先生的聲音相伴。甚至連公視「臺灣棒球百年風雲」的系列紀錄片中，在少棒風潮以及三冠王時期回顧所能取得的歷史片段，也都是美國電視台英文原文的轉播，而非當時盛竹如或是郭慕儀所鋪陳的臺灣記憶。

因此，作為主流運動的輸入國，連保留記憶的選項都難以存在。

運動文化的積累，需要歷史大敘事視角的導覽，進而讓共同體的成員產生共鳴的，若僅剩零星的、隨機的、熱心的觀眾保存著，進而成為珍稀逸品，是難以深化運動文化與鑄造集體記憶的。

台視、中視、華視太多的珍貴運動歷史影音資料已經塵封甚至丟失，至今，臺灣再也沒有一九六八年紅葉少棒擊敗日本關西聯隊，從而開啟少棒狂熱的完整影像，僅有新聞片段保存著；反觀一九六六年英格蘭拿下世界盃冠軍的畫面，不但被完整保存而不朽，甚至還從黑白被轉成了彩色而更加鮮明烙印在全英格蘭人腦海裡。

資本主義的市場邏輯徹頭徹尾地主宰了當今運動運行的方式，連關於它的記憶都是有價的，這是我們個體難以撼動的體制，但是稍縱即逝的後現代時代氛圍中，運動可以是永恆的，我們多少也該在哀悼療傷的過程中，在憤怒這階段停留一會，因為臺灣的運動文化固然尚淺，但也不應該被跨國媒體集團如此粗暴對待。FOX 體育台承載過、如今失去的，我們已追不回，但如此不留痕跡的逝去，至少可以喚起對於運動集體記憶保存的重視，公部門不管是文化部、體育署，甚至公共電視，都可以、也應該承擔起這樣的角色。否則，我們僅存的，就是閱聽人在與跨國運動媒體複合體的游擊戰中，掠奪下的零星戰利品。

近幾年來，臺灣的運動頻道都是東奔西走，業界光景，一日不如一日。在晶瑩的淚光中，又看見那橢圓的藍白標誌與運動場上的光影。唉！我不知何時再能與它相見！

政治、轉播、運動敘事——亞運之光折射出的臺灣運動媒體生態

杭州亞運在臺灣選手超出預期表現下結束了，十九面金牌、二十面銀牌、二十八面銅牌的結果，遠超過賽前體育署的預估。在已經夠多的感動及檢討文之外，本篇文章希望能提供另一個觀點——從亞運來看臺灣的媒體。

透過媒體看天下，是現代人的視野，但從大型賽會的媒體內容，亦可一窺媒體的樣態，當代媒介匯流，不只是跨平台，甚至是網站與網站之間的界線都已模糊，一般媒體閱聽人難以分辨各媒體頻道的差異，甚至消息來源是專業網站或是轉載的入口網站都難以區辨。

以杭州亞運轉播來說，閱聽人可以透過愛爾達（IPTV）、ELTA TV、Hami Video（OTT）、公視（無線）、緯來（有線）、東森（有線）等頻道收看即時的賽事轉播，這些媒體各自動員旗下頻道，進行大規模的賽事轉播。其中臺灣區總代理的愛爾達與關係密切的中華電信 Hami Video 共計開設十六個頻道，其中包括後來加開的兩個全天候電競頻道，而公視有一台與三台、緯來以體育台為主，並不定時加入育樂台、綜合台的同步直播，東森則動員新聞台、財經台、超視等頻道。除了在棚內接收賽事主辦方的訊號之外，也再派出自家記者前往杭州，東森派出四組文字攝影、愛爾達三組、緯來也有二組，以獲得來自現場第一手的採訪報導。據了解，此次亞運賽視收視不若東京奧運，這結果並不意外，一來賽事層級不同，再者，東京奧運的時間，正是COVID-19疫情下大家行動受限，在家看電視的「天時」，東森獲得有線頻道的獨家轉播權，此次亞運則有緯來加入，整體來說，二十五至四十九歲的男

性，也就是運動頻道主力觀眾客群，仍舊鎖定緯來的轉播，東森則有新聞頻道區塊的大眾市場優勢。

其他媒體雖然不具賽事轉播的權利，仍可派出採訪團隊前往杭州採訪，但是否為轉播單位、所屬媒體性質等因素，使其獲得授權可進入的範圍也不盡相同，在大型賽會作為媒體商品販售以保護轉播權所有者的權利之餘，也必須兼顧新聞媒體「文化公民權」的實踐，因此像是並無本屆亞運轉播權的TVBS，也派出跨平台高達四組記者前往採訪。

由於亞運還肩負展示區域特色運動的使命，因此賽事繁雜，高達四十種運動、四百八十二個競賽項目，共計有來自四十五個國家地區的一萬二千五百名運動員參賽；相較之下，東京奧運雖有一百九十三個國家地區參賽，但也僅有一萬一千三百二十一位選手參加三十三種運動中的三百三十九個項目。這麼多的賽程，卻與奧運壓縮在幾乎相同長度的十六、十七天之中，可以想見賽會籌備的龐雜，以及轉播及採訪人力調度上的難度。愛爾達在東京奧運總共動用九個頻道，杭州亞運卻足足有十六個頻道，以此為證。而這類大型賽會也正凸顯愛爾達在數位匯流時代下的優勢，IPTV 的 MOD 平台上，得以向 NCC 申請在特定期間內臨時執照的亞運台，OTT 的 HamiVideo 與 ELTA TV 更可盡情發揮，這是傳統無線與有線電視所望塵莫及的，就在有線與無線電視觀眾在各台間轉台卻又遍尋不著想看的賽事時，卻能透過愛爾達家族平台不錯過任何賽事。

以轉播內容來說，賽事轉播全都仰賴大會所供給的訊號，各國頂多只能選取播出何場賽事，對內容如何呈現沒有任何置喙餘地，也因此在中國舉行的運動賽會，臺灣往往都需要特別留意他們的小動作。儘管賽場上謹守「奧會模式」，以「中華臺北」相稱或「TPE」作為出場序，但場外則放任各媒體稱「中國台北」。中國製播的官方統籌訊號在鏡頭切換上也不時的「偷吃步」，開幕式中，當臺灣代表隊進場時，刻意以遠鏡頭處理掌旗官及隊旗，並切到看台上的習近平，與香港、澳門、中國代表隊進場時相同的處理，統味十足。愛爾達則選擇在中國代表隊進場時「碰巧」進廣告，供觀眾解讀箇中意涵。棒球賽臺灣與中國之戰結束時，還刻意帶到觀眾席「都是自家人」的海報，都是中國透過賽事轉播置入的訊息。

名稱問題，總是臺灣在國際賽會中的爭議點，除了政治本身的敏感之外，感受到以政逼商壓力的跨國企業，甚至將其手伸入臺灣賽會轉播呈現，使得臺灣連在內部轉播的名稱上都綁手綁腳，除了公視堅以臺灣自稱之外，過往幾屆都以臺灣自稱的媒體，也不得不改以我國、中華或中華臺北混稱，正是臺灣承受著來自外部政治與經濟雙重壓力的體現。

所以，還在「運動歸運動，政治歸政治」？

二〇二二年起，中國先後主辦北京冬奧、成都世大運以及杭州亞運，中國在開、閉幕式的表演已經嫻熟甚至近乎樣板化，大量看似華麗的擴增實際（AR）、LED 已經讓大型賽會表演淪為一場「高科技」長輩圖。二〇〇八年，北京夏季奧運開幕表演，利用數位合成的二十九發巨人腳印煙火、小女孩林妙可唱歌的對嘴風波，還存著虛實、真假之間的論辯，當時，視覺特效藝術總設計蔡國強還親上火線回應西方媒體的質疑，如今，類比美學就在我們渾然不覺的情況下，全然讓位給數位科技。

除了賽事轉播之外，非賽事轉播媒體在本屆亞運中，有令人讚賞的表現。儘管進入場館受到較多限制，開幕式前也傳出 ETToday 與自由時報記者無法獲得採訪證的消息，但媒體數量超過主辦方的管制數量，確實是近年大型賽會面對越來越多新媒體下，必須面對的課題。據ETToday的報導，杭州亞運總報名媒體人數有一萬二千人，實際到杭州採訪的各國媒體，包含陸港澳台約有三千多人，但總媒體採訪證只有一千六百七十九張，包含七百一十二張攝影證。在臺灣相關單位不願扮演阻擋的壞人下，就把最後一關交給賽事主辦方。

媒介再發達，親臨現場，依舊是見證歷史的重要元素，代位閱聽人雙眼的平面攝影記者，他們所捕捉的定格瞬間，並不因鋪天蓋地的轉播而失色，滑輪溜冰男子三千公尺接力賽，聯合報季相儒記者的終點線前攝影，完美體現的運動攝影的價值，精確捕捉黃玉霖最後一伸衝線的瞬間，堪稱本屆亞洲奧運的「Taiwan In」時刻。

在素人網紅崛起的時代，大型賽會依舊是他們尚難跨越的障礙，主要是他們與官方賽會組織的關係尚不穩固，也沒有過往採訪的作品，在門禁管控森嚴的國際大型賽會，尚難有所發揮。另一方面，臺灣資深運動媒體人所創立的自媒體包括WOWSight和Vamos Sports，是葉士弘、楊育欣、李家梵、徐裴翊、陳怡鵑等人，累積自身多年的採訪經驗與實績的心血結晶，從還在「十年寒窗」時期的運動員就與他們相濡以沫，因此這些平台上一篇篇精彩的報導，都是競技現場與革命情感時空交織而成；一個個永恆的瞬間，都是數十年的累積，運動員如此，媒體人亦然。但短期賽事的熱度，也不乏寫手利用網路資源拼湊出灑狗血式的文章，或是政治談話性節目常客蹭亞運棒球熱度蹭到露餡，淪為網路迷因的笑柄。

最後，當我們聚焦在臺灣的運動員是多麼苦出身、熬出頭的，當然帶給閱聽人激勵，從點閱率、社群媒體分享的趨勢來看，這也確實是運動員勵志的社會功能，但從社會學的角度，我們也該避免「見樹不見林」之憾。在一個個成功林郁婷、楊勇緯、郭婞淳的背後，有數以倍計的失敗、放棄與不知名的運動員，他們可能有著相似的背景，相同的夢想，卻有著截然不同的結果。因此，這些一舉成名的故事，其實更像是運動場域裡的「奇聞軼事」（anecdote），而非常態，但我們是不是一味地透過這些讓我們感覺良好的報導中，間接鼓吹他們朝運動、朝獎牌如此低成功率的道路走下去。連珍羚的堅持與最終的回報固然令人動容，但奇聞軼事是需要搭配警示標語使用的，否則在我們旁觀者「喊燒」、「沾光」、加上政府便宜行事的奪牌重賞之下，可能讓弱勢的一群人，被引向更邊緣的方向走去。

在此引用清大林文蘭教授，在探討臺灣原住民在棒壇「過度代表」的研究中的一句話：

社會不平等的常態需取得正當性才能維繫，維繫的關鍵在於如何確保輸家和劣勢者對既有體制保持忠誠。

運動的種種價值適巧完美呼應統治者的目的，當我們失去環視周遭結構的能力，只聚焦在服從、吃苦、從無怨言的少數成功運動員，正好強化了上位者的敘事需求。每當大型國際運動賽會舉行，這些藉著運動翻身、階級流動的勵志故事加速流傳著，但運動不該是他們生涯唯一出路甚或賭注，更多失敗的運動員，我們有什麼方式能接住、導引他們？

在流量勝過一切的媒體時代，這不討喜的角度看似是奢求了，尤其還是邊緣的運動媒體，但身為閱聽人的我們，至少先從了解運動媒體生態開始，別讓劣幣驅逐良幣，才有一步步朝向改變的可能。

巴黎奧運開幕式的媒介真實：一次法國反叛歷史的時代印記

巴黎奧運開幕式在爭議聲中落幕，眾聲喧嘩，相關評論已眾，但身為此次華視轉播的評論者，也許仍可以提供各位不同的視角。

對我而言，這是史上最精彩的奧運開幕典禮。

光是技術層面而言，藝術總監喬利（Thomas Jolly）能夠將塞納河轉化成一個流動的舞台，兩岸建築成為背景，將序曲與十二個主題表演穿插著運動員搭乘船隻進場，完美體現了海明威筆下，將巴黎形容為「流動的盛宴」的寫照。這一切，是在一次完整彩排都沒有的情況下完成的，這是一件多麼浩大而困難的工程。

然而，爭議之所以存在，先是表演內容讓保守派人士跳腳，再者，這次的開幕式，端看你是看現場轉播，或是親臨現場，可能就有著兩極化的評價。下雨當然是因素之一，但這體現的正是當代奧運開幕式作為媒體文本先於現場事件的本質。

對於電視觀眾而言，喬利與他的團隊已經設定，以自奧斯特利茲橋（Pont d'Austerlitz）與耶拿橋（Pont d'Iéna）之間的塞納河段，切分為十三個舞台，這也是全球數億觀眾看到的「媒介真實」。然而，對於現場觀眾而言，他們只能固定於一處，舉例來說，友人購得最便宜的開幕式門票，也就是奧斯特利茲橋的看台，但這就表示，他在看完一開始的紅白藍三色煙幕後，就只能淋著雨看著載著運動員的八十五艘船一一從他面前經過，僅此而已。什麼？女神卡卡在聖路易島上重新演繹經典詼諧劇曲《Mon truc en plumes》（我的羽毛）？重金屬樂團 Gojira 與斷頭的瑪麗安東妮唱著法國大革命曲調《Ah ! ça ira》（會好起來的）？對於不在那些區塊的現場觀眾而言，那是未曾發生的演出，更不用說過場的神祕火炬手和偷走蒙娜麗莎的小小兵了。

因此，這樣的表演設計，其實就和現場觀賞高爾夫大滿貫賽或是F1賽車的經驗是類似的，也就是說，絕大部分的觀眾都只能在定點，看著不同球員經過你面前，打的都是幾乎相同的第二桿切球（approach）上果嶺、或是只能「聽著」震耳欲聾的賽車引擎聲一陣陣呼嘯而過。運氣好，你可以在第十八洞看到謝夫勒（Scottie Scheffler）的致勝推桿，但代價是你也會錯過朗姆（Jon Rahm）在第十六洞的一桿進洞，這與在電視轉播中帶有進階數據、甚至經過剪接後，高低起伏的敘事是截然不同的「真實」。

過往在運動場內的開幕表演，舞台就在那，現場觀眾即便視野有限，但至少一切過場都還在眼前，但流動的盛宴卻不適合固定的觀眾。對於喬利來說，塞納河兩岸三十萬人與全世界數億的電視觀眾，孰輕孰重？答案非常明確。

身為轉播單位的成員，開幕式的轉播準備工作當然是困難的，主辦國的歷史背景、古典、流行音樂指涉、運動文化遺澤、最後一棒可能的火炬手等等都是必須涵蓋的資訊，我也必須強調，「沒有一個人」會擁有那樣的全知全能，洞悉開幕儀式中的所有人、事、物。尤其這屆盛會的精神「Games Wide Open」除了是不可預測的運動賽事本身之外，也代表著喬利將盡情揮灑他的創意，讓開幕表演充滿無限可能，儘管開幕式後，網路媒體開始充滿大量專家知識的補充，但在開幕轉播的當下，若是直接把任何人直接丟入那個場合下，是不可能完全掌握的，因此，奧運籌委會就必須提供全球轉播媒體限定的資訊，以利媒體人充分扮演「導覽員」的角色。

以巴黎奧運來說，華視團隊是在七月二十五日的凌晨才收到表演的內容訊息，接著就是和林奕雯、林志儒兩位主播緊鑼密鼓的資訊消化與做功課，也是因為這媒體指南，我也才能在轉播時向大家介紹在市政廳屋頂上獨舞的巴黎歌劇院芭蕾舞團首席舞者賈普（Guillaume Diop），也才能在轉播訊號卡頓時，向觀眾補充原本該浮出水面的女性主義先驅西蒙波娃的雕像。而即便如此，這份指南中的內容依舊充滿未知。例如女神卡卡的卡巴萊歌舞秀（cabaret）表演，我們得到的暗示也只有「國際藝人」（an international artist）而已，而在河岸護送獎牌橋段中出現的菲爾普斯（Michael Phelps）與富爾卡德（Martin Fourcade），指南中也僅告知我們「兩位傳奇的奧運獎牌得主」（two legendary Games multi-medalists）。說來慚愧，我也僅能在轉播中辨識出菲爾普斯，雖曾耳聞冬季奧運五金得主富爾卡德的豐功偉業，但人臉辨識的連結功力還是不足，也很失禮地並未能提及他。至於席琳狄翁蕩氣迴腸的壓軸演出，則是據事前各方報導後，相對容易揣摩出的完美句點。

奧運籌委會願意「劇透」多少，每屆不盡相同，東京奧運的轉播資料中，最後聖火點燃儀式前的每一棒火炬手都已告知，連參與聖火傳遞的醫護人員、來自三一一大地震災區的小學生的姓名也都給予各國轉播單位，但本屆聖火傳遞的最後階段保密到家，因此從席丹、納達爾到籃球名將帕克（Tony Parker），任何運動迷都可毫不費力辨識，但之後傳遞聖火的法國運動員與帕拉運動員們的身份，我們無從轉知給觀眾，甚至最後點燃聖火的李納（Teddy Riner）與佩雷克（Marie-Jose Perec）也是在當下不斷拼湊即時網路資訊而得來的。

在開幕式的官方媒體指南中，確實提供了極為豐富的資料，但是本屆表演的開放性，讓這些文字也很難具象化，尤其無法預期呈現的風格究竟會是如何，有些符號一閃而逝，就像指南中告訴我會有居禮夫人、大鼻子情聖、普魯斯特等等法國時代肖像出現，我卻怎麼都想不起來他們出現在何時、何地。

上述這些分享，也只是讓多一些人能夠理解當代媒體文本生產的模式，但也顯見本次開幕表演的豐富內涵與底蘊，當我拿到表演指南時，就已經向朋友預告，這會是史上最精彩、甚至是最「左」的一場奧運開幕，果不其然，一場與「最後的晚餐」聯想的舞蹈橋段，甚至讓喬利背負了褻瀆之名。

說來巧合，在這爭議之前，法國高中畢業會考的哲學考題中，就出了這麼一題：

藝術家是他作品的主人嗎？（L'artiste est-il maître de son travail ?）

這個可能是受法國學者羅蘭巴特（Roland Barthes）著名的「作者已死」宣稱啟發的考題，巧合地可以成為開幕典禮後的論辯角度。當所有創作者，不論是喬利的奧運開幕典禮，達文西的「最後的晚餐」、或是大家在社群媒體的貼文，其實在任何形式的出版之後，意義的賦予都已經與作者無關，不論讀者如何詮釋，就是作品存在的證明；但意義生產的光譜另一端，文學評論的詮釋學傳統中也告訴我們，同理（empathy）、進入作者當下情境的重要。

若採前者立場，喬利當然毋須再置喙什麼，若採後者立場，那麼《Vogue》雜誌這篇精彩的專訪，也許正是我們同理他創作的重要線索：文學價值的永恆爭論，開幕表演後，歐洲各國褒貶不一的評價，也有趣地剛好呼應了喬利與其舞蹈總監勒普拉戴克（Maud Le Pladec）以「歐洲之舞」體現歐盟「多元一體」（United in Diversity）精神，喧喧鬧鬧的，就是歐洲的日常。

本屆開幕典禮編劇之一，法蘭西學院歷史教授博希宏（Patrick Boucheron）在接受訪問時就說道，像二〇〇八年北京奧運的開幕式，是他們最不想做的，也就是宣揚國威、教條式的樣板。他們整個創作團隊要的是開放、多元、充滿活力與振奮人心的，這麼說來，從重金屬音樂襯托的斷頭瑪麗安東妮、明明是馬利裔黑人卻取了個日本風藝名的阿雅中村（Aya Nakamura）與象徵保守、國家力量的法蘭西共和衛隊樂隊，兩者卻能共舞共鳴而彰顯的平等精神、到全裸的酒神與（不管是不是）基督徒眼中最後的晚餐的「群魔亂舞」，這些衝擊都是讓本屆開幕典禮不朽的元素。

本屆奧運開幕式，媒體轉播團隊名符其實地扮演了「歷史導覽者」的角色，在等待各國運動員抵達托卡德侯廣場（Place du Trocadéro）的最後舞台前，喬利以化身為希臘神話中反抗海神波賽頓的河流女神席夸娜（Sequana）的女騎士，引領我們重新回到塞納河上，並以影片回顧著一百三十年來的奧運歷史長河。從一八九六年首屆現代奧運開始，奧運史從來就不是一帆風順的，從一開始僅僅是依附在世界博覽會後的餘興節目，在諸多歷史片段中，傑西歐文斯（Jesse Owens）的四面金牌，無法阻止希特勒的亞歷安民族至上狂夢，一九三六年的柏林奧運成為二戰的序曲；一九七二年慕尼黑奧運，黑色九月的幢幢陰影下，史畢茲（Mart Spitz）獨拿七面游泳金牌的前無古人表現，也阻擋不了奧運依舊成為以巴衝突、美蘇冷戰拮抗的舞台；COVID-19疫情後，人類依舊在以巴、俄烏戰爭下團聚在這場華麗的盛宴下。

巴黎的歷史從不缺反叛，法國大革命、巴黎公社、六八學運，成功推翻王權也好，左派夢碎的挫敗也罷，巴黎這座城市、百年後再遇的這場奧運開幕典禮，都已經讓巴黎再次成為時代的印記，這場流動的媒體盛宴已和這個世代永遠同在。

巴黎奧運激情後，談運動轉播的文化公民權

激情之下，切莫做出重大的決定。

在巴黎奧運結束後，屬於媒體間的「季後賽」，業已塵埃落定，之所以遲遲沒在專欄中有所評論，其實是過往這些超大型賽事中的轉播權，每一屆都有相同戲碼上演，類似觀點我也都曾評論過，自倫敦奧運之後的十二年間，隨著媒體形式不斷變化之後，相關討論卻仍是眾聲喧嘩的各為其主。巴黎奧運下的激情淡去之際，也許是更理智討論此事的時機。

不意外地，付費與免費收視的爭論又再次成為論辯的焦點，但說穿了，即便網路的OTT串流，中華電信在Hami平台也提供了解析度較低的免費奧運轉播頻道。所以說到底，這些人吵的只是他們所習慣的「電視」平台看到的不夠多而已。不過，如果奧運就像是其他任何型態的電視節目或是運動賽事一樣，我們憑什麼要求他以免費形式播出？畢竟，我們不會理直氣壯到認為泰勒絲、周杰倫、BLACKPINK、柏林愛樂的演出，或是漫威家族、《正港分局》、超級盃都該讓我免費看吧？因此，包括奧運在內的運動賽事所乘載的國族意義，確實有其特殊性，也就是身為一國公民，透過運動賽事集結其國族意識與文化共同性上，媒體是該有乘載文化公民權（cultural citizenship）的角色。

所謂文化公民權，也就是公民知的權利，以運動來說，作為一個臺灣人應該要知道的運動賽事結果、內容及意涵都可列在此範圍內，以臺灣的運動發展脈絡而言，重大國際賽事、特別是作為運動國族主義展現最高舞台的奧運，當然符合這樣的情境，也給人一種「奧運轉播應該免費看」的預設心態。

就收視方的觀眾來說，想要免費是自然的，另一方面，以宣揚運動為人類重要共同文化的國際奧委會來說，也希望能讓所有人都能沉浸在運動、尤其是奧運的美麗中，因此在其憲章第四十八條「奧運的媒體報導與轉播」中就載明：

國際奧委會採取一切必要措施，以確保各種不同形式媒體對奧運會進行最全面的報導與轉播，並讓全球盡可能多數（widest possible）的觀眾觀看奧運會。

也就是說，國際奧委會確實在其最高指導原則中表達了這樣的意涵，話雖未完全挑明，但要達到「盡可能多數」的方法，當然就是暢通免費收看的管道。然而，國際奧委會自身是否真的完全遵守、甚至以此為己任呢？這點就必須打上問號了。畢竟，奧運轉播權利金水漲船高，每每看似要被吹破的泡泡，卻不斷地變得更大、更夢幻。若真要落實「盡可能多數」的精神，那麼國際奧委會該做的是以轉播成本分攤給全世界轉播單位就好了，不是嗎？但他們卻以包括轉播權利金在內的各種收入，會分配給各國奧委會與國際單項運動協會，藉以推動運動發展這冠冕堂皇的理由，不斷追求天外有天的天價轉播權利金。同時，他們也還限制主要轉播媒體之外的新聞流通，奧運期間每天只能在比賽結束三小時之後，製作六分鐘奧運素材，且每節只能最多使用兩分鐘，而且播出期限僅為四十八小時等規定。這些限制下是保障了付了大錢的轉播單位的權利沒錯，但是否真的滿足公眾對奧運「知的權利」？符合「盡可能多數」的精神了嗎？

因此，從東京奧運到巴黎奧運，同樣也有英國觀眾抱怨在 BBC 上看到的奧運內容實在太少，但如果他們想要擁有更豐富轉播，就必須訂購付費頻道 Eurosport 或是串流的的 Discovery+ 才有可能。

這樣的場景是否非常熟悉？歐洲（包含英國）自二〇一八到二〇二四年的冬、夏季奧運轉播權其實是在二〇一五年由探索集團（Discovery，二〇二二年正式整併為華納兄弟探索集團）以十三億歐元買下的。所以，不妨把華納兄弟探索集團、愛爾達想像成二房東的角色，二房東從屋主（國際奧委會）那邊取得經營奧運這棟房子的權利，至於他要自住（獨家轉播）或是分租（分售給其他媒體），那當然就由二房東自行衡量決定，至於屋主，反正只要收到房租（權利金），屋況維持住，其他就沒什麼好過問的了。

話雖如此，二〇一五年這筆轉播權簽訂之時，引發全歐洲譁然，因為在此之前，歐洲的奧運轉播權都是由歐洲各國公共電視台所共同組成的歐洲廣播聯盟（European Broadcast Union, EBU）來跟國際奧委會進行議價，賣給經營付費平台的探索集團，無疑違反了盡可能多數的精神，但是天價報價一出，國際奧委會也顧不得過往與無線公共電視所能確保的「盡可能多數」，而笑納他們所能拿到的最高價標單。所幸後來探索集團與各國無線頻道的分租協議順利，讓奧運仍得以在歐洲無線頻道上播出。

結合運動賽事的國族意涵，以及國際奧委會想要保障盡可能多數收視這兩點，奧運在無線頻道上播出是再天經地義不過的事了，但為什麼近年來，甚至連國際奧委會本身都偏離了那樣的承諾？除了最簡單的「錢」之外，新傳播科技帶來的革命，也是重要的推力。以往由頻譜有限的無線頻道轉播，轉播者與觀眾的選擇一樣受限。但在串流平台帶領下，理論上任何一項賽事都可以呈現在全球觀眾眼前，「頻道」是過時的概念，賽事本身就是一個單位。

也就是說，因為新傳播科技的出現與普及，確實讓國際奧委會做到了以各種不同形式，在這多元、分眾的時代下吸引到的盡可能多數。這麼說來，無線電視的「免費」是否已經成為無關緊要的特質了呢？無線電視是否還是保障「盡可能多數」的唯一途徑呢？

在那之前，我們還須釐清，無線的公共電視並不全然免費，奧運的轉播更不是免費的午餐。尤其在歐洲、日本等各國傳統「大公視」的架構下，公共電視是以另一種收費形式，如此才能營運、甚至引領傳播科技前進與產製精緻影視內容。那就是只要有裝設電視，每戶就必須強制繳交的「執照費」（license fee）。

以二〇二四年來說，英國BBC每戶每年的執照費為一百六十九點五英鎊（約新臺幣七千一百元），日本NHK地上波加上衛星放送的收視費（授信料）每戶每年為二萬一千七百六十五日圓（每年約新臺幣四千八百元），德國的ARD與ZDF則每月向家戶收取十八點三六歐元的廣電費（Rundfunkbeitrag，每年約新臺幣七千九百元）。反觀臺灣的公視，在二〇二三年修改《公共電視法》之前，每年僅由中央依法捐助九億元，平均國民每人貢獻三十九元，另外再由政府專案補助以及各界捐贈以維持其營運，但整體預算規模也僅約二十億出頭而已。當中差異之大，不需精算即可一眼看出。

因此，與其稱之為免費，倒不如說是由全民公平負擔來得更精確些，但是比起歐、日的天壤之別的資金規模，我們卻期待公視繳出與這些國家公共電視一樣的奧運轉播規模嗎？更不用說華視名義上雖為公廣集團一員，卻仍需背負業績壓力的混種頻道。

國際奧委會挾奧運自重，難有國家與政治領導人可以承受起沒有奧運轉播的後果。即便路途險阻卻仍需前行，這是目前公共電視所背負的重擔。NHK在本屆巴黎奧運的轉播就是如此，一向昂貴的轉播權利金與製作成本，在日幣貶值下顯得更加巨大。傳統上奧運會與男子世界盃足球賽的轉播權是由NHK和日本民間放送連盟（民放連）聯合成立的「日本聯盟」（ジャパンコンソーシアム）購買的。在二〇二二年北京冬奧和二〇二四年巴黎夏奧的套裝組合中，總計四百四十億日圓的轉播權利金中，NHK出資七成，民放連出資三成，各台再行協調轉播內容，必要時甚至以抽籤決定，成為日本運動轉播的特性。當本屆NHK奧運轉播與東京電視台的隅田川花火節轉播強碰，收視率卻在伯仲之間的時候，可以理解公共電視投身奧運轉播的「承擔」。

公共電視的承擔，背後來自各國收取不同名稱的收視費，隨著越來越多元的資訊管道，在世界各國也都引發民眾不平之鳴：「我又不看他們的節目，為什麼要我負擔費用？」在日本，這樣的爭論甚至還推升到憲法的層次。二〇一七年十二月，日本最高法院就針對NHK收取收視費一事進行違憲與否的審理，最終宣判NHK勝訴，原因在於「公廣具有以民主多元之基礎而自律營運之性格，一方面禁止營利且禁止播放他人營業相關之廣告；另一方面，則不問民眾是否實際收視，以可收視狀態為要件，盡可能擴大民眾基數，謀民眾公平負擔收視費，以確保支應公廣事業之獨立財源。」*儘管如此，躲NHK收費員，似乎仍是許多日本人的生活經驗，近年來，NHK實際繳費戶也僅佔應繳戶的八成左右。

無線電視所肩負的文化公民權，也就是傳遞公民知的權利，在一九九〇年代之後就不斷受到付費電視的挑戰，這些有線與衛星頻道，挾著大量資金，開始瓜分重大運動賽會轉播權，因此也引發了各國無線電視自危，深怕如奧運、世界盃足球賽等賽事也落入付費電視手中，變成有錢人才看得起的節目。而這些運動賽會正是有助於奠定文化公民權實踐和彌平社會分歧的極佳載具，每位當代公民都該有權見證這些時刻。

因此，一九九一年，在英國內政大臣貝克（Kenneth Baker）主導下，一份禁止僅由付費電視播放的運動賽事清單就此誕生。一九九七年，此清單再區分為A、B兩類，A類賽事必須由無線電視頻道提供轉播，儘管付費頻道也可以共享直播，但必須以有無線頻道直播為前提。B類賽事則可以在付費頻道上轉播，但必須為無線電視頻道提供足夠的次級內容，也就是精華片段或是延遲轉播等（完整名單請見附錄）。從這名單中可知，列入保障名單的運動賽事並不僅限於國際賽，具有深厚文化傳統意義的賽事，也同樣列名其中，因為那是「身為英國人都該知道的」。

* 以上引用自財團法人電信技術中心報告。https://www.ttc.org.tw/News/more?id=356983855

為了保障公民對於運動賽事知的權利，除了英國以外，澳洲也在二〇〇六年依循一九九二年制訂的廣播服務法（Broadcasting Services Act 1992），詳列運動賽事保護名單，現今計有十一項運動、三十一項賽事納入其中，並會定期審視與更新賽會名單。這是來自公部門防範付費有線或衛星電視攫取運動以作為擴張版圖的作為。其他如奧地利、比利時、丹麥、芬蘭、法國、德國、愛爾蘭、義大利、亞洲的印度與泰國等，也都有類似此精神的無線電視運動轉播保護名單。此舉干擾了市場的自由商業競爭嗎？當然。但運動的意義，從來就不僅止於商品。未來臺灣是否可以參酌，進而擬定屬於臺灣文化顯著意義的運動賽事保護名單？當然可以研議。

各國這樣的保護，看似十分合理，但歷經三十年的時空更迭，無線電視、尤其公共電視的重要性，是否還能與九〇年代之前相提並論，那就是接下來要討論面對的難題了。其中法國在這兩年的政策轉變，或可視為全世界公共媒體面對新時代轉型與挑戰的先聲。

原本法國居民平均每年每戶需付一百三十八歐元（約新臺幣五千元）的執照費，以支持其公廣集團（包括法國電視台〔France Télévisions〕、向國際播送的法國二十四〔France 24〕、歐洲文化電視台〔Arte〕和法國廣播電台〔Radio France〕等），但二〇二二年七月法國國民議會投票通過，廢除電視執照費。原本法國公廣集團年度預算有八五%來自這筆費用，自此之後，將由消費稅（VAT）來支應。儘管在表面上，挹注法國公廣集團的資金規模將保持大致相同，但代表公廣集團精神的資金來源卻是問題的核心。法國許多人擔心，公廣集團未來依賴消費稅，而不再是以文化公民權之名徵收的執照費，如此一來，在消費降低或極右派主政時，公廣集團的預算可能遭到刪減。這表示公廣集團可能會更加依賴廣告收入，並且更容易受到政府高層與商業壓力的影響。

這些擔憂之餘，隨著剪線潮一波波湧現，無線電視成為文化公民權代言人的角色更受到網路的挑戰。在臺灣，傳統無線電視的根基，在有線電視開放之後就已迅速被沖刷殆盡，如今，無線頻道的優勢早已不復存在。根據 NCC 公布的《一一二年度傳播市場調查結果摘要》顯示，臺灣目前仍有六一・七％的民眾以有線電視為主要收視來源，無線電視僅佔九・五％，OTT 串流則佔一三・一％，超越無線電視。

可以預期，OTT 串流在未來只會佔民眾收視習慣中更高的比例，因此臺灣一方面確認公視、華視等公廣集團成員，在具有重大文化公民權意義運動賽事轉播與報導不缺席之外，更重要的是要協助建立完善的公廣集團 OTT 基礎建設，這點在「共時、共感、共應」的運動轉播上尤其重要。

愛爾達之所以能扛下奧運全面轉播的重責大任，就是在其「最大策略合作夥伴」中華電信搭建的新媒體平台，儘管期間偶有無法登入或是免費流量超載，反倒影響到付費觀眾收視等技術問題，但放眼全臺，能吃下如此繁重的轉播任務，當下真的也非愛爾達莫屬，但這不代表臺灣在可見的未來中，就只能、或只該由愛爾達（或任一商業媒體）獨家承接這些賽事轉播，公廣集團或是其他運動頻道必須整合資源，打造一個可以匹敵的專業運動賽事轉播整合媒體平台，串流部分，不管是沿用與擴大現行的公視＋，或是重起爐灶以更符合運動賽事特性的平台都好。

所以，每逢重大賽事期間有心人士的喧鬧，應可休矣。畢竟說穿了，發起者莫過於是舊科技在進入新時代前的又一次掙扎，期待以公部門的資源為自己續命而已。

之所以通篇至此沒有提到美國，那是因為市場至上的美國，自二〇〇〇年雪梨奧運之後，就由NBC環球集團以超過全球四成甚至過半轉播權利金的雄厚實力，包下每屆冬夏季奧運轉播迄今，隨著傳播科技演進，他們也將轉播平台橫跨無線、有線、串流等平台，那樣的模式不是臺灣可以複製的。

至於在歐洲，曾經的二房東與房客，也就是華納兄弟探索集團與歐洲傳播聯盟在二〇二三年後以平等之姿合作，兩者直接向國際奧委會簽約，確立目前的模式，也就是歐洲各國公共電視擁有超過兩百小時的奧運轉播，公共電視衡量各國需求精選賽事，但是最全面、最新科技運用的奧運轉播內容，依舊掌握在需要付費觀賞的華納兄弟探索集團手中的付費管道。

在愛爾達崛起之前，臺灣無線頻道曾以電視學會之名，扮演著日本聯盟的角色，也就是重大賽會由單一窗口出面洽談，避免彼此競價拉抬而「內傷」，同時也具有分攤成本與風險、共同轉播採訪等好處，但這前提是所有成員必須有著相似的規模與對運動轉播的同等承諾。目前臺灣的無線頻道中，僅有華視有專責的運動編制，連曾經著墨甚深的民視都進入轉型期，淡出運動轉播與報導；公視雖承諾持續運動轉播，但在公視三台轉型為兒少節目為主的「小公視」之後，名既不正，運動專責編制也未見成長；因此，儘管單一運動轉播聯盟在概念上是可行的，但是各台欠缺互信以及短視自利心態，卻是阻撓這樣發展的大石，從目前美國職棒大聯盟轉播不時可見「五台聯播」道奇隊與大谷翔平的比賽就可見一斑。

個人並不樂見如同香港政府出面直接購買奧運轉播權再行分配的模式，但政府、尤其是箭在弦上的體育暨運動發展部，加上文化部與NCC卻應該在未來的運動轉播上有更深的著力，尤其是將臺灣運動轉播與報導的資源做更有效的整合與利用，公廣集團雖仍承載著運動文化公民權的責任，但必須給予更與時俱進的資源，才能在這樣多元傳播的年代中發揮其角色。

附錄：

英國運動賽事轉播保障名單

A類賽事：

冬夏季奧運、帕運
男、女世界盃足球賽
歐洲男子足球錦標賽（歐洲國家盃）
英格蘭足總盃決賽
蘇格蘭足總盃決賽（限蘇格蘭）
英國國家大賽馬
德比大賽馬
溫布敦網球決賽
橄欖球聯盟挑戰盃決賽
橄欖球世界盃決賽

B 類賽事：

歐洲國家足球聯賽
歐洲男子足球錦標賽資格賽
歐洲女子足球錦標賽
歐洲男子 U21 足球錦標賽
歐洲男子青年足球錦標賽
世界盃男子足球賽資格賽
世界田徑錦標賽
在英格蘭舉行的板球國際對抗賽（Test Matches）
板球世界盃（決賽、準決賽及英格蘭、蘇格蘭、威爾斯、北愛爾蘭的比賽）
英國高爾夫球公開賽
萊德盃
橄欖球世界盃（不包括決賽）
橄欖球六國錦標賽涉及英格蘭、蘇格蘭、威爾斯的比賽
溫布敦網球錦標賽（不包括決賽）
大英國協運動會

分賣或獨佔？付費或免費？從中職線上轉播授權爭議，看運動賽事轉播贏的藝術

二〇二一年中華職棒開季前又有轉播爭議，只是此次爭議的對象，從七年前的有線電視轉到了網路，事主也從運動轉播權中介商（MP& Silva）變成了有線／網路跨平台的內容提供者（Eleven Sports）。

原先期待透過網路 LINE Today、麥卡貝以及 twitch 觀賞樂天桃猿、統一獅與味全龍這三隊主場賽事的球迷，在擁有這三隊轉播權的 Eleven Sports 突然宣布終止對這三家平台授權之後，無不感到錯愕與憤怒。

根據 Eleven Sports 的聲明中，不難讀出他們身為這三隊全平台轉播權（all rights）擁有者的企圖，簡單來說，既然轉授權給其他免費收看平台的價碼談不攏，那就收回來發展自己的付費 OTT：「Eleven 總部對 OTT 新規劃，是以全球集團性的策略方向制定，今年會陸續公布方向及細節，請球迷們耐心等候。」Eleven 如是說。

此舉作為商業發展策略，其實無可厚非，但引發眾怒的點就是在宣布的時機有待商榷。在中職新賽季已經進入第三週才做此重大改變，尤其是樂天桃猿隊主場開幕賽，加上對手味全龍是由超級新人投手徐若熙先發的焦點賽事，在比賽前數小時才做此宣布，球迷自然光火。但回顧過去，Eleven Sports 擺盪在收費與免費之間的例子，已經不是首次。

二〇二〇年全球體壇因新冠肺炎疫情停擺，而中職獨步全球的期間，Eleven Sports 在推特上推出了廣受好評的免費英語轉播，被視為極為成功的公關以及「微外宣」，一開始僅限於樂天桃猿的主場賽事，但其他三隊也在各政府單位補助下起而效尤。但同樣是總公司的策略轉彎下，五月七日的桃猿與富邦悍將之戰前，突然宣布推特轉播上封鎖美國的 IP，並改在同為 Eleven Sports 集團下的 OTT 平台 LiveNow 上轉播，並以每場二點四九美金收費。此舉同樣引發中職好不容易吸引到的美國觀眾不滿，雖然之後馬上再回到推特免費轉播，但已讓開季氣勢如虹的中職英語轉播收視人數自此一瀉千里。雖說「養、套、殺」是當今商業經營的顯學，從免費進入收費也是合理的產品生命歷程，但從如今中職在臺灣或是二〇二〇年以美國為主的海外市場，Eleven Sports 在決策時機上，卻給人尚未養肥就急殺的突兀感。

免付費≠免費

運動迷的收視乃至運動媒體的經營，往往徘徊在免付費與付費之間，尺度與時機的拿捏與其說是精算，倒可能更接近藝術一些。相較於歐美日等成熟市場，臺灣與東南亞要建立付費收視習慣仍有一段距離，雖然歷經多次運動轉播爭議，加上 FOX 體育台的離開，多少也都讓臺灣運動迷漸漸理解收視付費的重要性。此次爭議中，網路也見「免費仔」被奚落的聲浪。不過，我必須要說，LINE Today、麥卡貝以及 twitch 的觀眾，並不能以「免費仔」一詞，將他們打成與收視網路或是「XX盒子」

侵權影像收視者相提並論，畢竟那是這三個平台選擇以流量、廣告或是其他目的，以「獲授權但免收費提供」的方式，提供給他們鎖定的閱聽人。

而且，若更仔細探究其本質，這三個平台的觀眾真的是「免費仔」嗎？加拿大傳播學者史麥斯（Dallas Smythe）早在一九七七年就提出了影響深遠的「觀眾商品」（audience commodity）概念。大眾媒體生產出了「閱聽人」這個身分，並將其販售給廣告主，而閱聽人則以觀賞廣告的形式，販售其時間與注意力給廣告主，並得到其付出「勞動力」後的報酬，也就是節目內容。

這麼說來，透過LINE Today、麥卡貝以及twitch收看的觀眾，其實跟家中以天線收看無線電視台的行為並無二致，即便是以使用者付費的觀點來看，他們不該是被奚落的對象，只是在平台經營者策略著眼點不同所造就的分眾而已。真正該被聲討的，一直都只該是盜版來源的收視者。兩者雖然形式上都是「免費」，但意義是截然不同的。

中職轉播權非得分隊賣嗎？

整個爭議事件另一個需要探討或改變的，是目前中華職棒各隊分賣轉播權的型態。

在中華職棒歷史上，自有第一筆轉播權利金入庫開始，直到二〇一四年之前，都是以聯盟為單位。二〇〇五年雖然曾經短暫出現過興農牛欲將其賽事販售給ESPN，但是在法律攻防以及其他五隊聯手制衡下，ESPN僅轉播了兩場比賽之後就喊停。二〇一四年，MP&Silva給了中職六年二十一億的大餅，卻成了僅維持半年的南柯一夢。當年上半季結束，MP&Silva抓著中職違反合約，為他們自己當初過度高估中職價值的合約解套。錯愕且千夫所指的中職聯盟，只好放由各隊單獨販售，這機制自二〇一四年八月份沿用至今。七年來，中職轉播權利金不再透明，反倒成了各得標媒體與各球團間的秘密，外界對於中職產業規模以及盈虧究竟如何，難以再從轉播權利金推敲出端倪。不過，這樣的商業模式也許讓棒球迷覺得，各家球隊各自努力，受歡迎的球隊賣相越好，或者像富邦就給自家的MoMoTV轉播，也沒什麼不好啊。尤其棒球迷也可能知道，日本職棒中央聯盟各隊也都是自行販售，海外轉播權亦然，因此這兩年以來，也才有愛爾達與緯來只轉播讀賣巨人隊、MoMoTV轉播陳偉殷加盟的阪神虎隊主場賽事的轉播型態。但是這樣各隊分賣的模式，其實並非國際運動媒體轉播權販售的常態，反而是為數不多的例外。

日本職棒中，歷史較為悠久、球迷較多的中央聯盟，之所以採取單隊販售的方式，正是由於六隊中，讀賣巨人與日本電視台、養樂多與富士電視台、橫濱DeNA與TBS電視台、中日龍與中日新聞社等媒體集團不但有著密切的關係、甚至是媒體集團直接擁有球隊經營權，因此以母企業轉播職業棒球隊的方式經營至今。至於在日本國內相對弱勢的太平洋聯盟，在不利環境下反倒積極思變，對海外市場更為積極，經營上也更創新與富彈性。二〇〇七年成立太平洋聯盟行銷公司（パシフィックリーグマーケティング株式会社），二〇一二年起，再改組為現行的「太平洋聯盟TV」（パ・リーグTV），在媒體轉播權方面成為單一事業體，過去FOX體育台在臺灣完整的洋聯轉播，就是與該公司洽談。從二〇二〇年疫情期間延續到二〇二一年賽季，洋聯更開始與美國新興OTT平台FTF（For

The Fans）合作，轉播其六隊賽事，在海外擴展的步伐遠勝央聯。

至於在歐洲足球，目前僅剩葡萄牙、塞浦路斯以及烏克蘭三國聯賽是以各隊販售的方式，其餘各國皆以聯盟為單位販售其轉播權。原本西甲也採各隊分售，尤其皇家馬德里與巴塞隆納兩大豪門堅持最力，畢竟這兩隊幾乎就與西甲畫上等號，單獨販售，對這兩隊而言是最為有利的。但二〇一五年西班牙通過皇家法令，讓西甲以單一事業體販賣轉播權，壓低了原本皇馬與巴塞隆納單獨販賣轉播權時所造成的巨大獲利差距。改革後的西甲分潤制度中，五〇%由各隊均分，剩餘的五〇%則是依最近五季的排名以及「社會影響力」來分。西甲在一八—一九年賽季，用來分紅的轉播權利金總額達到十四億二千萬歐元，當年奪冠的巴塞隆納，雖然還是從中分得一億六千六百五十萬歐元的分潤（一一·七%），但是賽季墊底並被降級的韋斯卡（SD Huesca）也還是分到了四千四百二十萬歐元（三%）。西甲在過去極度貧富不均，最富與最貧者的收入差距達到十二倍之譜，但一八—一九賽季已經縮小到四倍以內，西甲雖然兩大豪門依舊，但此舉已經讓各隊間資源差距縮小，聯賽精采度與不可預測性也更為提高。

西班牙的正向經驗，讓葡萄牙起而仿效。二〇二一年一月，葡萄牙青年與體育部計畫立法，醞釀要求葡超以單一聯盟方式進行轉播權招標，改變當前各隊議約的模式，該部部長雷貝洛（João Paulo Rebelo）表示，如此將「有助於資金更有效率的分配」以及「達成與歐洲各國一致的商業機制，有助於葡國足球的競爭力」。感受到政治壓力的葡萄牙足壇，在兩周後旋即達成協議，在各隊現行單獨議約的合約走完後，也就是二七—二八賽季起，葡超將以單一聯盟的形式販售其轉播權。

可以獨佔的為什麼不呢？

上述的例子可以給我們什麼樣的參考？不妨就代換成，「體育署醞釀透過立法程序要求中華職棒以單一聯盟的形式販售其轉播權」吧！聽起來有些天方夜譚，但伊比利半島兩國確實就是以這樣的概念，以立法推動西甲與葡超的轉播權銷售制度改革。

不用熟稔經濟學，也知道在不同市場型態中，「獨佔」正能帶來最大的經濟利益，但是獨佔，不正是為消費者權益帶來最大威脅的市場型態嗎？何以運動轉播卻以獨佔為王道？甚至連政府都催生這樣的商業型態？

再把場景拉到美國，一九一五年，聯邦聯盟（Federal League）挑戰美聯與國聯的大聯盟地位未果而垮台，其中的巴爾的摩水龜隊（Baltimore Terrapins），在一九二二年時向美國聯邦法院提起大聯盟反托拉斯法的訴訟，但是最高法院裁定理由中表示，由於棒球「並非跨州的商業活動」，因此並不適用反托拉斯法的規範，此判決等同確立了大聯盟在棒球事業上的合法獨佔地位，儘管此判決百年來在法庭上多次受到挑戰，但大聯盟獨佔之姿始終屹立不搖，也等於讓大聯盟棒球受到「國球」般的保障。一九六一年，美國國會在NFL遭遇反托拉斯法威脅下，通過運動傳播法案（Sports Broadcasting Act）以制衡法院的判決，法案中允許由各隊所組成的運動聯盟，基於確保各隊競爭條件平等，因此得以聯盟為單位，與媒體簽訂獨家轉播合約並將所得均分予各隊。此法案雖因NFL而起，但其精神也擴及到美國其他的職業運動聯盟。

各國雖然背景不一，但是幾已確認運動與其他商業活動的差異，因此不論在聯盟營運本身或是媒體轉播上，都給予職業運動及延伸的轉播權合法獨佔的地位，就是因為這樣的商業模式是對職業運動發展最為有利的，而運動又往往承載了商業之外的意涵，從個人近似宗教的精神寄託，到凝聚各都市、區域居民的認同標的。反觀臺灣，「職業」運動還高喊需要「政府」關愛，「反托拉斯」與職業運動幾乎不會出現在同個句子裡，中職卻採行各隊單獨販賣的形式，但五隊各自加總所得到的並非是最高效益，這現實在西葡聯賽易轍，世界上僅有守舊與難脫傳統包袱的日職中央聯盟採此模式可見一斑。尤其現行各隊獨賣後，一手轉播權擁有者甚而切半再轉賣，當起二房東（統一獅），加上製播分離，讓球迷看得更加眼花撩亂。

當然，「臺灣人有臺灣人的玩法」，這與中華職棒聯盟本身與各隊間的相對權力有關，畢竟中職聯盟本身資源十分有限，還仰賴各球團支持其營運，因此新任會長也是立法院副院長的蔡其昌先生，與其關注 Eleven Sports 為何不再授權免付費平台這個純商業機制上難以改變的事實，倒不如利用其上任以來極高的聲望，或將中職轉播導向仿效西葡以立法、或透過具有臺灣特色的「球團協商」，著眼未來如何從各隊手中收回轉播權，以單一聯盟之姿，率領各隊走向更高轉播權利金的總體收入以及公平分配上而努力，進而使得中華職棒作為一個「聯盟」的永續步伐上更為穩健。

從奧運到英超轉播——臺灣運動媒體新舊交替的困境

「缺席」的東京奧運，短短兩個星期，在臺灣蘊積了巨大的能量與話語聲量，媒體的中介當然是最重要的，但卻也因此成為一場喧賓奪主的媒體景觀。奧運激情結束一個多星期，卻已如數年前。

奧運賽程，隨著付出全球近一半權利金的美國 NBC 而走已非新鮮事，多項美國關注的賽事，為配合 NBC 全美黃金時段轉播的要求，使得決賽在亞洲上午舉行，北京、東京的游泳、平昌的花式溜冰都是如此。運動員的權益與生理時鐘被置於一邊，東京奧運在沒有持票觀眾權益的問題下，更可恣意妄為；女足決賽賽程一日數變，少了美國女足，爭金的瑞典與加拿大反倒得以避開酷暑烈日，回歸日本晚間進行的常態；美國與法國的男籃決賽早於銅牌賽的時間，正是來自媒體對於奧運精神的最大嘲諷。

閉幕典禮中，贏得眾人驚呼的光點匯流與五環升起，事實上是轉播後製的成果，「現場」的運動員與代表隊反而被晾在現場而不知發生什麼事。反倒是因為疫情而無法到現場表演的巴黎，透過遠端連線，晴朗的天空配上充滿活力的表演，反倒讓我們有一種「預覽」二〇二四年的時光旅行之感。當二〇〇八年北京奧運合成的巨人腳印煙火以及小女孩林妙可的對嘴還蔚為爭議，但如今，人工、虛擬、遠距、媒體優先，已成重大賽會轉播的常態。沒在現場的，才是最重要的。

儘管已經讓媒介化成為主角，如此，英美等國在東京奧運的轉播上，卻面臨時差這難以克服的因素，收視率紛紛創下新低，尤以日夜顛倒的美國為最。儘管已經處心積慮主導賽程安排，但 NBC 仍寫下自一九八八年漢城（首爾）奧運之後的最低收視紀錄。反觀臺灣，此次轉播可謂空前成功，在戴資穎與陳雨菲的羽球女單決賽達到最高峰，無線的公視與有線的東森合計達到七百七十五萬收視人數，再加上 MOD 平台的愛爾達體育台，總計光是在八月一日晚間，就有超過八百萬人收看的紀錄，迸發出驚人的能量，這還不包透過中華電信網路平台 HamiVideo 收看的人數。但就運動轉播而言，新聞台主宰了運動轉播、加上一場場名人亂入的「盒子」之亂，讓我們有必要重新檢視臺灣運動媒體的生態。

科技是中性的，賦予它價值的是人性。難就難在這些盒子確實難以用現行法規強行取締，就像無法因為有人透過電腦觀賞盜版電影而全面禁售電腦一般，但此次風波下，甚至連投身運動產業的行政高層都如此不自覺，實在令人喪氣，但唯有靠著閱聽人的覺醒才能終結盒子之亂，這就是殘酷的現實。

所幸，MOD 上的愛爾達體育台家族以及其夥伴的中華電信 HamiVideo 平台，在此次轉播中，展現出令人讚賞的專業，總計九個頻道，幾乎已經是面面俱到，難以再有挑剔，從節目編排的應變到主播賽評的表現，都可見平日耕耘的成果。而有線電視上，對於觀眾而言，能在新聞台區塊中看到最熱門的賽事，是極為方便的事，東森也多少藉收視習慣之便，推波助瀾本屆的收視率。但是，這對於長期耕耘運動的專業頻道而言，卻是極大的諷刺與威脅。首先，運動賽事的直播，是否符合東森新聞台身為衛星頻道節目供應事業者的登記營運的內容？這是需要 NCC 釐清的範圍。隨著本屆收視長紅，新聞台進入運動轉播領域一但成為常態之後，怕的就是養成平時不耕耘，大賽再來收割的經營模式。如此一來，新聞台平時也不須培養專職、專業的運動記者，挾著寡佔、甚或獨佔的轉播，身為閱聽人就必須接受並非最佳品質的轉播，尤其公視以文化公民權推動者的角色亦參與此次轉播，但卻受限大部分賽事在公視三台，而非主頻，使得曝光度不足，致使仍有閱聽人不知道公視的奧運轉播，直到中期才將一些焦點賽事雙頻同步播出。如果對臺灣的運動媒體環境的質變有所期待，就請此次參與轉播的東森與公視，成立專職的運動播報編組以及常態的運動內容以為宣示。

至於公視參與運動轉播，可以到什麼程度？劉昌德老師曾經為文呼籲，希望建立由公視主導的臺灣國家隊來進行轉播，立意甚佳，我也非常同意亞奧運轉播所代表的文化公民權意涵，但是從現實面考量，臺灣的公視並不是日本NHK、英國BBC那樣的「大公視」，現階段可以承擔到如此規模的轉播。BBC在二〇二一年，每戶的收視執照費已經達到一百五十九英鎊（約新臺幣六千三百元）之譜，日本的NHK則是每戶每月BS衛星二千一百七十日圓，加上地上波一千二百二十五日圓的收視費（兩者合計約每月新臺幣八百八十元，每年一萬零五百六十元）。反觀臺灣，近二十年來，來自公部門給予公視的預算就是以每人三十九點一元乘上二千三百萬人的九億元。英、日這兩個世界公視的標竿，足足擁有超過臺灣兩百倍的資源，這階段用此標準看，實在過於沉重。即便是韓國的KBS，其預算也是臺灣公視的三十七倍。

因此，我倒認為，從國際間運動轉播超大型賽會的趨勢來看，臺灣也走向相同的模式，那就是，由單一跨平台媒體獲得一地全平台授權後（如在歐洲由探索集團取得），以其新媒體彈性擴大運動賽事轉播，以汲取利基市場，但普羅大眾由有線及無線頻道服務以國族為基調的轉播（如BBC）。但是此模式下，臺灣整體所付出的轉播權利金，究竟有多少比例來自政府機關的補助，是應該透明地揭示給閱聽大眾的。也就是說，根據報導，愛爾達以四點五億元拿下東京奧運臺灣全平台轉播權，那麼除了轉售予公視與東森無線及有線的權利金之外，我們卻不應該忽略，這當中也包含了政府各單位的補助。畢竟，那是臺灣在對外協商轉播權利金時，相關算式中不可被遺忘的一個變數，大拜拜式的補助，甚至行政部門與立委在民氣可用下大喊加碼的補貼，扭曲了供需的原貌，所得出的就不會是臺灣合理的市場價格。

而公部門該做的，與其著重在一次性的補助，更該做的是長期投資對國內運動賽事轉播人才的培育，而這部分確實已在體育署的補助下正在進行。由體育署、體育校系及傳播校系，近年來已經共同推動 YouTube 上的 MOE SPORTS 頻道，由大專院校相關科系以及有興趣的同學，共同認領全大運、全中運等多項賽事的轉播，觀眾不僅只有在東京奧運的轉播上可以看到臺灣運動員的精采表現，而是透過 MOE SPORTS 即可捕捉楊勇緯、李智凱、林昀儒、鄭怡靜等好手代表各自學校出賽的比賽畫面，這些都對臺灣運動文化的深化有所幫助，甚至可以提供各新聞媒體使用。

非專業運動頻道盡享奧運的風光，有線運動電視頻道反倒在奧運期間被邊緣化，讓已經艱困的處境面臨更大的挑戰，期間並以嚴格防疫為由，讓單一主播進行轉播，讓已經侷限的賽事轉播內容豐富性有所折扣。而在奧運轉播結束之後，緊接著又發生一件規模雖小，但卻可能具有新時代里程碑的風暴，也就是來自 Eleven Sports 英超轉播大膽的嘗試。

全球 Eleven Sports 大老闆拉德里扎尼曾在二〇二〇年九月中旬向各大運動聯盟喊話，他認為目前的運動轉播市場應該改變目前獨賣、統包、單一的行銷方式。新媒體瞬息萬變，沒有道理運動轉播還在守著傳統的銷售方式。配合新媒體特性，職業運動聯盟及轉播權所有者，應該要提供更客製化的銷售產品。在這樣的願景下，同集團下的 LiveNow 平台就是他打造的用來作為彈性銷售的平台，上面的內容包括演唱會、運動賽事等內容，再加上與好友同步觀賞時的社交功能，而臺灣就是這個新銷售模式的試驗場。在中華職棒復賽之後的轉播中，也曾邀請名主播與球評常富寧、曾文誠在此平台擔任來賓，以做為未來收費附加內容的嘗試。

英超賽事在臺灣的銷售，就在該平台上以一年八百九十九元販售所謂英超六大豪門的賽事（切爾西、曼聯、曼城、利物浦、兵工廠、熱刺），在有線電視上的 Eleven Sports 頻道，則僅播出拉德里扎尼自己所擁有的里茲聯隊，或是豪門球隊之外的比賽，甚至首輪非豪門賽事轉播，僅有英語原音播出。此舉等於在有線頻道上放棄了足球迷，畢竟，推估臺灣英超觀眾九成以上是六大豪門球迷應不為過，並且策略上推定這些球迷雖屬小眾，但對於英超卻有高度需求，會因此轉進 LiveNow 平台。

如果您對英超較陌生，那不妨這樣想像，NBA 的轉播中，把湖人、勇士、籃網這些球隊單獨出來；或是 MLB 的轉播把洋基、紅襪、或是大谷翔平的道奇隊另外再加收費用；或是來個網球大滿貫賽的「Big 3 包」，收看費德勒、納達爾和喬柯維奇必須另外付費。您是否接受這樣的彈性定價策略？

這一點從商品銷售的角度來看或許沒有任何問題，同時也是因應需求彈性的差別訂價，但是從運動文化而言，一來他們忽略了運動賽事不僅僅是個人、甚或隊伍的賽事，之所以能成局，乃是一個個必須兼顧整體性的聯盟。二來，Eleven Sports 過往在臺灣的轉播紀錄並不理想。因此在 Eleven Sports

官方粉絲頁引發了極為強烈的負評自不意外，畢竟原本已經在APP上付費購買年度通行證、或是MOD另外購買Eleven Sports頻道的球迷，如今卻必須再多付一倍的價錢，才能看到自己支持的球隊的比賽，當然無法接受。第三，若是完全的獨佔市場，那麼賣方定價恣意而為下，消費者只有接受；若要抵抗，也僅有不看一途。但問題是，在臺灣依舊充斥著「盒子」與非法的網路盜連之時，連東京奧運如此完整的轉播布局下，都有盒子之亂了，那麼Eleven Sports與LiveNow的英超策略，可能將消費者更往那方向推去。尤其Eleven Sports一路以來的一些爭議事件，在在都引發觀眾負評。從中華職棒統一、味全、樂天三隊的網路轉播授權爭議開始，到歐國盃足球賽轉播初期沒有比分與時間的圖卡的烏龍事件之後，就已失了球迷人心，而720P的畫面品質，更無法讓球迷們接受。

臺灣的運動媒體，長期以來都充斥著濃濃的悲壯感，這多少與運動／媒體環境現實有關。少有國家的運動媒體長期處於危機感，甚至以此為訴求，在此同舟一命的氛圍下，「非一日球迷」多少也都背負著振興臺灣運動／媒體的使命。從奧運到英超的轉播，看似截然不同的媒體產品，但是卻可從中窺知臺灣運動媒體發展的困境。從奧運的眾聲喧嘩，到英超的小眾風暴，其實已經隱隱揭示著臺灣運動媒體應走的路，但在這新舊交口上，舊時路難以為繼，新的路卻又迷霧險阻。

NBA轉播權「壓哨球」，預告了頂級運動轉播大遷徙時代

NBA二〇二二/二三賽季在臺灣時間十月十九日開打，NBA搬出兩場開幕大戲，東區有七六人戰塞爾提克隊，西區則有湖人與勇士之戰，緯來體育台甚至排開了原本預定的大聯盟國家聯盟冠軍賽，進行NBA開幕日兩場賽事轉播。這一切看似如常的運動媒體合作，背後卻是幾乎要破局的轉播談判權合約，靠著一記「壓哨logo shot」，讓NBA重返臺灣有線電視頻道，但無約在身的整個夏天，讓轉播相關宣傳工作停擺，傷害難免。

自從一九九九年NBA封館的縮水賽季起，緯來體育台就幾乎與NBA轉播畫上等號，緯來體育台當時在每周一、周四各直播一場NBA球賽，與ESPN、衛視體育台以及中視撐起了一周六天的直播盛況，自此之後，NBA的賽事轉播就常駐臺灣人的客廳，二十多年來，運動頻道數字跟名稱都換了不少，台視、中視、東風衛視、FOX體育台等等，也都曾經為NBA在臺灣的風行推波助瀾過，但開季之際沒有任何進行中的轉播合約，是臺灣進入有線電視年代後難以想像的場景。

當然，NBA轉播的爭議在過往也並非沒有發生過，根據輔大新聞系陳鴻嘉教授的研究，二〇〇二年賽季，緯來曾因價碼問題幾乎放棄NBA的轉播，直到開季後才談妥新約；二〇〇八年，當IPTV平台也就是MOD的愛爾達體育台加入NBA轉播的戰局時，緯來也曾因為授權內容以及選播場次的合約爭議，短暫暫停過NBA的轉播。儘管轉播權的談判表面上仍是供需兩端的價格之戰，但近來一連串發生在運動轉播平台上的爭議，讓人不得不著眼於更大的運動媒體產業的質變。

當然，就算緯來沒有達成這項壓哨協議，NBA也不會真正的消失在臺灣，死忠的球迷依舊可以在NBA官網購買「聯盟通行證」（League Pass），一年最低只需要臺幣二千三百四十元，就可以透過網路看到完整的一千兩百三十場球季賽，再加上季後賽（如果聯盟端沒有在最後一刻修改使用條款的話）。透過網路串流搭上行動裝置的便利性，讓傳統線性電視的侷限性暴露無遺，串流訂戶，既可享受行動的便利性，也可透過投射的方式，依舊在客廳電視上享受大螢幕的視聽經驗。如果英文不是阻礙，更不需要受限於「湖人台」、「勇士台」，大可自由選擇自己支持球隊的比賽。

此次NBA轉播的壓哨球，儘管延續了付費有線電視與職業運動的合作，但背後透露的是更大媒體轉型、甚至是運動組織本身在新媒體浪潮下，主動也好、被動也罷的因應策略，以NBA在美國的全國轉播權利金來說，目前仍是在二〇一六／一七賽季與ESPN／ABC、Turner Sports集團所簽下的九年二百四十億美金、也就是平均每年二十六億美金的這張合約下。據報導，約滿後，NBA期待的是一筆總值七百五十億美金的超級大約，而這還不包括海外以及各隊的地方轉播權利金。也因此，眾家球員薪資水漲船高，連並非最頂尖的球員，都已動輒簽下平均每年一、二千萬美金的合約。在此環境下，說真的，臺灣轉播權的收入，對NBA而言不過是餅乾屑而已，何以雙方在價碼上仍有不可化解的歧見？尤其緯來已經是NBA在臺合作超過二十年的伙伴了，為何NBA不再以「推廣市場」為名，再給些許讓利？

這種種難以回答的提問，代表著NBA在臺灣乃至全球的媒體布局，已經要進展到下一個新媒體的階段了。

NBA 向來在媒體市場的嗅覺靈敏，二〇〇二年時，就曾開啟一波運動轉播從無線移居到有線付費頻道的浪潮，從迪士尼旗下的 ESPN 及 Turner Sports 收下四十六億美金的轉播權利金，讓過往十二年合作的無線頻道 NBC 徒呼負負。如今，NBA 又盤算著再引領另一波的「新」媒體運動移居風潮，而移居之地，顯然就是 OTT 的串流平台。

運動轉播的媒體市場總是必須在轉播權利金的直接收入與擴大市場間取得平衡的，一方面高額付費媒體的權利金是最速成的保證收入，但另一方面，無線電視雖然通常付出較低的權利金，但卻可以開拓較大市場而為運動培養球迷。只著眼於價高者得，稍一不慎，很可能變成「贏家的詛咒」，也就是雖然贏得轉播權，卻造成更大的財務黑洞，反倒傷害了運動發展。德國克許媒體集團（Kirch Media）在九〇年代末期與德甲簽訂三點一五億歐元的轉播權利金合約，但這筆交易最終卻導致這家付費電視集團於二〇〇二年的倒閉，德國政府為了收拾爛攤子，不得不為德甲球隊提供二億歐元的財務擔保基金，以確保其能夠繼續運營。

一九九六年，英國付費電視天空衛視（BSkyB）與橄欖球超級聯盟（Super League）簽下五年八千七百萬英鎊的優渥合約，取代原先無線公共電視 BBC 的轉播，在需要付費訂閱的情況下，英國橄欖球迷並不買單，超級聯盟的觀眾數從每場平均一百五十萬人，暴跌到三萬六千人，如此一來，即便收到權利金的面子，但球迷流失卻重創了橄欖球這項運動的裡子，迫使天空衛視與超級聯盟重新議約，將雙方的傷害降至最低。

但是二十一世紀的今天，媒體的生態以及職業運動全球化的深入，已與二十年前大不相同，權衡之下，北美職業運動對於無線、有線乃至 IPTV 等傳統線性電視，其實已經做出清楚的表態，儘管無線或有線電視目前仍是最終大賽的平台，但是球季賽、甚至季後賽，只要能切割與分裝出來的新媒體轉播權，都將以極大化利潤為目標，大聯盟陸續與 Apple TV+、YouTube TV、Peacock 等串流平台開拓這片目前還是藍海的新天地，這三家平台分別推出周五晚間、每周精選，以及周日早場等分裝的內容；另一方面，Amazon 從二〇二二年起，以十一年一百一十億美金，簽下 NFL 每周四晚間獨家的美式足球賽，平均下來，一「場」比賽的轉播權利金就高達六千七百萬美金，更是令人咋舌，顯見這些科技巨擘們口袋之深，連傳統媒體大集團都難以望其項背。所費不貲，就代表 Amazon 對於 NFL 的信心十分強大，前四場賽事轉播平均達到一千一百三十萬觀眾，雖然仍稍低於預期的一千二百五十萬，但假以收視習慣的調適期過後，後勁依舊可期。

頂級運動轉播大舉遷徙到 OTT 平台已是不可擋的趨勢，各大聯盟媒體主事單位深怕落人後，紛紛以匆促到令人難以想像的速度轉進。Apple TV+ 的大聯盟轉播就像是一台看似華麗，但卻尚未完成試車就上路的次世代跑車。四月初，以年均八千五百萬美金買下大聯盟周五精選賽事獨家轉播權時，一開始甚至宣布這些賽事是全球獨家轉播，導致臺灣轉播單位以及 MLB.TV 海外訂戶措手不及，但朝令夕改，旋即又恢復了海外觀眾的收視權益；同樣的爭議，在二二年季後賽開打前，又再重複上演，首輪外卡賽開打前兩天，MLB.TV 不明所以地突然修改用戶協議，宣布其海外訂戶將無法看到季後賽，此舉當然引發眾怒，但之後 MLB.TV 又緊急修正其立場，相關原委大聯盟官方迄今未給出相關的說明。但從這些徵兆，都已嗅出風雨欲來之勢，未來 OTT 主導運動話語權是必然，線性電視轉型的緩衝期已經進入倒數讀秒階段了。

臺灣向來「悲壯」、「做功德」的電視運動轉播，如今面臨更大挑戰，不僅是線性電視不可免地逐漸被邊緣化，更有來自外國頂級職業運動聯盟的直接擴張，面對強勢商品的高姿態，趕在最後一刻才談妥的現實也不難理解，畢竟真正殘酷的是，對於這些職業運動聯盟來說，他們著眼的已經不是為了手拿遙控器的世代，而是打造進佔串流世代的產品了，此次有線頻道 NBA 轉播的續命，只是延緩了不可避免的未來。

這樣的未來並不難預見，NBA「聯盟通行證」目前雖僅提供英文轉播，但是對於熟悉 NBA 的球迷而言已經不是太大的障礙，甚至可以當作練習英文的管道，何況在傳播科技如 Spalk 這家公司所開發的「虛擬評述錄音室」（Virtual Commentary Studio）技術已經成熟，未來任何人都可以擔任主播或球評的角色，提供中文轉播，並不困難，更何況透過 OTT，不再限於線性電視的主副兩聲道，要多少語言、有多少風格都不再受限。最極端的發展，NBA 乃至任何職業賽事，只要一念之間，就可以輕易收回所有下放的轉播權利，如同薩諾斯的彈指瞬間，所有中介的媒介灰飛煙滅，「NBA 即媒體」的超級獨佔體，目前雖然僅是個末日寓言，但卻真實地令人恐懼。

線性電視運動轉播為王的年代已逐漸逝去，如今雖仍有龍袍在身，但已是步履蹣跚、鼻息孱弱的老宿，OTT 不再是潛伏的旁出系族，而是已經拿著大刀準備逼宮的新正統。OTT，如同其全名 Over The Top 所揭示的，隨時可以對你來記過頂傳球，尤其臺灣運動線性頻道還面臨更大的挑戰，除了頂級賽事的強勢姿態之外，還有各式「盒子」與網路侵權串流，邁向 OTT 的時代，愛爾達在與中華電信的合作下，從 IPTV 延續到 OTT 的腳步最為明快，Eleven Sports 在與 OTT 起家的 DAZN 併購之後，勢必也將有更多布局，緯來則僅以內容提供者的角色與其他串流平台合作。

運動媒體的未來，取決於踏入未來的時機。未來，已來。

運動媒體的戰國時代下，中職與轉播權的分進與合擊

二〇二四年賽季中華職棒開打，統一獅隊終於在開季前五天敲定轉播權，六隊轉播權塵埃落定。而中職聯盟每年開幕日公佈的「轉播懶人包」，網路 OTT 轉播平台更是每一年比每一年呈現出眼花撩亂的景象。

二〇二四年伊始，臺灣運動媒體接連發生具有時代意義的發展，各自有正反不同的意義，而中職作為臺灣最具規模的職業運動賽事，自然也是體現這樣發展的最佳指標。

首先，二月下旬，富邦集團下的 MOMOTV 轉賣給博斯運動網，MOMOTV 原本手中擁有富邦悍將主場以及職籃 PLG 的轉播權，也曾轉播 NFL 與日職阪神虎隊的主場賽事，然而頻道定位不明，雖定頻於運動頻道區塊，但也有多個談話、綜藝節目穿插其間。據報導，由於非屬固定分潤的有線電視「二四〇俱樂部」，MOMOTV 年損上億，使得富邦集團雖然有多個球隊，更有臺灣大通訊的強大通路，理應可以發揮運動媒體複合體的綜效，但卻以斷尾收場，實在可惜。

自二〇一七年 WBC 正式進軍有線頻道的 Eleven Sports，據報導，在臺前五年虧損達十億元，加上在世界各地的經營拓展不進順利，母公司在二〇二二年時被 DAZN 集團收購，經過必要的折衝與轉銜後，三月一日，在臺灣也全面在有線與 OTT 平台正式更名 DAZN。對於該集團而言，跨國經營權的移轉，以致必須更名的時機其實來的正巧。Eleven 時期，諸多的轉播爭議依舊深植球迷心中，二〇二一年就是混亂的一季，包括開季時中職開季臨時停止對 LINE Today、麥卡貝以及 twitch 授權、

九月份在味全龍的比賽中，在廣告看板上打上馬賽克等等，都可以在新品牌轉型後逐漸淡忘。不過在一開始也得面對更名的陣痛期，除了甚至需要舉辦活動告知球迷頻道念法（Da-ZONE）之外，原本在 Eleven 時期，全球三百五十九萬臉書粉絲*無法直接轉成 DAZN 的資產，迄今僅有一萬兩千餘位粉絲，透過社群媒體觸及相關訊息，必須重新耕耘。

另一方面，自二〇〇八年北京奧運起就在 IPTV 以及 OTT 市場耕耘的愛爾達，於二〇二四年三月二十六日正式掛牌創新板上市，做為以運動為主、戲劇為輔的頻道經營者，在股價與營收上都有亮眼的表現，扭轉運動媒體是「賠錢貨」、「需要母企業養」的刻板印象。三月二十七日凌晨，彷彿為了慶祝上市而大展肌肉一般，以十個頻道（兩個 IPTV 頻道＋八個 OTT 頻道）播出同時間進行的歐洲足球賽事，接下來的巴黎奧運轉播顯然已經駕輕就熟。

根據內部可靠消息指出，Eleven／DAZN 雖然經歷前幾年的虧損，但在二〇二三年已經打平甚至獲利，而從 Eleven Sports 變成自 OTT 起家的 DAZN 之後，他們更加大在 OTT 市場的著墨，一舉獲得中華職棒六隊全部轉播權，加上日本職棒中太平洋聯盟六隊外加央聯橫濱隊的轉播，黃金時段同時十三隊，全年八百五十場的賽事，更不用說他們也還加入 MLB 的戰局。如果這還不夠，他們在全球布局下，在臺灣也一併享有較冷門的西甲足球、格鬥、NFL、PGA 的轉播。如今，只要有足夠的

---

* 此乃 Eleven Sports 在臉書上的全球粉絲總數，該粉絲團採單一名稱但分區經營的形式，實際臺灣區的粉絲數，在前台無法得知。

頻寬，每個賽事都可以是自己的頻道，「頻道數」已經是過時的類目。

如同在美國ESPN、FOX與華納集團也即將在美國推出三合一的運動轉播OTT服務一樣，商場上沒有永遠的敵人，這項服務將涵蓋三大集團旗下十五個頻道內容，賽事內容包括NFL、MLB、NBA、NHL、WNBA、NASCAR、大學運動等無所不包，原本在美國這個運動媒體頂級市場彼此廝殺的對手，如今也必須合作以抵擋剪線潮帶來的傷害，尤其這個從傳統有線／衛星付費服務過渡到OTT的時期，擴大觀眾基數以及竭盡所能提供多元的進入途徑，「消費者在哪，服務就到哪」，這是這時代運動媒體的生存法則，因此交互授權，平台間、敵友間界線模糊已是必然。

在這雜亂的戰國時代，有新的行動者加入戰局，也有中離的玩家，曾經以「爪TV」打響名號，二〇二三年還以免費形式轉播中職龍、獅、悍將三隊比賽的麥卡貝，隔年也不再加入戰局；過往Yahoo!TV、GtTV、愛奇藝等平台也曾在OTT短暫轉播賽事，以當今態勢來看，整合、甚至清掃戰場的局面已經漸漸成型，在迪士尼及FOX撤離有線平台之後，同為外商的DAZN填補了市場的空缺，同時，挾著DAZN國際集團的優勢，大舉布局OTT，該集團目前的哲學，是以養成觀眾為要務，繼NFL、國際籃協FIBA之後，又與PGA完成全球承銷合約。在此過渡時期，他們也篩選有潛力的賽事免費播出，如世界頂級女足聯賽即是如此，他們也與運動零售Fanatics、票務網站Daimani跨業合作，甚至直接進入博奕經營DAZNBet，未來在OTT平台上成為運動迷聚合式消費中心企圖十分明顯。

畢竟在併購了Eleven之後，該集團僅剩下葡萄牙、波蘭、荷、比、盧與臺灣仍有有線頻道營運中，儘管臺灣僅是他們全球版圖中的一小塊而已，而且有線電視系統商為其設下不利的競爭條件，不過，一旦有線電視只是次要戰場，主戰場轉移到 OTT 之後，DAZN 全球集團的優勢將可以更加發揮出來。

如果轉進 OTT 為主戰場，愛爾達當然有永續的本錢，在「策略夥伴」中華電信的支持下，有成熟的基礎建設為其後盾，全世界最大規模的奧運、世界盃都是他們不動的招牌，羽球與桌球的深耕，也在戴資穎、周天成、林昀儒等黃金世代下長出金黃的稻穗，英超、歐冠、NBA、MLB 等頂級職業運動之外，所有臺灣重大棒球國際賽更是無役不與，積極經營的社群媒體，不但是粉絲數最多的，也是每當重大國際賽會期間，臺灣國族凝聚的重要場域。

在這樣的趨勢中，原本有線時代的要角們，富邦、FOX／迪士尼選擇不玩，博斯逢低加碼，緯來則在新舊媒體之間謹慎以對，微步向前，與多個媒體完成交叉授權，把中信與味全轉授權出去，自己也在 YouTube、twitch 經營付費頻道，獲得樂天與統一的 OTT 轉播，但這樣「寄人籬下」的商業模式，到底只是過渡，處處受制於各個平台不透明的後台，難以一展拳腳。

至於作為臺灣職業運動發展定錨者的中職，是否也提供了這些經營者一個公平的競爭環境？或是自身進一步發展的更好條件？

自二〇一四年 MP&Silva 轉播權爭議落幕後，中職轉播權的主導權由聯盟轉到由球隊販售主場轉播權，這樣的模式也已實行十年，儘管之前也曾撰文呼籲此模式的修正，但迄今在中職「朝小野大」球團主導的生態更加明確下，要大幅度翻轉，除非有戲劇性的事件發生才有可能，然而，二〇二四年統一獅「壓線」完成轉播權，以及運動媒體變化的趨勢，其實更凸顯重新檢討當前轉播模式的急切性。

試想，作為最後上車的統一，他們最後所完成的談判條件有多麼不利？各個頻道自然不可能給予高價，元老球隊甚至比新軍台鋼更不具賣相，情何以堪？職業運動中各球隊應該是一體的，英文諺語有云：「一條鏈子的強度取決於它最薄弱的環節。（A chain is only as strong as its weakest link.）」連西甲都能克服巴塞隆納與皇馬兩大宇宙豪門的堅持而進行由聯盟統一販售的改革，環境更不利的中職沒有理由再做這樣的堅持。即便現行合約可能仍有複數年進行中，但卻是到了聯盟方該了解與統整的時候。

至少，各隊可以給予聯盟更大程度的授權，除了現階段僅有的明星賽轉播權之外，理論上，季後賽乃至冠軍賽也應該是聯盟可以統整的，畢竟，沒有聯盟，沒有冠軍。現行以隊為單位的轉播權，將季後賽與冠軍賽門票收入當成努力一季之後的年終獎金一樣，轉播單位則將冠軍賽當作中樂透一樣，頂多加碼「打賞」打入季後賽的球隊。但實際上，各隊應該授權聯盟更多的空間發揮，將此旗艦賽事單獨包裝與販售，將最值錢的商品發揮到最大可能的收益，季後賽與冠軍球隊理應分得最大比例，但其他各隊也可從中分潤，以強化其未來戰力。即便是由各隊販售轉播權的日本職棒，到了日本一的冠軍賽階段，就是聯盟端日本野球機構的事，在各家無線電視台競標後分配場次，在最大化觀眾基數的前提下，擴大其職棒冠軍賽的熱度。

所以儘管同屬世界體壇以隊為單位販售轉播權的少數聯盟，日職至少也賦予聯盟更多的權力，在中職聯盟統整販售轉播權之前的過渡階段，至少可以做的是，現行各隊在季賽的分進，但到季後賽時卻應合擊，不僅為中職，也可能為運動轉播在臺灣更加活絡，甚至帶入新的行動者，進而擴大停滯許久的運動媒體市場也說不定。

運動與都市

運動與都市／社區的共生關係，在西方文明的進程中要更早於運動與國族發生，在臺灣，兩者卻像是彼此陌生的遠親，就算共處一室而漸漸熟稔了，也還只像是同在一個屋簷下的「房子」，而沒有「家」的緊密連結，尤其這兩年有了臺北大巨蛋這貌似兩歲、實則十歲的「晚報戶口」豪宅，雖然讓所有球隊趨之若鶩，但看起來更像是各色人等來來去去串門子的所在而已，儘管有「聖地」的潛質，但卻僅能陷入「大巨蛋是棒球場」的保衛戰。這樣的連結，從現代性產生的根深蒂固，也在媒體串流與全球化的時代巨流下產生質變，即便是底蘊深厚的西方運動與社區連結，都強烈感受到這股拉力。從被好萊塢明星萊恩萊諾斯、羅伯麥克亨尼「領養」的威爾斯的雷克斯漢姆、左派反叛的漢堡聖保利、運動博弈合法化下的賭城拉斯維加斯，也都不再是僅屬於在地，而是全球的都市。

房子不等於家——臺灣職業運動與城市的距離

回想二〇二二年十月的一些場景：

場景一：大聯盟世界大賽第三戰

地點：費城市民銀行球場

事件：費城在暌違十三年後，再次打進世界大賽，邀請來這座城市四大職業運動的傳奇球星，有自家隊史上最佳三壘手史密特（Mike Schmidt）、NBA「J博士」厄文（Julius "Dr. J" Erving）、NHL費城飛人隊名人堂門將帕朗特（Bernie Parent）以及NFL老鷹隊超級盃冠軍的防守悍將葛拉漢（Brandon Graham）共同進行開球儀式，也為費城人隊進行冠軍加持。

場景二：T1聯盟開幕週

地點：新莊體育館

事件：中信啦啦隊Passion Sisters同日趕場特攻開幕戰與兄弟季後賽，並邀退休球星彭政閔擔任開球貴賓。

場景三：強強聯手「王者球員卡」

地點：全臺全家便利商店

事件：中職季冠軍樂天桃猿與T1元年冠軍高雄全家海神推出聯名商品，

臺灣職業運動在經歷多年的摸索之後，屬地主義已經成為各界的共識，經營的模式也都大都依此模式。二〇一九年中職三十的系列報導中，本人曾撰文討論「未竟的屬地夢」，三年過後，如今，職棒六隊除了味全之外，都已有鮮明的主場旗幟；職籃加入戰局，半職業的企排、企甲足球與木蘭女足，企業女壘都可見城市之名出現在球隊名稱上，但這屬地夢是否已然成真？

從表一可見，臺灣主要運動聯盟的四十七隊中，已有三十一隊冠上城市的名稱，看似已有很好的成效，但是若更仔細看看目前為止的操作，或許這些球隊都有了城市的「姓氏」，棒球、籃球隊也多有自己租來的「房子」了，但是否真的都已經有「家」了呢？

美國靈魂歌手路德．范德魯斯（Luther Vandross）在他著名的歌曲《房子不等於家》（A House Is Not a Home）中是這樣唱的：

A room is a still a room（房間就只是房間）
Even when there's nothing there but gloom（儘管裡面是一片昏暗）
But a room is not a house（但房間不等於房子）
And a house is not a home（就像房子不可能是個家）
When the two of us are far apart（當你我距離遙遠）
And one of us has a broken heart（我倆之一有顆破碎的心）

簡言之，房子是物理性的空間，家則是情感之所繫。當臺灣的（半）職業運動與都市的連結在這幾年間看似快速鏈接起來的時候，房子與家之間的落差卻並未同步疊合。

在資本主義的消費與都市景觀（urban spectacle）化之下，世界各國的城市治理已經進入文化地理學家哈維（David Harvey）所稱的「都市創業主義」（urban entrepreneurialism）的機制之下，也就是說，各個都市都被置於單一競爭平台上，必須與國內、區域內甚至全球的都市爭搶有限的資源，以全球的職業運動來說，將運動與都市開發或是都市更新劃上等號，是筆穩賺不賠的生意。至於球隊前方的都市名，究竟是自然而然的事件發生地點？還是人為的「冠名」？若沿用前述的「姓氏」比喻，這都市的名稱，是原生血緣的家族姓氏，抑或是嫁人（入贅）後的夫（妻）家姓氏呢（請姑且原諒我如此性別意識不正確的比喻）？

之所以如此提問，是因為臺灣運動近年來的屬地主義風潮，並非如歐美從市民社會經過上百年所累積下來的，巴塞隆納是球隊也是都市的名字，紅長襪隊（Red Stockings）在一八六九年成為世界上首支職棒隊伍時，其誕生地辛辛那提自然而然地成為他的姓氏。運動與認同是水到渠成的關係，上至國族、中至都市、下至社區、班際競賽，正是它的魅力所在，也正成為美國華裔地理學者段義孚所稱「戀地情結」（topophilia）一種體現的形式。

既然運動產業屬地風正夯，但又為什麼不是所有球隊都帶著都市名稱呢？以發展最久的中華職棒來說，雖然各隊都有固定的主要主場，味全遊走於天母與新竹之間，新軍台鋼雄鷹也選擇在高雄澄清湖球場落腳，但僅有樂天桃猿將地名鑲嵌其中；至於職籃兩個聯盟十二支球隊中，除了都有固定主場之外，也僅各有一支球隊不以城市為名。足球的企甲與木蘭聯賽也都落實了主場比賽，企排與企壘則是巡迴全臺各地進行比賽。職棒、職籃、足球以明確主場館進行比賽者，帶著城市名稱十分合理，但企排、企壘等運動以巡迴各地方球場集中比賽的方式進行比賽，與所謂的在地連結真的就少多了。既然如此，為何還帶著城市的名稱呢？

所以我們也許需要釐清，都市與運動的婚姻關係中，究竟誰比較需要誰？在都市創業主義之下，各地政府是否只是成了以運動發展為名的提款機？如果是原生家人，姓氏是自然繼承下來的，唯有不對等的婚姻關係下，那樣的「孩子跟誰姓」才需要討價還價，不是嗎？

富邦勇士在二〇一九年時獲得臺北市府的冠名贊助，以掛上臺北之名，作為市民也必須提問，如果屬地如此自然，何以需要冠名贊助？連有賺錢的職籃，都還需要由公部門花錢冠上原本就是這座驕傲城市的名號？歐美球隊與都市在現代化下的進程中看似如此自然的結合，在臺灣卻顯得如此人工與不情願，這些隊伍前面的都市名稱中，有的是贊助、有的是透過標案、有的則是以補助的形式進行，之所以如此大費周章，還是因為市民社會所能供養給運動的養分尚且不足，因此公部門只能暫且身先士卒一番，而不同形式的挹注，也各有其不同的著眼點以及現實考量。

這麼說來，運動屬地主義在臺灣，一點都不天然，也有我們的玩法。話雖如此，少數球隊前面帶有都市名稱，並非都有從縣市政府拿到贊助（如臺南台鋼獵鷹、高雄陽信等）。

當然，這樣的結合關係未必是穩固的，二〇一一年，當時的 LaNew 熊從高雄澄清湖搬到了桃園青埔而更名 Lamigo 桃猿，也是當時桃園縣政府提供一年三十萬的優渥租約所吸引，如今雙方互利共生。百年根基如美國職棒在球隊命名時以州或城市，也不乏政治與市場的考量，這些因素也驅動著球隊在城市間的遷移，未來幾年內，運動家隊就極可能從奧克蘭這座藍領城市遷往華麗的拉斯維加斯；中信兄弟雖然以洲際球場為主場，也都在臺中舉辦冠軍遊行，但業界也都清楚，他們真正想望的是大臺北都會區，尤其是落成後的大巨蛋。

所以，臺灣的職業運動依舊是企業主的球隊，從來就不是都市的，更不是球迷的；所以在序言中，場景二與場景三的棒籃結盟，我們看到的並不是以都市為本，否則恰恰應該幫太陽或夢想家讚聲才是，不是嗎？桃猿也可就近跟領航猿或雲豹聯手航空城的驕傲啊？

如此具有臺灣特色的屬地主義，最樂觀的情況下，多少還是帶著希望由上而下的推力，或許可以慢慢培養透過運動建立都市認同的投射，進而深化臺灣運動底蘊；但我們也必須考量到最悲觀的狀況，也就是各地方政府在砸錢投入後，或為了知名度提升、形象優化或也真正為了給予臺灣運動員更好的舞台等等良善的目標，但是目前以企業為主體的操作方式中，卻又硬生生地把原本稍微建立起來的屬地關係中拉扯開來，至於球隊前方的都市名稱反倒成為需要花錢買來的「冠名」，則更是喧賓奪主的逆行。

我期待的是，當臺灣各項運動漸漸成長、「共好」之時，仍能以都市為本，當然，我也知道出錢的老闆們多少以自家利益為考量，但能否稍為放下那麼一點本位，別把好不容易慢慢建立起來的一點屬地文化又急著把它撕扯開來？T1的台鋼獵鷹在二〇二三年底與中職的統一獅結盟，以府城為念，就是一個很好的開始，但之後台鋼雄鷹在高雄啟動後，這樣的關係是否又會被拉扯開就有待觀察了。期待如同場景一所體現的費城驕傲一樣，臺灣所有的城市，也能擁有屬於自己的運動歷史與驕傲。

表一 2022年臺灣主要運動聯盟與隊伍

中華職棒	PLG	T1	企排（男）	企排（女）	企甲	木蘭	企壘
中信兄弟	台北富邦勇士	新北中信特攻	屏東台電	高雄台電	台中FUTURO	花蓮女足	福添福嘉南鷹
樂天桃猿	新北國王	臺灣啤酒英熊	台中太陽神	台北鯨華	臺灣電力	台中藍鯨	新北凱撒
富邦悍將	桃園璞園領航猿	桃園永豐雲豹	桃園臺灣產險	極速超跑	南市台鋼	高雄陽信	新世紀黃蜂
味全龍	新竹街口攻城獅	臺中太陽	conti	新北中纖	航源FC	新北航源	臺北臺產熊讚
統一7-ELEVEn獅	福爾摩沙台新夢想家	臺南台鋼獵鷹	雲林美津濃	愛山林	臺灣石虎FC	臺北熊讚	台中兆基穿山甲
台鋼雄鷹	高雄17直播鋼鐵人	高雄全家海神	連莊		AC Tai-pei	桃園戰神	
					銘傳大學		

死侍與《小球會大明星》——創造威爾斯小球會的灰姑娘童話

二〇二二年世界盃期間，全球聚焦卡達，英國國王查理三世（即位國王前的身分即為威爾斯親王）沉浸在足球熱的方式，卻是在十二月九日造訪威爾斯的小鎮雷克斯漢姆（Wrexham）及其足球隊。這僅僅六萬人的小鎮以及原本名不見經傳的球隊，卻是全球這兩年最炙手可熱、討論度最高的「小球會」。

這一切，要從二〇二〇年十一月的疫情期間談起。「死侍」萊恩．雷諾斯（Ryan Reynolds）與喜劇影集《酒吧五傑》（It's Always Sunny in Philadelphia）主角羅伯．麥可亨尼（Rob McElhenney）宣布共同以二百萬英鎊的代價，買下了位於威爾斯東北的雷克斯漢姆足球隊，這支球隊成立於一八六四年，不僅是威爾斯最具歷史的球隊，也是全世界第三老的職業足球隊，其主場跑馬廳球場（The Racecourse Ground）更是世界上現存最古老的國際級球場。這支球隊雖然地理位置在威爾斯，但是隸屬英格蘭的足球系統之中，他們連續十四年不上不下地卡在了現在所屬的國家聯盟（National League），也就是英格蘭足球第五級別的聯賽，二十四支球隊中僅有兩支球隊能在歷經四十六場賽事後脫穎而出，其中榜首球隊確保升級，但二至七名球隊還需要經過殘酷的季後賽，力拼僅存的一個名額，堪稱全英格蘭升級難度最高的級別。

雷諾斯與麥可亨尼很清楚，這支球隊具備歷史悠久、小鎮人情、灰姑娘球隊等等所有引人入勝的好萊塢元素於一身，打從買下球隊之前，他們就已經著手準備打造不一樣的宣傳與經營策略，即便在疫情期間，貼身攝影機、網路視訊會議等素材早已備妥，就是要把他們最擅長的影視產業帶入這支球隊的經營之中。受到《桑德蘭球魂不滅》（Sunderland 'til I Die）這部 Netflix 影集的啟發，他們記錄了從買下球隊前的準備工作，到接手後的第一個賽季（二〇二一—二二）的球場內外事務，影集裡有兩位老闆發揮喜劇演員的搞笑、有寄情於足球的小鎮居民現實生活的掙扎、有足球俱樂部經營的現實面，更有足球賽季高低起伏的戲劇張力，比起《桑德蘭球魂不滅》的層次更為豐富。尤其本片設定主要觀眾是對英格蘭足球文化不甚熟悉的美國人，由淺入深地介紹英格蘭足球文化，甚至還幫觀眾上了威爾斯歷史、足球流氓的形成等「通識」課，因此是一部很好引領世界盃期間一日球迷進入終生球迷的作品。本劇第一季在美國有線頻道FX與 Hulu 串流平台已經播映完畢，內容涵蓋到二〇二一—二二賽季結束，至於他們是否如願升級成功，也不需要我在此爆雷，畢竟網路即可輕易搜尋到他們上賽季的表現，但即便知道結果，也不會影響觀賞的樂趣。臺灣 Disney＋每週上線兩集，在二〇二五年五月更已進入第四季。

《小球會大明星》（Welcome to Wrexham）醞釀推出時，主打的宣傳口號就是：

從好萊塢到威爾斯，從球場到更衣室，從辦公室到酒吧，《小球會大明星》將追蹤羅伯和萊恩在成為足球俱樂部老闆之後的速成課，以及一支球隊和一個寄託在兩位演員的小鎮之間密不可分的命運，並給這社區帶來一些真正的希望和改變。

雷諾斯挾著他好萊塢一線明星光環以及四千六百八十萬IG粉絲的威力，在這支球隊的招商上，遠遠超越第五級別球隊原本該有的格局，確實給了雷克斯漢姆前所未有的希望與改變。原本主要贊助商只是一間在地到不行的拖車製造商，但二〇二一—二二賽季起，球衣上大喇喇的「Tik Tok」（抖音）見證了這支球隊的脫胎換骨，雷克斯漢姆足球隊在社群媒體上頓時成為全世界人氣上升最快速的球隊，其IG就擁有三十萬粉絲，相較之下，本賽季英超二十隊中，IG粉絲數最少的布倫特佛（Brentford FC）僅有三十三萬，雷克斯漢姆已經得以與其相提並論，其推特追蹤數，更勝過三分之一英冠的球隊。自從二〇二二年三月一日以來，在各社群網站上，包括抖音、推特、IG、FB與YouTube，總計就增加了六十二萬新的追蹤者，隨著英美地區之外串流平台上《小球會大明星》的上線，這人數只會快速增加。

因此，我們已經不能用傳統規模以及運動產業的邏輯來看待這支球隊，因為在好萊塢明星老闆加持與《小球會大明星》的曝光效益，這兩季雷克斯漢姆兩名主力前鋒帕瑪（Ollie Palmer）與穆林（Paul Mullin）就是原本在英甲溫布敦（AFC Wimbledon）與英乙劍橋聯隊（Cambridge United）效力的球員，「降格」來到第五級別球隊的少數例子。身為職業運動員，往更高層級的賽事邁進，是多數人的目標，之所以能說服這兩位球員「屈就」，相信除了讓他們滿意的薪水之外，能在影集中持續曝光，享有一線球星都未必有的光環，讓他們比英甲甚至英冠的球員都要來的更為知名，相信也是前所未見的誘因。帕瑪就逮到這機會，在二〇二一年創立了雷克斯漢姆縮寫的WXM這個服飾品牌，主打一系列象徵球隊創立於一八六四年的主題服飾。

根據 Front Office Sports 公司的調查，Netflix 的 F1 紀錄片影集《飆速求生》（Drive to Survive）成功地將該影集三四%的觀眾轉化成F1的車迷，而 Disney+ 加上 Hulu 全球超過二億訂戶的基礎，就算不用到《飆速求生》那樣的高標轉化率，透過影音串流平台將訂戶轉化成雷克斯漢姆球迷的數量著實可觀，更不用說這些新球迷未來到威爾斯、雷克斯漢姆小鎮「朝聖」的後疫情觀光業發展潛力。

雷克斯漢姆聲勢驚人，甚至衝擊了原本保守的英格蘭足球生態，由於這波「紅潮」橫越了大西洋，在美國培養出許多新的球迷，原本 ESPN+ 就有串流轉播其賽事，但之後有線電視的 ESPN 二台也決定播出該隊足總盃會外賽第四輪的賽事，而且為了配合此美國有線電視播出時間，該場比賽時間破例在英國時間週六下午一點開踢，而非傳統的下午三點。而在雷諾斯與麥可亨尼兩位老闆不斷呼籲下，雷克斯漢姆所屬的國家聯盟宣佈，自二〇二二年十二月十日起試營運其轉播串流平台，並在耶誕節後全面推出，自此，各球隊可開始轉播其賽事，讓英國國內與國際球迷都可收看轉播。原本英格蘭有嚴格的週六下午三點至五點的足球轉播禁令，以鼓勵社區球隊球迷進場看球，維護草根足球的生命力，但此開放舉措之後，若效益卓著，可能甚至向上影響第二至第四級別的英格蘭足球聯盟（English Football League）甚至最頂級的英超轉播與球隊經營生態。

在《小球會大明星》中，雷諾斯與麥可亨尼不只一次表示，將雷克斯漢姆推向英超是終極的目標，但這是一個多麼遠大的夢想，這個賽季，儘管已是國家聯盟的豪門，但他們卻仍無法獨走，與納茲郡（Notts County）不斷在一、二名之間纏鬥，如果球季結束時無法拿下第一，需要再經歷一次季後賽的嚴酷考驗，結局誰都不敢說，而且與抖音的兩年贊助合約也將在二〇二二年球季後到期。

雷克斯漢姆居民所擔心的是，如果賽季結束，他們依舊無法升級，好萊塢的大明星是否會跟之前的老闆一樣，再次傷他們的心，棄他們而去？浴火重生的雷克斯漢姆足球隊，是不是只是又一支被外國資金所拋棄的免洗球隊，反倒成為江湖人士的笑話？

雷諾斯與麥可亨尼以及《小球會大明星》的完美情誼能維持多久？沒有人能說得準，在他們剛接手雷克斯漢姆的二〇二〇—二一賽季，在疫情之下僅能閉門比賽，讓仰賴門票收入的球隊虧損達到一百一十八萬英鎊（約新臺幣四千五百萬元），兩人全權在握下的這兩季財報尚未公布，是否能轉虧為盈尚不可知，但影響力已是無庸置疑。隨著《小球會大明星》、《飆速求生》這類運動紀錄影集的成功，讓一向保守的職業高爾夫PGA都加入了紀錄片影集的行列；此類節目的先聲、於二〇〇一年就開始製播的HBO《硬漢訓練營》（Hard Knocks）也從季前訓練營的拍攝，進入到了球季賽中的跟拍，就是希望能提供更多元的敘事，讓運動這項無劇本的文本，得以更豐富地開展，吸引原本非球迷的加入。乘著OTT新媒體時代的浪頭，《小球會大明星》不僅僅代表了雷克斯漢姆，更把近年越趨鮮明的威爾斯民族意識攬在身上，聲勢更甚之前曾經升上英超的卡地夫城與史旺西城這兩支球隊，連英國國王都在Netflix最新紀錄片《哈利與梅根》（Harry & Meghan）上架滿城風雨之際親自造訪，相信會為第二季節目再添看點。

「越在地的越全球」，這是一句串流時代下臺灣影視產業的金句，但這畢竟只是用來自勉、而非必然成功的定律。雷克斯漢姆原本是個威爾斯的在地小鎮，透過《小球會大明星》的拉抬，他們的球隊已在全球舞台上達到前所未有的格局，這並不是臺灣運動與影視產業一蹴可幾的綜效，一來我們沒有「死侍」加持，而且別忘了，無國界的串流平台正是把雙面刃，看似在為臺灣劃開全球舞台的同時，原本臺灣的在地空間也會被這些全球化的力量給填補。《小球會大明星》的啟示在於，技術水準遠低於英超的國家聯盟，卻可以吸引全世界的關注，這說明了，只要有對的故事，運動賽事的技術層級不會是運動產業發展中具決定性的唯一因素，畢竟過去幾年《全明星運動會》在臺灣的收視與討論度，甚至超越職業聯盟的賽事，亦為此證。然而，如果國家聯盟其他二十三支球隊不願服從好萊塢劇本，遲遲不給雷克斯漢姆一個happy ending，雷諾斯與麥可亨尼能堅持多久？如果《全明星運動會》經歷了四季，收視率也終於開始消退，霍華德（Dwight Howard）、啦啦隊等速成的元素消退後，臺灣的運動還剩下什麼故事可說？或是主事者願不願意用心去說？這才是重中之重的課題。

大明星之外的小球會——走進被影集翻轉命運的雷克斯漢姆鎮

自從 Disney+ 上的《小球會大明星》紀錄片影集播出後，讓雷克斯漢姆這個人口僅有六萬人、位於英格蘭邊境的威爾斯小鎮，還有他們擁有的原本名不見經傳的小球會，頓時成為讓全世界陷入愛河的浪漫足球故事。

《小球會大明星》在兩位好萊塢明星老闆萊恩．雷諾斯與羅伯．麥可亨尼加持下帶來莫大的熱潮，「羅伯與萊恩」成為運動媒體界最常見的發語詞；藝術成就上，在創意藝術艾美獎囊括五個獎項，以及艾美獎年度最佳無劇本實境節目（Outstanding Unstructured Reality Program）的殊榮。

二〇二四年一月，我來到這個小鎮，親身體驗鏡頭之外的「小球會」。

與英國的朋友聊起雷克斯漢姆時，多半不會得到太正面的評價，即使決定前往，朋友也殷切建議待在二十公里之外，以賽馬及古城牆遺跡著稱的英格蘭切斯特（Chester）。我搭著公車從切斯特前往雷克斯漢姆，途中在一個連司機都感狐疑的「格雷斯佛圓環」下車，來到這前不著村、後不著店的地方，就為了造訪格雷斯佛煤礦災變紀念碑（Gresford Colliery Memorial）。

雷克斯漢姆這個以煤礦發跡的小鎮，歷史上最大的創傷正是一九三四年九月二十二日凌晨，造成二百六十六名礦工喪生的格雷斯佛煤礦災變。許多礦工甚至是為了當天下午要去觀賞雷克斯漢姆足球賽換班而不幸罹難，這樣的故事更顯宿命般的悲愴。在《小球會大明星》第二季第十集「格雷斯佛」中，就向世人娓娓道來影響這座小鎮深遠的悲劇事件，用來運送採礦工人下降到礦坑所使用的煤礦輪（colliery wheel）就成了這災難的象徵。未來，在羅伯與萊恩的規劃下，煤礦輪也將成為主場跑馬廳球場整建中的新看台（The Kop）入口造景，以向這段歷史致敬。

全世界與礦業有密切連結的球會並不在少數，英格蘭的桑德蘭（Sunderland）、巴恩斯利（Barnsley）、謝菲德（Sheffield）等地的足球隊都與礦業有密不可分的歷史，西布朗維奇（West Bromwich）、伯明翰等工業革命下的「黑鄉」球會、德國的沙爾克〇四（Schalke 04）、烏克蘭的頓內茲克礦工隊（Shakhtar Donetsk），同樣是十九世紀末、二十世紀初現代化工業與資本主義浪潮下，休閒運動趁勢興起的連結。不過像雷克斯漢姆可以得到向世人重述這段塵封歷史實屬幸運，因為即便在當地，礦業歷史與災難過往並不被當地年輕世代知曉，直到「好萊塢收購」之後，這一兩年因《小球會大明星》熱映，這段歷史才又重新回到雷克斯漢姆年輕世代的視野中，在雷克斯漢姆大學（Wrexham University）任教的懷特（Christopher White）教授跟我分享著他的觀察。

說起雷克斯漢姆大學，事實上在二〇二三年九月前，它還被稱為雷克斯漢姆葛林多大學（Wrexham Glyndŵr University），正是因為《小球會大明星》效應，讓校方決定搭上這趟便車，直接精簡地以城鎮為名，讓葛林多這名十五世紀奠定威爾斯高等教育基礎的「最後威爾斯王」，也在這股浪潮下，不得不從當地歷史中暫且隱身。

雷克斯漢姆要拋去的歷史，還不僅止於大學的名稱。雷克斯漢姆毒品氾濫的問題居高不下，根據二〇一八年當地媒體的報導，甚至有五〇%的居民覺得在白天行走在市中心時都無法感到安全。這個普遍存在於英國人的雷克斯漢姆印象，也是友人建議我們宿居在切斯特的原因。儘管五年過去，走在市中心不至於給人不安全之感，但與切斯特相比，兩座緊鄰的城鎮確實有不小的落差。周六中午的雷克斯漢姆，市區的麥當勞不僅是最繁忙的餐廳，更儼然成為社區中心，這座藍領小鎮與我過往造訪英國各大小城鎮的風情，真的很不一樣。

雷克斯漢姆在羅伯與萊恩的擘畫下，吸引了前所未見的國際觀眾與球迷，他們特別在球迷會員的類目上增設了「國際球迷」，每場比賽還為這些球迷保留七十五張的門票。同時，在與 Tik Tok 為期兩年的球衣贊助合約到期之後，由聯合航空成為球衣主要贊助商，在這雙向合作關係中，聯合航空會員可以利用里程數，優先獲得觀賞雷克斯漢姆比賽的機會，而雷克斯漢姆的國際會員，則在訂購聯合航空飛往英國的班機時，可以獲得七十五英鎊的折價優惠，這些措施在在顯示出這再也不是小球會的規模，與日俱增的國際球迷、尤其是美國球迷是遠來的嬌客，不但提供他們優惠，更怕他們遠道而來卻不得其門而入。

然而，儘管我也以國際會員之便，搶到了原訂於一月二十七日雷克斯漢姆與克羅利鎮（Crawley Town）的門票，但人算不如天算，雷克斯漢姆在足總盃的比賽中闖入第四輪，使得原訂的聯賽賽程必須延期，而第四輪客場與布萊克本（Blackburn）的比賽又因為雷克斯漢姆水漲船高的知名度，被選定在一月二十九日周一晚間舉行並由 BBC 進行轉播，這項變動使我千里而來卻與他們擦身而過。而這場在布萊克本的比賽，全場一萬八千一百六十九名觀眾中，雷克斯漢姆卻帶著高達七千三百三十八名球迷遠征，儘管最終以一比四不敵高他們兩個級別的英冠球隊，但雷克斯漢姆旋風依舊沒有減緩之勢。

一月二十七日當天，我帶著朝聖卻有些失落的心情來到球隊商品部，結帳時與服務人員聊起我已買好原先球票的憾事，當時店中有另外四名來自西雅圖的球迷也附和著，結果一名資深員工格倫特（Geraint）在聽聞我們遠道而來之後，給予了我們這群人永生難忘的回憶，當下眼熟的他，事後才知原來正是影集中出現過的球隊秘書長。由於已承諾他不能透露之後的細節，因此僅能在此賣個關子，但必須說，我所經歷的正是小鎮足球最美麗的風景，這趟意外旅程的收穫，可能要比原先觀賞比賽還要珍貴，《小球會大明星》中美麗的雷克斯漢姆，栩栩如生地在我眼前上演。

在跟格倫特聊天的過程中，幾乎每一句話都是從羅伯與萊恩起頭的，他提到過去幾年就像中了樂透一樣，從來沒有想過，一天中就有來自挪威、美國、臺灣的人為了這支球隊遠道而來。連當地人至今都不停在問，「為什麼是我們？」、「羅伯與萊恩到底看上我們哪一點？」、「他們是不是隨時會離開？」

這趟旅程的尾聲，我和幾位威爾斯的教授們相約緊鄰球場邊的「草地酒吧」（The Turf），這酒吧因《小球會大明星》聲名大噪，稱老闆韋恩．瓊斯（Wayne Jones）為全世界最知名的酒吧老闆絕不為過，雖然當天原訂比賽取消，但酒吧依舊爆滿，看得出大部分都是來自美國的觀光客，隔壁桌韋恩與其他幾位也現身於影集的友人們大聲喧鬧，同行的威爾斯友人評論著，以英國標標準來說，「草地」根本算不上什麼特別的酒吧，但卻無疑是這波熱潮的最大直接獲益者。雷克斯漢姆球隊球衣、海報、死侍、大明星老闆的簽名、照片妝點著酒吧內部，但天花板上一句標語反而更得到我的注目，上面寫著「我們會每天全力以赴，以確保全世界都認為我們值得『雷克斯漢姆』這個名號。」（We'll work everyday for as long as you'll have us ensure the world knows Wrexham is the name.）*想要讓世界知道，是雷克斯漢姆的願望。在大明星光環的加持下，爆紅的程度前所未見，COVID-19疫情後，來自全世界的影（球）迷湧入，想要一睹這足球新聖地的真實樣貌，以目前來看，這座小鎮顯然尚未完全準備好，舉目雷克斯漢姆市中心，渙散的遊蕩青年依舊可見，整體市容顯然還未追上世界級足球聖地的步伐；極盡能事討好國際球迷，但當地球迷卻反而搶不到票，全球與在地的緊張關係清楚可見。但無疑地，這個城鎮已經全面啟動，深怕這天賜良機稍縱即逝，鎮上充滿了工程圍籬，圍籬上的圖樣清晰可見他們想要結合足球、大學、鄰近切斯特賽馬的發展企圖，包括改建火車站在內的「雷克斯漢姆門戶」計畫（Wrexham Gateway）都在如火如荼地進行。《小球會大明星》的熱潮，甚至從雷克斯漢姆延燒到整個威爾斯，讓威爾斯語、文化保存與推廣成為當地高等教育的顯學。

全球化與在地之間的拉扯，是雷克斯漢姆這幾年「極限大改造」後的考驗，這可能是比硬體建設更為複雜的議題。雷克斯漢姆的地方創生中，球會選擇記憶煤礦災變的過往，大學卻選擇遺忘葛林多所代表的威爾斯之名，什麼樣的歷史足以代表雷克斯漢姆？誰能擁有話語權？誰從中獲益？這樣的難題才正要在這個小鎮上演。

* 本段文字翻譯特別感謝臺大翻譯碩士學位學程陳榮彬教授潤飾。

當職業運動前進「賭城」——線上、線下齊步走

奧克蘭運動家隊成為自 NBA 金州勇士隊、NFL 突擊者隊之後，近五年間，離開奧克蘭這座城市的第三支球隊。不像柯瑞和勇士，至少仍留在了北加州灣區，運動家將計畫跟隨突擊者隊的腳步，踏進內華達州的賭城拉斯維加斯，儘管二〇二五年賽季先落腳沙加緬度，但前進賭城是他們終極的目標。而且運動家隊的隊名暱稱（A's）甚至不需要修改，即便全稱是 Athletics，但縮寫的 A's 與 Ace（王牌）諧音，完美與賭城城市形象結合。

奧克蘭這座藍領城市的職業運動，即將人去樓空，在可見的未來，可能也都不會有職業運動球隊進駐。反觀拉斯維加斯，原本在運動與賭博保持距離的美國社會氛圍下，是各大職業聯盟欲迎還拒的金地主，但隨著二〇一七年 NHL 黃金騎士隊破「冰」成功*，為原本還在觀望的其他職業運動聯盟打開全新的視野。

耗資十九億美金，全世界造價第二昂貴的突擊者隊主場忠實體育場（Allegiant Stadium）在二〇二〇年落成，但第一年就碰上 COVID-19 疫情，使得全新場館僅能閉門比賽。儘管突擊者隊負擔大部分的成本，但拉斯維加斯市所在的克拉克郡（Clark County）也以增收旅館稅的方式，負擔造價中的

* 可參考 https://opinion.udn.com/opinion/story/5769/2909847

七億五千萬美金。從藍領、衰退中的奧克蘭，搬到絢麗奪目的賭城，突擊者隊的主場門票平均售價，從二〇一九年、也是在奧克蘭最後一年的八十八元美金，如今一躍成為全聯盟最昂貴的門票，平均每張票售價達到一百五十三美元之譜。

運動與賭博之間，自人類文明進程之始，就已經是相生相剋的曖昧存在。相生之處在於，賭博能引發對運動的興趣與關注，就像與其說臺灣每四年瘋一次足球，倒不如說是瘋運彩一般。但若場外勢力企圖操控比賽，進而使得運動迷或彩迷失去對於賭局公正性的信心，那麼就是相剋之處。「黑襪」、「黑霧」、「黑鷹」、「黑米」、「黑象」等黑歷史，都是美、日、臺職棒成長所經歷的苦痛，韓國職棒也總是似乎每隔個幾年就會爆發相關醜聞；而其他各類運動、各式操弄比賽以從賭局中獲益的例子也族繁不及備載。

正因為如此，早在一八四五年，英國就已將賭馬合法化，透過明文規範，將難以禁絕的運動博弈納管，同時也是公部門難以忽視的收入。一九六〇年《投注與博弈法》(Betting and Gaming Act 1960) 頒布，更進一步允許場外投注站在英國的設立。美國最高法院則在二〇一八年推翻了在一九九二年公告的《職業與業餘運動保護法》(Professional and Amateur Sports Protection Act of 1992, PASPA)，各州可各自決定是否要在其境內合法化運動博弈，讓運動博弈產業如脫韁野馬，從二〇一九年初的十億美元規模，短短四年，已成長至一百億美元之譜。目前已有三十個州運動博弈合法，加上北卡羅萊納州、新墨西哥州以及威斯康辛州透過原住民保留區賭場有限度開放，至於人口最多的加州與德州，仍在進行立法與正反兩端民意的攻防，若這兩州也通過運動博弈合法化，潛在產值將更為驚人。

相較於美國博弈產業大張旗鼓，與合法化博弈有更長久歷史的歐洲諸國卻開始對於博弈與主要職業運動的距離感到憂心，但掙扎於收入以及道德的兩難困境下卻也莫衷一是。一些國家開始以「有責任的博弈」（responsible gambling）來道德勸說民眾，或是減少博弈產業的曝光與宣傳，以減少鼓勵投注行為。義甲自二〇一九年起就禁止博弈產業的贊助進駐球衣；西班牙雖然自一九七七年起運動博弈就合法化，但也自二〇二一—二二年賽季開始，禁止博弈商成為球衣的主要贊助商；而擁有更久遠的運動博弈歷史的英國，在本賽季高達四成英超球隊的球衣主要贊助商為博弈產業，並且平均每年帶來六千萬英鎊贊助收益的誘人現實下，英超也宣布自二〇二五—二六賽季結束後跟進此項禁令；比利時也會在二〇二五年起跟進；至於德國，雖然德甲不乏與博奕產業合作的球隊，但目前並無球衣贊助商的露出。另一陣營則有法國與荷蘭，政府尚不干預博弈產業與職業聯賽的商業合作。

美國運動博弈的合法化，時機來得十分微妙，尤其美國大學運動的規模之大又是全世界僅有，然而，即便已經成年的大學生又是更需要保護的族群，因為根據美國「國家問題賭博委員會」（National Council on Problem Gambling）的說帖中載明，目前已有三分之二大學生投注運動，當中學生運動員由於習慣於追求激烈競爭的性格，成為賭博成癮的脆弱族群。眼見運動博弈如脫韁野馬，大學運動再不與其保持一定的距離，爆發醜聞只是時間早晚的問題。由各大學運動事務主管所組成的 LEAD1 協會就在五月二日提出警告，他們預期三年內就可能爆發大學運動打假球的重大醜聞，甚至可能已經是現在進行式。就在他們召開會議的當天，阿拉巴馬大學棒球隊總教練波漢能（Brad Bohannon）遭校方開除，就是與不當投注行為有關。大學運動教練況且如此，年輕的學生運動員更可能鋌而走險，畢竟他們不像職業運動員有高額薪資為後盾，抵擋著不當的誘惑；另一層的風險在於，在美國運動博弈合法化三年之後，二〇二一年七月起，NCAA 也放寬美國大學學生運動員得以使用自己的姓名、圖像與肖像權（Name, Image and Likeness, NIL）為廠商代言，二〇二三年 NCAA 女籃冠軍隊路易西安納州大（Louisiana State University）主將安婕．里斯（Angel Reese）的 NIL 估價就達到美金一百三十萬，目前甚至已有十九州允許高中生進行 NIL 協議，勒布朗．詹姆斯（LeBron James）還在高中就讀的兒子布朗尼．詹姆斯（Bronny James）身價更達五百九十萬美金之譜。堅守業餘主義逾一世紀的美國校園運動，如今卻充斥著前所未見的金流，若再加上運動串流的時代來臨，運動資訊與投注管道隨身走，確實是美國校園運動的不定時炸彈。

二〇二一年四月十四日的 NBA 七六人與籃網之戰，受到「剪線潮」重創的 ESPN 集團，就在 ESPN 二台以及 ESPN+ 提供以博弈為主觀點的轉播，在賽前報及中場分析，也都以賭盤賠率為中心，甚至比賽中的圖表也以即時賭盤資訊為主。這是首度在電視轉播上提供賭盤資訊為主的 NBA 轉播，NBA 資深副總裁也是博弈與新興事業長考夫曼羅斯（Scott Kaufman-Ross）就表示，未來 NBA 還將開發更即時更互動的轉播呈現方式，並致力提升這樣的體驗。NBA 之外，NFL 也在二〇二二年十二月首次授權博弈公司在美國直播比賽，透過凱薩運動博弈（Caesars Sportsbook）轉播印地安納波利斯小馬隊和達拉斯牛仔隊之間的比賽，兩大新興博弈集團 FanDuel 以及 DraftKings 更已經透過併購，在 OTT 平台開設運動博弈頻道 FanDuel TV 以及 VSiN 搶占市場。這些發展，也為美國運動、博弈與媒體三位一體勾勒出更為明確的未來圖像。然而，即時運動資訊、遽變的校園運動風氣與磨刀霍霍的博弈產業，卻也將匯集成一場「合法性危機」下的完美風暴。

至於在相對保守的日本，除了賽馬、競輪等公營競技博弈項目，以及以足球和籃球為標的的運動彩券（toto）之外，其餘的運動博弈在日本是被禁止的，日本職棒龍頭讀賣巨人隊就是反對職棒納入博弈最力的一股力量。然而，在力主引進博弈的「運動生態系統推進協議會」（スポーツエコシステム推進協議會）中，擁有棒球隊的樂天、軟銀、DeNA也是理事會成員。因此，這股運動博弈的數位轉型浪潮，日本能抵擋多久？尤其在該協議會的成員中，已經以OTT平台撼動無線與衛星頻道主宰日本運動轉播的DAZN集團更積極佈局，旗下已成立DAZN BET子公司，在英國、義大利和西班牙開始提供博弈業務。也就是說，一邊看著賽事直播，一邊就可以下注，就是他們的終極願景。

最後回到臺灣，臺灣運彩銷售總額中，七八%做為獎金支出、一〇%為運動發展基金，餘下再由經銷商、發行機構分潤。體育署經費主要來自於教育部體育署預算、前瞻基礎建設計畫特別預算與運動發展基金等三項，其中逾九八%資金來自於運彩挹注的運動發展基金，更佔了中央體育經費的一半以上。近五年來，運彩每年都提撥逾四十億的運發基金，二〇二二年更貢獻了六十億，在臺灣運動發展如此高比例依附在運動博弈的現實下，無怪乎體育署不時將運彩銷售額當成業績，以「買運彩就是支持臺灣運動員」的國族主義論述，藉以淡化運動博弈的道德爭議，並以支持臺灣運動員，轉移賠率過低的詬病。但也因為運動博弈仍是政府授權的獨門生意，實務上仍需以保障運動員及相關領域人才為名，因此實體通路仍是不可偏廢的重點通路，甚至在世界盃期間官方網站頻頻當機的不濟事，也被不少彩迷解讀為是保障實體經銷商的迂迴之術。正在遴選中的第三屆運彩經銷商，更擴大到只要是運動相關科系畢業者皆可具資格，再再顯示臺灣的運動博弈在相關現實的限制之下，仍處在極為原始的狀態，但既然是獨佔，而且接下來又是十年為期的合約，幸或不幸，臺灣運動博弈仍會在數位轉型的步伐中落後。

左派球會挺進德甲——聖保利的反叛革命

也許您沒聽過他們，但您一定看過與他們相關的圖騰與隊徽。他們是位於德國漢堡的聖保利足球隊（FC St. Pauli）。

這支在德國乙級聯賽的球隊，自從二〇一一年起，就再也沒有升上過德甲，二〇一五年還曾以一分之差驚險保級，避免了降級到德丙的危機。如今，他們在美國出生、年僅三十一歲的明日之星教頭胡澤勒（Fabian Hurzeler）率領下，成功地升上德甲。

這支球會引人入勝之處在於，當今全世界的足球、乃至於所有運動，無不往毫無節制的投資與金錢遊戲靠攏之時，他們卻喊出「反叛革命」（Rebellution），在全球資本主義高度滲透下的足球青訓系統中，聖保利逆勢宣布，該隊自二〇二一年起，他們的青訓系統將不與經紀人打交道，而是與球員、家長、親友等親自懇談，並將這些年輕球員的全人發展為最優先的考量，而非體格、戰術、球技這些高度商品化的面向。畢竟，由英國報紙《i》在二〇二三年九月所做的調查報導中顯示，以英超球隊為例，旗下青訓系統裡九七%的孩子，根本未曾在英超上場過，七成根本連職業合約都沒拿到過。德國《明鏡週刊》也報導，德國青訓系統 U19 階段的孩子，也僅有四十分之一的機會拿到職業合約。這些孩子值得擁有在足球之外的人生。

另一方面，聖保利明明坐擁豐厚的球衣贊助合約，但二〇二一年起，為了更加落實環境永續、透明化與公平交易相關的理念，他們宣布終止與 Under Armour 的合作，且不再接受現今世界上的主要運動品牌的球衣贊助，開始自行生產符合上述理念的球衣，並命名為DIIY（Do It! Improve Yourself之意）。除此之外，他們還希望從更進一步從球隊的反叛傳統出發，成為社會改革的行動者。這樣一支左派球會，在運動高度全球化與商品化的脈絡中，確實顯得格格不入，但他們卻一路堅持下去。

一九八〇年代，歐洲極右翼足球流氓蹂躪各國，種族主義、暴力對抗成為難治的「足球癌」，於此同時，聖保利逆勢建立起鮮明的左派風格。他們在立隊宗旨中明白揭示自己的社會責任，並以球隊所在地的特色為傲，儘管漢堡已有另一支更知名的主流球隊漢堡隊（Hamburger SV），但聖保利足球隊儼然成為全球左派球迷聚焦的小眾狂熱球會（”kult” club）。這支球隊由球迷完全擁有，強調互相容納和尊重的價值觀，成為球隊建隊基石，並擔負社會責任。他們是德國第一支禁止種族主義標語進場的球隊，並堅決反對性別歧視，主張多元性平。在球場大門上，彩虹旗與隊旗、漢堡邦旗並排，象徵著對同志運動的支持。早在這一波歐美女子足球更趨主流化之前，球隊主場米蘭陀球場（Millerntor-Stadion）的入口處就高掛著「Football Has No Gender」（足球沒有性別）的標語，也因此成為全德國女性球迷比例最高的球隊。

二〇一五年，歐洲面臨大量中東北非難民潮，聖保利主導「歡迎難民」（Refugees Welcome）活動並為難民募款，在與多特蒙德的友誼賽中，不僅球場充滿各式歡迎難民的標語，更募得超過四萬五千歐元的捐款。

在當前世界各國的主要足球聯賽中，德國無疑仍是當前最具有左派色彩的聯賽，目前德國擁有超過二萬五千個足球俱樂部，由七百萬名會員組成，使其成為世界上規模最龐大的國家單項運動協會。

在一九九八年之前，德國的足球俱樂部都是由會員大會所擁有，也就表示俱樂部是以非營利組織的形式運作，而在任何情況下都不允許私人擁有。這一情況在一九九八年十月德國足球協會（DFB）的裁決後發生變化，該裁決允許俱樂部將其足球隊轉換為公開或私人有限公司。然而，德甲與德乙的足球俱樂部仍必須遵守所謂「五十加一原則」，亦即俱樂部的主要所有權必須由支持者擁有，而不是由外部投資者或大企業所主導。在此原則下，俱樂部的支持者至少必須擁有俱樂部股份過半的「五〇%加一股」，使得他們能夠在俱樂部的主要決策中擁有最終的控制權。

即便在此充滿左派精神的運動大環境下，聖保利足球隊仍舊顯得奇特，它是一支位於漢堡邊緣地區的足球俱樂部，球迷以工人、水手、性工作者、左派知識分子等佔了重要的部分。該地區的歷史一直與漢堡邦和中央政府對立。直到十九世紀，它一直是生活條件不佳的製造業區域。建築物多半是臨時搭建的，目的是保持該區域在戰爭的彈性應用，以容納大砲等武器進駐。十九世紀蒸汽船的出現改變了聖保利這區域的性格，由於當時漢堡邦政府將蒸汽船視為危險的船隻，因此只被允許其停靠在這個區域，水手及往來的複雜人員，強化了這區「低階」與「混雜」的印象。一八三〇年，該地區正式以聖保利命名，擁有其司法體系和在議會中的代表權。一八九四年，雖然在政治上納入漢堡邦，但保持著情感上的距離，聖保利足球隊則於一九一〇年成立。

在納粹時期，以搖擺樂、變裝表演、色情產業聞名的聖保利地區持續成為反叛的象徵，此區在現代化的進程中，都比德國大多數其他地區都有更高的反抗性格。戰後，漢堡最大的黑市，包括性交易區都位於此，都是對當局的另一種抗拒的例子。

二〇〇七年德國左翼黨（Die Linke）的成立，改變了漢堡的政治生態，該黨於二〇〇八年首次參與選舉，就獲得了六．四％的州議會選票，特別是在聖保利地區，左翼黨甚至獲得二〇％的得票率，而超過了漢堡其他各區。

聖保利足球隊的全球知名度與其建隊理念有關，而非球隊戰績，畢竟在進入二十一世紀之後，也僅有二〇〇一—〇二、二〇一〇—一一兩個賽季短暫升上德甲，但又都是「一年遊」旋即降級回德乙，期間甚至面臨破產的命運，但是他們的支持者不只在漢堡、不只在德國，甚至認同其理念的球迷遍佈世界，連遠在印度加爾各答也有其球迷俱樂部「Raj Pauli」。但不可諱言的，除了左派理想之外，聖保利的全球知名度也與其極「酷」的隊徽有關。

流行文化中廣為流傳的骷髏海盜旗（Jolly Roger）事實上正源於漢堡，一名十四世紀的著名海盜史托特貝克（Klaus Störtebeker），據傳說他背叛了漢莎同盟，並於一四〇一年在漢堡被斬首，之後各式穿鑿附會的傳說，使得他成為對抗漢堡有權勢商人的反派英雄，骷髏海盜旗一躍成為反體制團體的標誌，正符合聖保利足球隊的自我認同。根據聖保利球會官網的故事，漢堡當地的龐克搖滾樂團主唱馬布瑟（Doc Mabuse）在一九八〇年代中期，把骷髏海盜旗帶到了比賽中而大受歡迎，自此成為球隊非官方的圖騰。之後球會一度因為財務問題而出售此商標的使用權，但經過五年的訴訟之後，以一百三十萬歐元的代價，於二〇一六年起完全獲得商標使用權，並由知名品牌 Herr von Eden 設計週邊商品，儼然化身潮牌，希望充分發揮這個商標的行銷潛力。

一個左派球隊，化身成為代表著「酷」與「潮」的流行符碼看似十分諷刺，聖保利和他的骷髏頭是否挾左派之名但卻悠游於資本主義的符號商品化市場中？某種程度上當然如此，但現任主席哥特利希（Oke Göttlich）在訪問時也提到，聖保利永遠會是一支社會性的、關懷弱勢、反種族歧視、反恐同的球隊，但他也說「親愛的球迷，這個球會會為其價值挺身而出，但很不幸地，我們也必須是職業化的」。確實，在德乙的十幾年間，關於他們忘記足球本業、陳義過高的左派理念的批評確實存在，但他們卻毋忘初衷，持續在這新自由主義的全球化足球中，尋找能夠切入並佈局的「游擊戰」。

如今，他們向世人證明，左派的道路在職業運動中雖然險阻，但堅持理念，依舊能回到德甲的光輝舞台上，接下來，他們要做的就是持續留在德甲，在這更大的舞台上，讓更多人看見，看似天真的理念，依舊可能在當今的運動世界中獲得成功。

臺北大巨蛋週年記——仍待全民共同書寫的「棒球聖地」

自二〇二三年十二月二日王貞治先生為臺北大巨蛋投出第一球而揭開序幕之後，一年以來，改變了臺灣棒球乃至於娛樂產業的面貌，從亞錦賽、讀賣巨人隊來訪、中華職棒球季賽、周思齊、潘威倫在此引退、臺捷友誼賽，到將棒球熱推向顛峰的十二強賽事，這顆盼了超過三十年的蛋，終於降臨。

大巨蛋元年，其實只是暖機，第二年之後，連中職都只能「搶」到二十九場例行賽，甚至遠比二〇二四年的三十八場還少，儘管明星賽與季後賽仍將在此舉行，張惠妹甚至謙稱她是沾了棒球的光才在此場地開唱，但放眼可見的未來，「大巨蛋是棒球場」可能還是球迷所能提出最溫和的抗議訊息了。

一九八八年落成的東京巨蛋，雖然已經是顆三十七年的「老蛋」了，但是周邊空間規劃以及場館使用率，一直是臺灣遠望的標竿，在二〇二四年十一月的十二強超級循環賽與冠軍賽結束後，十二月的東京巨蛋就安排了十八天的演唱會，相較之下，臺北大巨蛋則有周杰倫與張惠妹共計九場。二〇二五年一月與二月，東京巨蛋各安排了十八場、十四場的演唱會；三月份棒球季回歸之後，則有包括眾所矚目的大聯盟東京賽，日本球星大谷翔平、山本由伸、今永昇太、鈴木誠也衣錦返鄉的洛杉磯道奇與芝加哥小熊隊的兩場比賽、以及讀賣巨人隊新賽季主場開幕戰在內的十二場賽事。

回顧東京巨蛋營運初期，除了讀賣巨人之外，二〇〇三年之前，還未遷至北海道的日本火腿隊也以此為家。一九八八年三月十八日首場棒球賽，就別具歷史意義地以巨人阪神熱身賽揭開東京巨蛋元年，並舉辦了巨人隊傳奇投手江川卓的引退儀式，在東京巨蛋開幕的一個月內，還舉辦了世界樂儀隊大賽、泰森（Mike Tyson）與塔布斯（Tony Tubbs）拳王爭霸戰、米克・傑格（Mick Jagger）、美空雲雀、搖滾樂團 Hound Dog、BOØWY 的演唱會，熱鬧非凡，也設下巨蛋作為多功能娛樂場館的基調。東京巨蛋三十六年以來，除了棒球和演唱會之外，自由車、花式滑冰、格鬥、美式足球、蘭花展，甚至怪獸卡車賽（Monster Truck）等不一而足，在棒球與演唱會之外的多元性活動也佔了二〇%，年均使用高達三百一十七天。

比起來，初試啼聲的臺北大巨蛋，在場館使用頻率上真的還在暖身階段，雖然已跨入二〇二五年，但臺北大巨蛋二年端出的菜單，目前也都僅止於遠雄所稱的「檔期爆滿」，至於多滿？或是究竟安排了哪些活動？仍是霧裡看花。目前僅有二月下旬 WBC 資格賽、三月日本火腿鬥士隊來訪以及五月世壯運為確認賽事，面對遠雄的強勢，臺北市體育局則僅能呼籲，希望大巨蛋全年度運動賽事佔五〇%以上，以起碼維持著運動場館的象徵名義。但是從兩造對於 VIP 包廂權利的爭議看來，遠雄挾巨蛋以令諸侯的態勢已經十分明顯，即便是名義上的指導單位臺北市體育局，也是處於被動的位置。

由於規劃初期就低估了運動產業的能量，甚至普遍認為大巨蛋「棒球場」是賠錢貨，必須要以演唱會以及周邊商場來彌補的心態，讓北市府與遠雄之間的談判天平不斷倒向遠雄，畢竟，比起運動賽事分紅有新臺幣七百三十五萬元的抽成上限，在大巨蛋舉行的非運動活動，遠雄有無上限的分紅，數以倍計的利潤讓遠雄利之所趨地排擠棒球為主的運動賽事自然不意外。

另一方面，臺北大巨蛋不像東京巨蛋是讀賣巨人的家，而像是「中職」以聯盟之姿統籌協調六隊去分租的狀態。東京巨蛋公司（株式会社東京ドーム）雖然與讀賣巨人隊的母公司讀賣新聞集團總社及日本電視台之間並無直接的資本關係，但該公司母企業三井集團在二〇二一年之前，曾是讀賣新聞子公司「讀賣樂園公司」（株式会社よみうりランド）的大股東，兩者關係依舊密切。至與遠雄與中職之間，多少只是在商言商而已。

尤其讀賣巨人的高人氣，就算是棒球之外的活動，都難撼動東京巨蛋以棒球為主的行程安排。二〇二四年賽季，巨人隊主場共六十四場於東京巨蛋舉行（另有八場在各「地方球場」），總共吸引二百六十六萬二千八百六十八人進場，也就是場均四萬一千六百零七人、九五．六%上座率的超高標準。這對二〇二四年中職球季賽平均每場七千六百八十四人、甚至在大巨蛋賽事二萬零六百八十九人的數字來說，仍是難以企及的天文數字。就算是中信兄弟二〇二四年不分主客場二十八場在大巨蛋的出賽，平均也「僅有」二萬零九百二十人。相形之下，周杰倫四天吸引十五萬歌迷，更不用說從一千八百八十元起跳到六千八百八十元之間的票價、又無分紅上限，相較之下，中信兄弟連二〇二四年總冠軍賽門票最高票價都僅訂在二千六百八十元，若要以這樣的基準來跟遠雄討價還價，商業上確實是薄弱的，也僅能以「大巨蛋是棒球場」的訴求來「情勒」遠雄，或是挾著十二強世界冠軍的棒球熱，以換取更高的期望值。

臺北大巨蛋並不屬單一球隊的場館經營型式當然不是臺灣所獨有，可容納九萬人的英國倫敦溫布利球場（Wembley Stadium）以及八萬人的法國巴黎法蘭西體育場（Stade de France），就並非專屬任何一支英超球隊的「家」，而是層級更高、具有國族意義的「聖地」。如同對巨蛋知之甚詳的棒球人王雲慶所呼籲，能在此空間中強化棒球元素，甚至能將棒球博物館／名人堂設置於此，進而將大巨蛋園區打造成臺灣棒球聖地，相信是所有棒球人的願景。

然而，達到那應許之地之前，大巨蛋是否真正具備了聖地的意涵了？依目前中華職棒與大巨蛋的關係來看，與日本職棒各隊每年固定下鄉幾場地方球場的運作方向恰恰相反。日本職棒各隊以下鄉到「地方球場」，藉此擴大球隊的區域影響力與認同向心力，但大巨蛋反倒作為臺灣各職棒隊進京的「首都球場」。但在臺灣第二顆巨蛋孵出來之前，這臺北大巨蛋元年的形式仍會持續下去。

這樣的模式當然有正反兩面的效果，正向來說，以大巨蛋做為旗艦級場地，六隊將行銷的火力在此極大化，也因此可以想像，在票房考量下，中信兄弟除了在此進行主場賽事之外，還是會是大巨蛋的「常客」；冠軍賽，也可能維持著「必然進行」的前三、四戰在此，之後再回到各隊真正在地主場的形式；但如此一來，多少還是削弱了在地都市與球隊的連結，而給人一種，「家有喜事，但我家實在不夠稱頭，容我們上臺北來五星級飯店借住一宿，禮金也可以多收一點」的勢利感。確實，面子裡子都顧到了，但那畢竟不是我們的家。

臺北大巨蛋雖然實際才營運滿一年，但興建過程中的虛耗，讓它物理條件上的內部空間規劃、影音設備配置、甚至外觀卻都是十年前的規格，比起國際上真正嶄新的頂級大型場館，其實仍有不小落差，虛擲的這些年，讓這顆蛋必須要更快更新才行。然而，在北市府與遠雄這權力天平傾倒於一邊的現實下，「大巨蛋是棒球場」反倒只能成為所有棒球迷努力的目標，而非預設的必然。現實就是，臺灣棒球乃至體壇必須激發出讓遠雄不得不為的能量，倘若新賽季在十二強世界冠軍餘溫下看似樂觀，屆時卻是「百萬人響應、千人進場」的尷尬場景，那麼「大巨蛋是棒球場」就只會是永遠虛弱的抗議口號。

大巨蛋元年活動一覽表

日期	名稱
2023 年 11 月 14 日	業餘成棒甲組 4 隊閉門測試賽
2023 年 11 月 18 日	亞錦賽中華培訓隊出戰 U23 世界盃中華培訓隊
2023 年 12 月 3 日—10 日	2023 年亞洲棒球錦標賽
2024 年 3 月 2 日、3 日	讀賣巨人軍 90 週年紀念臺灣試合
2024 年 3 月 16 日、17 日	中華職棒熱身賽
2024 年 3 月 30 日—10 月 22 日	中華職棒 35 年賽事共計 38 + 24 場
2024 年 4 月 13 日、14 日	T1 聯盟 2023—24 年賽季例行賽賽事 新北中信特攻對臺北戰神
2024 年 10 月 10 日	國慶晚會
2024 年 11 月 2 日、3 日	臺灣捷克棒球國際交流賽
2024 年 11 月 13 日—18 日	2024 年世界棒球 12 強賽預賽 B 組賽事
2024 年 12 月 5 日—8 日	周杰倫《嘉年華》世界巡迴演唱會
2024 年 12 月 21 日—31 日	張惠妹 《ASMR Maxxx @ Taipei Dome 世界巡迴演唱會》

運動與全球化

COVID-19 疫情的爆發與肆虐，數字上來看不過是三、五年前的事，但卻宛如隔世，甚至是我們不想再回首的集體經驗。看不到的病毒，卻讓全球化變得如此有感；全球運動從停擺到閉門比賽，無不感受到震撼，延賽一年的東京奧運成為最大的受害者；臺灣引以為傲的防疫成果，讓中華職棒享受了在國際體壇成名的十五分鐘，以英文轉播打開全球市場，然而卻難以為繼，更遑論撼動全球運動秩序。病菌導致的疫情結束後，普丁迫不及待地亮出槍砲與鋼鐵侵略烏克蘭，世界體壇立刻做出回應，決定與俄羅斯切割；世界盃足球賽、棒球經典賽的舉行，讓運動世界快速恢復，疫情彷彿只是一場惡夢而已。與病毒共存的世界，全球化的步伐邁得更開，來自中東富到流油的穆斯林國家們，紛紛以運動作為掌控後疫情世界的重要工具，希望用石油洗淨一身的人權髒污；全球化下的資金恣意流動，讓富爸爸們無視國界，將球隊視為自己終極的玩具；更有甚者，50/50 的史詩球季，讓大谷翔平憑著一己之力，將大聯盟熱潮在日本推向巔峰，2024 年大聯盟季後賽，讓日本觀眾數甚至超越了美國。在地、區域、全球三者的動態關係，更加多元與難以預測。

你準備好為奧運犧牲了嗎？疫情照妖鏡下的國際體壇現實

在二〇二一年五月中旬期間，臺灣棒球與東京奧運（資格賽）就像是一對現實中難以為繼，但卻勉力維持著關係的愛侶，扛下組訓賽權責的中職，在本土疫情爆發後無法主辦資格賽的現實下，率先宣布基於選手健康，將不組隊競逐東京奧運資格。但作為棒球運動與國際組織對口的棒協，卻無法斷得如此瀟灑，從籌組業餘代表隊、尋覓訓練基地碰壁之後，方才於六月二日晚間宣布放棄組隊，並提報體育署核可。

從網路上的反應看來，中職的決定，得到了絕大多數球迷的讚許，積極補救並籌組出賽的棒協，反倒背負著一片罵名。畢竟疫情當前，運動員的健康與生命是最重要的價值，為何還要讓業餘棒球員和旅外的選手冒此風險？這是來自球迷普遍且合理的質問。但如果我們暫將目光從國球移開，與此同時，我們卻看到女籃三對三代表隊遠征奧地利並轉戰匈牙利、跆拳道選手在約旦奪下四張奧運參賽門票、黃義婷赴東京取得划船奧運門票，甚至與奧運無關的臺灣男足也即將遠征科威特，繼續被疫情打斷的世界盃會外賽。難道，非棒球項目的運動員的健康與生命不重要嗎？

在臺灣，多數運動項目的生態與集三千關愛的棒球是完全不同的。多數代表臺灣出賽的運動選手，如田徑、舉重、跆拳等，都欠缺職業運動環境所能供給日常養分，多少都抱著「四年寒窗無人問，一戰成名臺灣知」的賭注。職棒選手本身已有相對優渥而讓其他運動員艷羨不已的待遇，所以有本錢向移至墨西哥的棒球資格賽、甚至東京奧運說不，但那不是郭婞淳（舉重）、羅嘉翎（跆拳道）或是黃筱雯（拳擊）等人的選項。畢竟沒了奧運，連拿成績的機會都沒有，自然也不會有後續延伸包括國光獎金、教職與學位在內的可能生涯禮遇，運動員生涯極其短暫，這一屆沒了，可說不準三年後巴黎奧運的身體狀況，屆時郭婞淳都已經三十歲了（頂尖女性舉重選手巔峰平均是二十五歲）。

結構（structure）與能動性（agency）間的拮抗，一直是社會學至高的命題。為什麼疫情之下，全世界的運動組織一再做出違反常理、甚至人性的決定？這些看似正常人的運動官僚，何以冒著千夫所指，說出匪夷所思的言論？因為現代的運動組織結構已然是個盤根錯節的超國界機器，涉身其中的運動官僚以及運動員，身處結構下的何種位置，就必須換上何種腦袋，聽似殘忍，卻是真實。IOC主席巴赫近日所言「為舉辦東京奧運，必須做出犧牲」，道出了這殘酷的真相。從日本國民、各國運動員的個人層次，到東京都、日本國乃至世界體系，甚至人道精神，都需要犧牲而為奧林匹克這個結構獻祭，就是此等道理。當運動由最純真的遊戲樣貌，演變成宗教儀式、進而成為國族主義與資本主義的棋子，出賣靈魂後的獻祭是必然的。也因此，IOC要求東奧選手及相關人士簽名的風險同意書中，把COVID-19等傳染病引起的健康問題推給與會者「風險自負」的責任，尤其還警告與會者，COVID-19疫情對身體造成嚴重影響及導致死亡的可能性。這是IOC前所未見的誠實，因為即使上屆里約奧運茲卡病毒肆虐下，也未曾以如此白紙黑字的方式表明風險。彷彿IOC雙手一攤：「疫情就是這樣，我們當局無能為力，是你自己要來的喔！」

所以，東京奧運以及下屬的各項目資格賽已經如火如荼地進行中，在IOC一聲令下，所有各國際運動單項協會必須在二〇二一年六月二十九日之前，完成所有項目的預選工作。儘管疫情在全世界各地仍有不同程度的衝擊，相較起二〇二〇年，有些國家甚而更為嚴峻（臺灣當然為其一），為何硬要辦，其實凸顯的是奧運已經是個純然商品化的超大型運動賽會，其實它不並不比 NBA、中職或歐冠來的超然而純粹，它只是個用「國族」這個看似天然的人造物，作為外包裝的商品。

現代奧運的源頭，是一八九六年古柏坦爵士以古希臘奧林匹克運動會為典範，挪用了這個原本用以榮耀諸神的宗教祭典，但是在第二與第三屆，也就是一九〇〇年巴黎與一九〇四年聖路易這兩屆，都是依附在當時於該地主辦的世界博覽會（World's Fair）之下，自此以降，奧運儘管名義上仍為人類體能「更高、更快、更強」的展示，但與跨國經濟、政治難以脫鉤，以國族身分來包裝商品邏輯，讓奧運成為一個各國無法抗拒的商業巨獸。隨著一九九二年巴塞隆納奧運大開職業選手進入奧運之後，這樣的轉變更加難以回頭。

迄今種種跡象顯示，延遲了一年的東京奧運應該是非辦不可了，IOC 資深委員龐德（Dick Pound）也說了，除非「世界末日」（Armageddon），否則東京奧運是必然的。一年過去了，世界疫情並未戲劇性地結束，前一年東京奧組委尚有保險作為緩衝，並取得約五百億日圓的賠償，但保費隨之高漲而並未再保，這一次，東京奧組委可是在毫無保險下、完全曝險的財政懸崖；況且，奧運的取消權，自始至終都是在國際奧委會手裡，所以東京奧組委、東京都乃至日本政府都只有「一生懸命」地埋頭前衝，除非能與國際奧委會達成共識，否則再怎樣，他們對外的官方說法一定是按照七月二十三日開幕的期程走下去。所以儘管千夫所指，再怎樣，東京奧運勢必會辦下去，只是會是什麼樣的規模、形式與成色，那又是另一回事了。但至少打著東京奧運為名的運動賽事，是無論如何都必須辦下去的。更何況原本就已經投下一點三五兆日幣，延遲一年又再追加約二千億日幣，這一切已無法回頭。直接取消，自然就是零收入，但若以東京奧運之名來辦，贊助部分，至少就能獲得與贊助商斡旋的可能。就算沒有現場觀眾，但全球仍有三十五至四十億美金的轉播權利金收入，參照近二十年來IOC與各國奧組委分帳的經驗，當中日本奧組委應可分得一半的十七至二十億美金左右，雖然那也只是把這一年延遲所多付出的成本給抵銷而已，但聊勝於無。

現代體育的結構，除了是商業運作下牢不可破的複合體之外，國際與各國運動組織間的關係，打著非營利組織之名，更加深這牢不可破的約定獨佔事業。在奧林匹克的古典系統（The Classic Olympic System）中（如圖一），由IOC主導，國際運動協會（International Federations, IFs）與國家運動協會（National Federations, NFs）是個一對一，且不容挑戰的體制，以二〇一四年日本遭國際籃總禁賽為例，就是因為當時日本國內有BJ League與NBL兩個職籃聯盟，違反了FIBA所規定的「每個國家的籃協都必須能掌控一個明確的頂級聯盟」，而在此禁令下，日本倒是旋即開啟兩聯盟整併，新面貌的B League與日本籃壇，更有突飛猛進之勢。

然而，不是所有來自國外單項協會的干預都是正面的，在前任主席布拉特（Sepp Blatter）任內的國際足總FIFA，弊端叢生，各國土霸王林立，就是由於各國運動協會，往往挾著禁止各國「政治力量干預」這道免死金牌，行貪汙、壟斷之實，一但各國體育主管機關欲進行改革，一聲「政治力量干預」，就迫使相關改革工作收手，以免換來來自國際單項協會最高可至停權的懲罰，肯亞、希臘、印尼等國的足協都曾受此苦果。

IF與NF彼此從屬關係的壟斷，使得各種形式的改革困難重重，畢竟上命難違。猶記得亞洲盃男籃資格賽，因疫情之故一延再延，而每一次亞洲籃協宣布開賽，臺灣要派隊出賽時，也都面臨著去與不去間的拉扯，從二〇二〇年十一月的卡達、二〇二一年二月的東京再改回卡達，這歹戲已拖棚了三次，最終唯有靠著承辦國放棄比賽，各國籃協與球員才有解套的空間。二〇二一年，臺灣疫情嚴峻之際，男籃隊又要在六月中前往菲律賓。疫情下，各國際運動組織這刀俎下，我為魚肉的艱難現實更加凸顯。臺灣棒球在世界棒壘總會（WBSC）的地位與籃球相對於FIBA不可相提並論，籃球一旦棄賽，二話不說，典章中的各項罰則必然伺候，而臺灣儘管在WBSC內是舉足輕重的成員，但到底棄賽一事茲事體大，即便有健康與生命這最為充分的理由，依舊必須做足全套。

所以，為什麼三級防疫警戒下，中職瀟灑地揮揮衣袖了，棒協卻必須組了教練團與擬出球員大名單，最後才以臺東與雲林縣政府拒絕國家隊移訓為名之後，方才放棄了派隊前進每日仍有超過二千個新確診案例的墨西哥的念頭。就是因為奧運系統下，IOC一聲令下，WBSC與中華臺北奧會必須聽命，為了維繫各單項協會的運作，「參賽」正是其中一項重要的義務。COVID-19疫情下，這要求當然不合理，但這正是一面照妖鏡，凸顯出這壟斷體制的荒謬之處，百年蘊積的國際運動組織結構，即便是一場千年一遇的疫情也無法撼動。在此結構下，就算臺灣棒協諸長們通達情理，民意與球員權益兼顧下，也不能說不去就不去，必須（至少看來）窮盡一切備戰準備，才能向WBSC與授予經費的體育署交代。

近數十年來，奧運面貌已經大幅改變，一九八四年洛杉磯奧運開啟了商業贊助的大門，一九八八年起、一九九二年全面放寬職業運動員參加奧運會，業餘主義全面棄守，這讓傳統的奧林匹克基本體系有了轉變，除了基本的五個成員之外，各國政府、贊助商、職業運動聯盟等利害關係人（stakeholders）更是當今奧林匹克體系中不可或缺的要角。加上各國政府涉入漸深（這就是為什麼棒協決定棄賽，仍須提報體育署的原因），以及一連串爭議與改革後所成立的中立組織，亦即國際反禁藥組織與運動仲裁法庭。因此，當前的奧林匹克系統已經是如圖二般的繁複，彼此間，時而利益共同體，時而權力牽制與傾軋，但IOC依舊是整個系統的核心，只是當這些利害關係者都以商業利益為最高指導原則，並緊密相依時，更難撼動這個堅實的系統，除非有夠顯著的利害關係者登高一呼，才有改變的可能。

二〇二〇年三月，正當IOC與日本奧組委仍舊堅持如期舉辦之時，加拿大奧委會出面開了第一槍，宣布在得到該國運動員理事會（Athletes' Commissions）、全國單項運動協會（National Sports Organizations）以及加拿大政府（Government of Canada）的支持下，不會派隊參加原訂於二〇二〇年的東京奧運，並呼籲東奧延期一年，隨後澳洲奧委會也跟進，前兩張主要的骨牌倒下後，延後一年成為奧林匹克系統全體共識。也就是說，這樣的系統下，依舊能有符合常理、人道的能動性的展現，並得以上達IOC天聽，但不容樂觀的是，那可是加拿大與澳洲兩大主要國家出面的結果。畢竟國際體壇依舊是國際政治權力的角力場，臺灣，顯然不具此撼動力。因此，於外，國際政治以及體育實力下，疫情下派隊出賽成為必然，成熟的棒球環境，使得中職與球員利益共同體，可以同一陣線，棒協，這個奧運系統下的NF，則必須更費周章，讓各利害關係者都能有完滿的台階下；於內，對於已有完整職業賽事的棒球員而言，奧運成了選項，而非義務，但多數臺灣其他運動員的前途仍繫於奧運一役，此層層結構下的能動性，幾希矣。

二〇二一年後，歐美挾其經濟與科技優勢，疫苗助陣下，在回歸疫情前生活的步調上搶了先機，全球南北政經對抗下，原本就弱勢的國家，更被疫情拖累著，但此次在奧林匹克系統中，恐難再有歐美要角高唱反調，邊陲如我，除了棒球辭演了這場荒謬大戲之外，其他的運動總得還要參上一腳。

圖一　古典奧林匹克系統圖

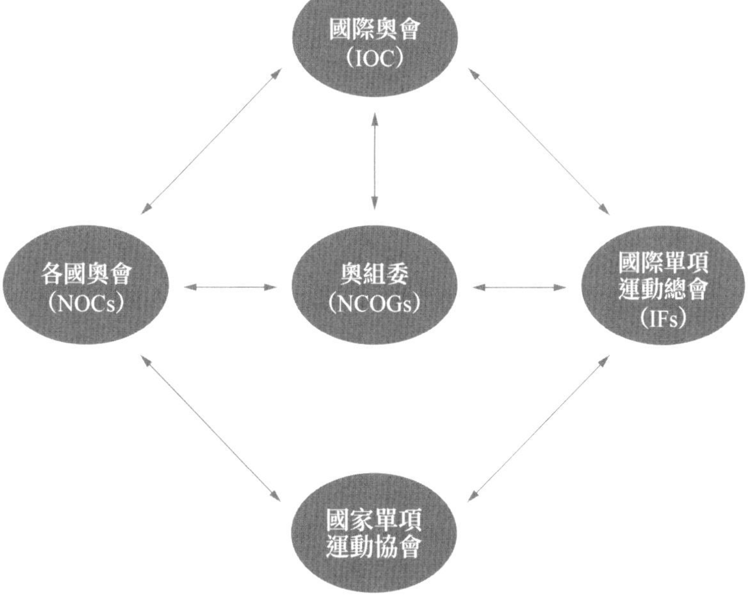

圖二 奧林匹克延伸系統圖

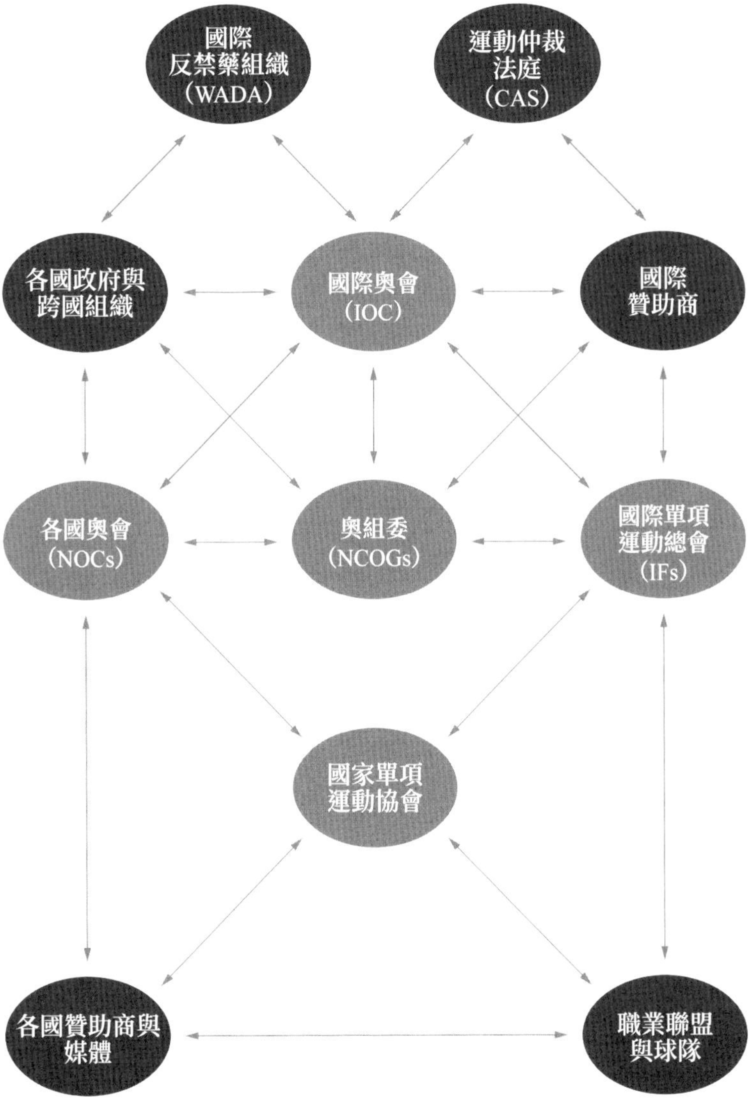

引用來源 Chappelet & Kübler-Mabbott（2008）

從領先全球開打到棒球盛行國唯一停賽，中職復賽泡泡為何吹不起來？

COVID疫情期間，中華職棒率先全球開打，創下多項世界矚目的紀錄，並以推特上的英文轉播作為成功的「微外宣」；風水輪流轉，如今卻成為全世界主要棒球國家中唯一停擺的聯賽。原本以防疫自豪、甚至以此作為招募洋將誘因的中職，如今卻面臨尷尬的場面。富邦悍將備受矚目的前大聯盟級的生力軍紐那斯（Eduardo Núñez）以及猛悍（Adalberto Mejia）自四月下旬抵臺後，正當解除隔離之際，恰巧碰上這波疫情，反倒坐困愁城。另一方面，統一獅的王牌投手泰迪（Teddy Stankiewicz）與富邦悍將邦威（Manny Bañuelos）也已接受墨西哥國家隊召募，離隊備戰東京奧運。

這病毒的詭譎，讓局勢逆轉快得令人措手不及，這波本土疫情爆發、加上Delta變異病毒疑慮，使得中職在短短一周內，從嚴禁飲食、閉門到最終不得不全面停賽。近兩個月過去，中職復賽心切，也在相關提案中表明，球隊會以點對點、團進團出的方式行動，球員不接受媒體採訪；若單一球隊被匡列、隔離超過登錄人數一半的十四人，則不論有幾人確診，該球隊就停賽；若同隊被匡列的人員守備位置過多重疊（如都是投手），影響到公平性，也會考慮該球隊停賽。

上述的方案看似合理，但在Delta變種病毒蔓延以及三級警戒延長之際，地方政府也多採觀望的態度，所幸後來新增案例稍緩，中央疫情指揮中心已經同意復賽，七月中旬是可以期待的時程。

中職最終完整地進行二〇二一年賽季，但也破天荒地讓球季延宕到十二月才結束，雖說臺灣因氣候條件，與美日韓冬季無法進行棒球賽事不同，從球員的立場來說，這也是保全完整薪資，他們會勉為同意的作法，但是這樣一來，二〇二二年二月份就要開始新賽季備戰的行程，休季期間如此短暫，實在對於球員的身心健康狀態擔憂。因此，在權衡各方條件下，如果多數選手願意以完整賽季進行，也不令人意外，但這必須是在與球員工會的立場一致下，由聯盟及球團確保醫療防護、體能訓練、心理諮商等等完整配套下，才該如此進行。而且若有球員因疫情原因選擇不打，球團也必須尊重其意願（如舊金山巨人隊明星捕手波西〔Buster Posey〕就以疫情之故選擇休戰二〇二〇年賽季）。

二〇一九—二〇二〇年賽季被疫情所中斷的NBA與NHL，復賽之後以泡泡方式進行剩餘的賽季。NBA集中在奧蘭多，NHL則在加拿大的多倫多與艾德蒙頓分別造出東區與西區的兩個泡泡。球員們在泡泡內過著與世隔絕的生活，儘管NBA與NHL都有完善的規劃，甚至在飲食、娛樂的部分都有為球員們設想，二十四小時的餐廳、電影院、酒吧、咖啡廳、健身房、練習場等等一應俱全。即便如此，還是傳出許多球員倦怠，甚至違反防疫泡泡規定的事件，可以預期，若在臺灣以嚴格泡泡方式進行，球員權益恐難有如此周全的照顧。

因此，中華職棒球場內外檢疫防疫相關措施上，已經有了前一年的成功經驗可以複製，若在復賽後，這一點並不讓人擔心。倒是在規則面以及球員福利上，因應被壓縮的賽程與泡泡空間，必須做出更適當的規劃。為了減輕選手的負擔，應在剩餘賽季或者因顧及上半季完整性，可在下半季開始免除延長賽。而且，聯盟本身必須忍痛再次取消明星賽。

在中職各隊握有主場轉播權利金、門票及商品收入之下，聯盟本身的財源極為有限，除了遊戲授權及商品之外，明星賽成了最重要的收入來源。二〇二一年明星賽一旦取消，等於連續兩年的「球宴」

停辦，對於聯盟當然是極大的損失，但若明星們無法在現場觀眾前獻技，沒有觀眾點綴，星光反顯淒涼，聯盟也必須以自身的格局，忍痛做出此決定。

臺灣近乎完美的防疫成果，雖然在二〇二一年五月中之後功虧一簣，但那樣的延長戰線並非沒有意義，它讓疫苗是真實存在的解方，而不是二〇二〇年歐美體壇因疫情而停擺，或是後續以泡泡復賽時的茫然。當時疫苗未問世、程度不一的封城無盡頭的絕望時期，此時的臺灣，按理說相關的防疫措施可以相對鬆綁，但儘管如此，據聞當初提案時，只有臺南跟臺中洲際球場願意放行，桃園、斗六、高雄都被當地市政府否決，所以，儘管疫情指揮中心已經同意復賽，但是實際場地的使用狀況，仍需與各地方政府再協商。雖說，僅有五隊規模的中職，兩地開打也就足夠，但是臺中與臺南間泡泡通道的後勤支援以及單程兩小時舟車勞頓還是不理想，撇除疫情緊繃的北臺灣，若有臺中—斗六，或是高雄—台南等車程一小時左右的泡泡通道是比較理想的。因此，與NHL的二十四隊、NBA的二十二隊規模相較，這是規模小得多的提案，客觀環境也相對良善，但中職復賽泡泡，為什麼遲遲吹不起來呢？

除了技術面的執行之外，疫情下的運動能否順利進行，與運動在社會的底蘊以及經濟規模有關。也就是，運動對一個國家社會而言到底有多重要？疫情下的苦悶大眾，需要把目光轉移到疫情之外的生活，那是他們為了近似宗教狂熱所甘冒的風險。跨國賽事闕如的疫情期間，就是各國由國內聯賽推砌起來運動文化的總檢。所以，美國各項職業運動紛紛復賽，歐洲人沒有足球也難以為繼，疫情再嚴峻、就算有球員確診，各聯賽仍需勉力為繼。「秀，總是要繼續！」（The show must go on !）

儘管人流受限，但運動傳播的訊息卻輕易地跨越國界。當二〇二〇年四月中職搶得開賽先機引發推特熱潮，男足企甲聯賽透過 YouTube 成為全球「五大聯賽」，但回頭檢視，臺灣運動的成名果然也僅維繫了十五分鐘而已。臺灣足球畢竟原本就在世界極為邊緣之地，中職在韓日美職棒復賽之後，也再難延續初期來自國外的「獨家」收看熱潮。一年後，美國職業運動完全復賽，滿場觀眾也成了睽違一年多的景觀，原本就屬運動文化輸入國的臺灣，本土運動場域在此波疫情下暴露出的真空，讓外國運動賽事長驅直入，從職業運動景觀，到切身實踐的健身、慢跑都遭逢前所未有的阻斷，這是即便疫情後也難一下子彌補回來的。

二〇二一年五月，上至中央、下至縣市首長，如履薄冰地不敢讓任何可能的破口出現而加重疫情，職棒的復賽成為可以暫緩的選項，除了對疫情料敵從嚴的作戰之外，也許此時，我們可以這樣說，幸或不幸運地，在這時間點上，職棒（或整體運動而言）在臺灣的文化裡，「還沒有」這麼重要，多數球迷也還不至於是徐展元主播口中「喜愛棒球，熱愛棒球，沒有棒球就吃不下飯、睡不著覺，甚至就會活不下去的棒球痴、棒球狂」。晚間時段中職的空缺，日本職棒中吳念庭與王柏融提早一個半小時補上；原本 Eleven Sports 季初看似多餘的太平洋聯盟轉播權，反而成了一張已出險的保單；而大谷翔平的「ShoTime」更是跨國界地擄獲臺灣球迷的焦點。二〇二〇年疫情初起時，成功防疫也許可以成為扭轉世界秩序的一絲曙光，但隨著疫苗依舊是疫情最終極的解決方案，後疫情的世界不但是回歸疫前的秩序，更可能加深了原本的貧富差距。

疫情下的復賽與否考量，除了文化面之外，經濟面當然更是重中之重。歐美各項賽事之所以在疫情初期被迫停賽後，仍積極尋求以閉門方式復賽，就是在犧牲門票及球場相關收入下，仍盡可能保全轉播權利金，中職的復賽計畫亦然。每年每隊數億元的營運支出，至少在轉播權利金上可以拿到四千至五千萬的彌補。初期以閉門方式進行，轉播權利金仍能力保不失。但，不能不考量的是，就算復賽了，球迷對於中職的關注程度會是如何？初期進場意願顯然也會受到影響，以波士頓紅襪隊的芬威球場為例，二〇一九年平均進場人數為三萬六千一百零六人，而所在的麻州政府在五月三十日解禁人數限制之後，至今也僅有六月二十六到二十八日期間，與洋基的世仇三連戰突破三萬人進場，顯見疫情後的解封，仍需要時間來恢復公眾對於公共空間的信心。

疫情期間的電視轉播部份，下表為二〇二〇年美國各大運動，在復賽後的收視表現，僅有WNBA比起二〇一九年呈現上升的狀態，NBA與NHL受創最深，都有超過一半以上的

賽事	2019 年收視人數	2020 年收視人數	增減
WNBA 決賽	38 萬 2 千	44 萬	+15%
NASCAR 盃	311 萬	305 萬	-2%
NFL	1606 萬	1510 萬	-6%
MLB 世界大賽	1397 萬	978 萬	-30%
印地 500 賽車	539 萬	367 萬	-32%
肯塔基大賽馬	1624 萬	926 萬	-43%
美國公開賽女單決賽	398 萬	215 萬	-46%
高球名人賽第四輪	1075 萬	559 萬	-48%
NBA 冠軍賽	1938 萬	750 萬	-51%
NHL 史坦利盃決賽	551 萬	215 萬	-61%

跌幅。當然，上述數字是由於復賽後的壓縮賽程所致，為了拚復賽，各大聯賽發生極大的時間錯置，使得原本該在六月進行的 NBA 與 NHL 決賽，到了十月份與棒球季後賽重疊，原本象徵春天來臨的高球名人賽，卻在十一月的深秋才進行。為打而硬打，使得各項錯位的賽事，在復賽後面臨彼此競爭、多敗俱傷的場面。

中職的復賽是必然的，但是一回來，可能就要直接面對著幾無時差的東京奧運轉播，復賽初期的人氣挑戰可以預期。而賽程拖至十二月，也會與熱鬧不已的臺灣職業籃壇賽季重疊。

相較於臺灣清零式的抗疫標準，歐美顯然自認在疫苗護體下，他們有了與病毒共存的心理準備與流感化的本錢。歐洲國家盃足球賽即是當前的最佳範例，二〇二一年六月，歐洲各國的病例數顯著上升，與歐國盃帶來的大量跨境移動有著必然的關聯，以蘇格蘭為例，七月初出現將近二千名因歐國盃染疫的球迷，其中六五%的確診人數曾經到倫敦觀戰英格蘭對蘇格蘭之戰，其餘的也多參加在蘇格蘭各大城市的觀戰派對。其他歐洲各國也大量出現因歐國盃人群移動與群聚而突增的新案例。美國雖然每天仍有上萬新案例，但是時任美國總統拜登也在國慶日時宣示，美國已經「前所未有地接近獨立於病毒之外的日子」，各項運動場館幾已在六月份恢復疫前狀態。

然而，歐美從「防疫」轉向「共疫」的心態，卻還不是我們當時承擔得起的生活型態，苦苦直追的疫苗施打率之外，各種型態的變種病毒也都是未知的變數，在此環境下，從嚴評估中職的復賽，是不得不的選擇。

東京奧運的冷酷異境——只剩人造歡呼和病毒環繞的運動員

奧運最重要之事並非勝利而是參與。

——現代奧運之父古柏坦爵士

東京奧運開幕式，選手進場，主辦國依例壓軸進場，日本隊掌旗官八村壘與須崎優衣故作興奮地向六萬八千張椅子揮手。

世界跳遠女王米翰波（Malaika Mihambo），在起跳前的助跑，習慣性地雙手向上擊掌，並尋求現場觀眾一起同步為她節奏地鼓舞，但這次，沒人搭理她。

尋求金滿貫的喬科維奇，在為塞爾維亞拿下東京奧運網球男單金牌之後，望向空蕩蕩的觀眾席，心想，我之前不是說了沒有觀眾我就不來嗎？

郭婞淳在勇奪女子五十九公斤級的金牌之後，含著興奮的淚水，走向大會擺好的獎牌盤，自己拿著金牌，掛在自己的脖子上，聆聽著中華臺北奧會會歌，迴盪在空蕩蕩的東京國際論壇大樓裡。

日本女排首戰肯亞，主攻手古賀紗理那在一記精彩的扣殺取分之後，遙望著隊友，不知道該不該和隊友擁抱和擊掌慶賀，只好彼此用空氣擊掌。

美國男籃代表隊分組賽在碰上法國隊時陷入苦戰，第四節剩下兩分鐘，杜蘭特（Kevin Durant）殺入禁區，遭遇高貝爾（Rudy Gobert）的貼身防守，一躍在他頭上爆扣，讓美國隊士氣大振，杜蘭特忘情地與隊友擊掌、撞胸，裁判一聲哨響，吹了杜蘭特的技術犯規。

桌球女單金牌戰，中國陳夢與日本伊藤美誠的金牌之爭，雙方鏖戰到第七局，十比九，落後一球的陳夢滴下了汗珠，她順手在球檯上一揮，突然，裁判宣告她違反了防疫規則而犯規，拱手失去了金牌分。

與此同時，柔道與角力場上的選手依舊彼此交纏著身子，奮力壓制對手。

這些光怪陸離的景象，竟然可能真的發生。

來自官方防疫手冊，對於選手間的社交距離帶著詳細卻又語焉不詳的多重標準：「不鼓勵包括擁抱、握手和擊掌在內的肢體互動。」既然只是不鼓勵，那也就不禁止吧？比賽中若不在此限，但病毒卻不會區辨比賽或非比賽間的接觸啊！至於觀眾，七月初，確定了不開放觀眾入場的決定，來得突然卻不意外。東京都的確診人數往上攀升之勢，每天又有不斷來自與奧運人員有關的確診新聞，更讓人心驚。開幕前夕，全世界運動員已然就位的情況下，卻又傳來不排除取消的想法。

歡迎來到「缺席」的東京奧運！

對於運動迷而言，歐洲主要足球聯賽、NBA、NFL、大聯盟等賽事，在二〇二〇年就已經示範過如此怪異的場景。賽事閉門進行，轉播中不論是面對疫情現實的空景，或是用罐頭歡呼聲、電腦後製上假觀眾，都無法真正填補現場觀眾的缺席。但正當歐美運動在二〇二一年夏天已漸恢復疫前樣態，滿場球迷回流之際，尚無法與病毒共存的日本，只好在奧運防線內堅壁清野，採取最嚴格的防疫措施。畢竟，這可是一場 COVID-19 疫情爆發後，首度有來自全世界的運動員、教練、工作人員與記者群聚一堂的超大型事件（mega-event），會摻染成什麼樣更進一步的全球疫情景觀，誰都不敢想像。

延宕一年的東京奧運，用來襯托全世界最菁英運動員的背景，絕大部分都將是空蕩蕩的觀眾席，僅有在茨城、靜岡與宮崎三地的比賽場地允許最多五〇%容量的觀眾進場，也就是說，我們所看到的轉播，也都會是沒有觀眾歡呼聲、掌聲的「天然聲」（natural sounds），就算少數有現場觀眾的場館，大聲歡呼、揮舞毛巾等打氣的動作都在防疫規範下禁止。

至於缺席的觀眾該不該、該用什麼方式來填補？視覺上，西甲轉播用電腦後製上觀眾的嘗試，已經證明了是極為彆扭的鬧劇；聽覺上，罐頭歡呼聲是個簡單的解決方案，在過去一年的多項運動轉播也不陌生，但到底奧運所象徵的運動精神，該是現實的避風港？還是真實反映現實的鏡子？到底該不該用「人造的人與聲」來填補視覺與音場的空白，負責全球轉播訊號製作的奧運轉播服務公司（Olympics Broadcast Services, OBS）遲遲未能下最後決定。畢竟，誰都知道看台就是那樣空蕩蕩著，就算硬填上了假人與歡呼聲，只是欲蓋彌彰的心虛而已。直到七月十七日，IOC 主席巴赫終於下達指令，「為了讓與賽運動員得到立即的回饋」，競賽現場將播放人造歡呼聲以及置放全球粉絲電視牆，透過現場收音設備及鏡頭，再輾轉將現場的氛圍傳送到全世界。

做為人類身體延伸的傳播科技，自一九三六年柏林奧運開啟人類電視史之後，每一屆的奧運，都是一次傳播技術的技術突破。上一次東京主辦奧運的一九六四年，就帶給人類史上首度的人造衛星跨國奧運轉播，此次東京奧運轉播技術也寫下新頁，部份8K、全程4K HDR超高畫質的轉播、沉浸式音場（5.1.4聲道）以及前所未有的攝影角度都會在本屆奧運轉播中登場，加上三百六十度全景重播、虛擬實境以及由AI主導的分析統計資料都是OBS希望能帶給全球觀眾的視聽經驗。

觀眾缺席了東京奧運，激情可能也隨之缺席。觀眾的出席，不僅僅是靜態的背景而已，席間諸多聲響，都可能是改變賽果的不定因素。里約奧運中，法國撐桿跳好手拉維萊涅（Renaud Lavillenie）就是明顯受到觀眾噓聲的干擾，最後失常的表現，使得他衛冕失敗屈居銀牌。場內，運動員們在欠缺來自周邊的激勵或干擾，是否再有腎上腺素滿載刺激下的新紀錄？抑或是紀錄上最為平庸的一屆奧運？場外，一個個激勵人心的奧運故事是否也會跟著缺席？儘管有最新、最尖端的轉播科技與最詳盡的量化紀錄呈現，但是，說故事的人呢？

為奧運選手作傳的媒體記者，因應疫情，也面對前所未有的限制，二〇一六年，里約奧運有二萬五千名媒體記者與工作人員參與盛會，採訪著一萬一千二百三十八名運動員，歷屆以來不斷增加的記者數目，終將在本屆大幅減少，據估計大約只剩下六千名左右。而這群運動歷史導覽的夥伴，即便進入奧運場區，也將面臨前所未有的嚴格足跡限制。除了抵達後十四天內，自身嚴格的移動範圍限制之外，根據IOC頒布的防疫手冊，記者與運動員間的距離，也載示了如下的規範：

官方授權轉播單位

- 必須使用懸吊式麥克風（連接在桿上的麥克風），確保運動員和採訪員之間維持二公尺社交距離。

- 所有場館的混合採訪區地面都會加上標記，確保人員維持社交距離，運動員與採訪員之間要間隔兩公尺。
- 採訪運動員的時間不應超過九十秒。

媒體和轉播

- 所有採訪員都必須配戴口罩。運動員可以在受訪時取下口罩。

記者會

- 記者會將以現場直播方式舉行，並透過專用平台接受外界提問。

在此防疫規定下，自然就不會再有賽畢當下在池畔受訪的傅園慧，如此毫不做作展現她真摯情感的「洪荒之力」。

法國文化研究學者維希留（Paul Virilio）曾言：「那些不在運動場裡的，永遠都是對的。」（Those absent from the stadium are always right.）警示了當今由媒體、贊助商、行政官僚等等非運動員主導的運動加速度文化（accelerated culture），奧運歷史上觀眾的首度缺席，疫情下為辦而辦的奧運，讓其商業本質更加赤裸裸地展現著。

所以，原本該是一個有朋自遠方來的普天同慶慶典，如今，卻成了世界末日感下，病毒自四方來而自我劃定的冷酷異境。

還好，林丹與李宗偉宿命的奧運最後一戰發生在里約，讓我們得以定格在那賽後的世紀之擁。

運動與俄的距離

二〇二二年俄羅斯入侵烏克蘭之初，運動世界紛紛表態，在國際奧委會登高一呼下，多數運動組織與聯盟，都加入了實質或是象徵性地抵制俄羅斯體壇的行列。

對於臺灣而言，不管名為蘇聯、過渡的獨立國協到俄羅斯，比起遠在地球另一面、同為共產國家的古巴甚至要陌生許多。棒球，當然是當中欠缺的連結。畢竟，俄國人的棒球起步甚晚，一九八〇年代中期之後才開始投入，儘管如此，他們也曾揚言和其他運動項目一樣，要與美國進行真正的「世界大賽」，但大家也都知道，這是不打草稿的狂語。反倒是近年來，俄羅斯「一年賣出五十萬支棒球棒卻只賣出一顆球」的都市傳說，成了視棒球為國球的臺灣鄉民，嘲諷「戰鬥名族」的老哏。

一九八〇年代中期，戈巴契夫主政下的蘇聯，與西方終結了冷戰的對抗，施行「開放透明政策」（glasnost），進一步導致共產政權的垮台，以及東歐秩序的重建。一九九〇年之後，這個曾經的鐵幕國家，也從臺灣熟悉的「反共抗俄」口號中解放出來，運動正是拉近我們與俄的距離的重要推手，連棒球都在此時有了第一類接觸。

一九九〇年十一月二十二日，在臺灣舉辦的第三屆會長盃成棒賽，中華藍在開幕戰中，以十七比〇提前結束比賽，不但是臺蘇棒球歷史的首役，更是自蘇聯訪臺的首支運動團隊，而後，國家二隊的中華白，也以十比二取勝。一九九一年西班牙洲際盃，臺灣再以十四比〇獲勝，也是蘇聯解體之前，兩國棒球最後一次的交手。一九九八年，在義大利舉行的世界盃，臺灣七比一擊敗俄羅斯，二〇〇一年在臺灣舉辦的世界盃，俄羅斯再度訪臺，但兩國分在不同組而未交手。二〇〇三年，臺灣在古巴所舉行的世界盃中，竟以一比四敗北，吞下兩國棒球交手史上首敗，更是二〇〇八年北京奧運輸給中國之前，臺灣媒體所封給國球的第一個「國恥日」。

一九九〇年代臺蘇之間的「運動外交」，除了棒球與俄的距離縮短了之外，體操與籃球也隨著與東歐諸國民主化之後解禁，成為臺灣運動世界裡更為顯著的存在。

一九九一年七月瓊斯盃，蘇聯首度派出當時仍為其一份子的愛沙尼亞塔林隊參賽；之後俄羅斯男籃七度、女籃五度與會；一九九一年十月，蘇聯五人體操代表應邀來臺，在當年臺中主辦的區運中露面表演，並指導臺灣選手與教練；隨後，當年十一月，結合特技、韻律體操等好手的「蘇聯體操明星表演團」，巡迴臺灣七個城市進行表演。自此之後，體操幾與俄羅斯畫上等號。一九九二年十一月，在中華汽車贊助之下，舉行《中華汽車盃國際體操賽》，已經解體的蘇聯，以「獨立國協」之名來臺，旋風席捲全臺。連續舉辦十一年的中華汽車盃，成為臺灣體操界的盛事，造就了張峰治、林育信等好手，也是俄羅斯在後共產時代，年度與臺灣連結的方式。但二〇〇二年之後中華汽車盃停辦，雖以「子龍盃」之名於二〇〇四年短暫復辦，但在東歐各國缺席下，已不再有相同的號召。

冷戰時期，蘇聯之於臺灣，雖然實質上陌生，卻又一直是政治與流行文化敘事中熟悉的反派，好萊塢諜報片，自然不在話下，連運動電影中，都多的是蘇聯的反派。一九八五年，《洛基四—天下無敵》中的蘇聯拳王德拉戈（Ivan Drago），一句「他死了就死了」（If he dies, he dies.），讓他成了運動電影史上最令人恨到骨子裡的冷酷反派，隨著該片雄踞史上最賣座運動電影長達二十四年之久的紀錄，這樣的形象也深植人心，絲毫不隨著日後蘇聯的解體而褪色。

再以「真正的」運動史來說，冷戰時期的國際運動賽事，無不是美蘇兩國交鋒的縮影，一九七二年在巴勒斯坦「黑色九月」恐攻陰影下的慕尼黑夏季奧運，美蘇男籃在金牌戰中交手，比賽最後三秒，歷經三次發球的爭議中，蘇聯艾德施科（Ivan Edeshko）一記橫跨全場的傳球，找到了衝到前場的中鋒貝洛夫（Alexander Belov），硬是在槍響前放進兩分，蘇聯以五十一比五十終結了美國在此戰之前奧運六十三戰全勝的紀錄，嚥不下這口氣的美國隊，這面銀牌迄今未領，依舊存放在瑞士洛桑國際奧委會的保險箱裡。

風水輪流轉，一九八〇年，一群由大學生組成的美國男子冰球代表隊，在寧靜湖冬奧決勝輪的比賽中，擊敗素有「紅色機器」之稱、尋求五連霸的蘇聯隊，寫下運動史上最大驚奇，史稱「冰上奇蹟」（Miracle on Ice）。他們的事蹟，有紀錄片、有好萊塢改拍電影，不斷重述而流傳後世。

從上所述的運動史時刻中，多半接收英語資訊的我們，很容易把一九七二年美國隊的落敗定位為裁判不公，蘇聯「偷走」了勝利。冰上奇蹟，是身處黑暗年代的美國，加上蘇聯入侵阿富汗的背景下，從運動場上得到的救贖。至於德拉戈，冷血打死了人人喜愛的拳王阿波羅，洛基當然該來個鐵拳快意復仇，連蘇聯的觀眾都倒戈大喊「洛基！洛基！」好萊塢的美式正義，誰能不愛？

確實，英美挾著通訊社與影視工業的宰制力，在過往意識形態的認知作戰中，佔足了優勢。小布希以遍尋不著的大規模毀滅武器為名，攻打伊拉克，確實令人憤怒，但民主與自由可貴之處，就是我們能從中吸取教訓與檢討，那怕是事後的亡羊補牢，都好。然而，對過往的檢討，並不意味著我們也必須在此時此刻對於烏克蘭遭到入侵而抱持懷疑主義。若將對西方諸國過往的質疑，轉而合理化此次俄羅斯入侵烏克蘭，甚至別有用心地想「藉烏喻臺」而聲討受害者，彷彿可以以此取得「反美帝」道德高位，倒可休矣。畢竟，這樣也沒「反俄帝」，不是嗎？也許自喜於不盲從於西方主流觀點，但歷經百年修煉而成的民主自由與新聞義理基石上的資訊流通，與獨裁專制、霸權下的宣傳相比，難道寧可選擇相信後者？再退一步來說，若烏克蘭成功抵擋俄羅斯的入侵，難道對臺灣會有什麼壞處？

儘管透過運動在內的相關手段，是此次國際社會制裁俄羅斯的普遍共識，但仍不乏有論者丟出「俄羅斯運動員是無辜的」等言論。事實上。在國際奧委會建請各國際運動協會與主辦單位拒絕俄羅斯與白俄羅斯運動員參賽的聲明中，就點出了關鍵的因素：

> **目前發生於烏克蘭的戰爭，確實讓奧林匹克運動（Olympic Movement）陷入兩難，當俄羅斯與白俄羅斯的運動員得以繼續參加運動賽事時，許多烏克蘭運動員卻因為國家遭攻擊而無法參賽。**

戰爭，尤其是俄羅斯在冬奧甫閉幕就直接撕毀奧林匹克休戰協議，終於迫使國際奧委會做出罕見的政治大動作，但也許都已經慢了一步。近十年來，俄羅斯運動員在普丁的授意下，由國家主導系統性使用禁藥，儘管在吹哨者羅琴科夫（Grigory Rodchenkov）爆料以及國際反禁藥組織調查之後遭到懲處，但卻並未受到禁賽的極刑。表面上，運動員僅能以個人或是俄羅斯奧委會之名出賽，而非俄羅斯這個「國家」，獎牌數也不會納入該國的歷史統計中，但對於一般觀眾而言，就算在奧運中從 RUS 換成了 OAR（來自俄羅斯的奧運運動員）或是 ROC（俄羅斯奧委會），並無實質差異，他們還是俄羅斯的頂尖運動員，國際宣傳效果依舊。

俄羅斯近年來希望透過運動軟實力的建立，從而洗白國際形象（sportswashing），從寡頭企業主阿布拉莫維奇（Roman Abramovich）收購英超切爾西、俄羅斯國營天然氣公司 Gazprom 大量贊助運動賽會與球隊、俄超莫斯科中央陸軍、聖彼得堡澤尼特等隊在歐陸的崛起、打造女子花式滑冰黃金世代、二〇一四年索契冬奧、二〇一八年世界盃足球賽的舉辦等等都是如此。在此危及烏克蘭人道之時，他們在此體制下從運動中所獲益，也必須受到相同的檢視與懲罰。

「所有的戰爭都是人類作為會思考的動物失敗的表現」，史坦貝克（John Steinbeck）如是說。人類正面臨著資訊爆量的思考障礙，俄羅斯入侵烏克蘭，正是這樣一場社群媒體戰，過多的資訊，讓人無所適從，儘管鼓勵多元思考，但也許在這不得不二分的戰爭迷霧中，簡單，才是最好的思考方式。藉著運動場上非敵即友的單純邏輯，在此大是大非的事件中，選哪一邊，似乎顯得清楚得多。

相較於戰爭砲火襲擊下的烏克蘭人民、財產與主權，運動這「類戰爭」的活動顯得渺小無比，但那是運動作為政治世界不可分割一部分所起碼能做、也該做的。#StandwithUkraine

當七成球員都在歐洲踢球，全球化下足球勞務流動如何顛覆世足賽

二〇二二年卡達世界盃男足賽首度在北半球的冬天以及歐洲各大聯賽季中舉行，球迷們所熟悉的球星，在前個星期還穿著職業隊的球衣，瞬間轉換身分，改披國家隊戰袍。

也正因為前所未有的時間點，讓歐洲各國聯賽賽程壓縮趕進度，巴西聯賽也提前一個月，將二〇二二年賽季趕在十一月十三日畫下句點。尤其原本耶誕與新年期間不但沒有休兵，反倒還有緊湊賽事的英超，本季賽程壓縮的程度，前所未見，與前一年同期相比，已經多進行四輪的賽事，因此也直接或間接造成多位球星受傷，不得不含恨缺席該屆世界盃，各國聯賽最後一輪賽事進行時，各國球迷無不屏息，深怕國腳在最後一刻受傷而無緣世界盃，兵工廠的瑞士籍中場主力札卡（Granit Xhaka）、英格蘭中場麥迪遜（James Maddison）都在世界盃前最後一輪賽事中傷退，讓瑞士與英格蘭嚇出一身冷汗。

另一方面，各國總教練面對著集訓期的欠缺，也都只能乾瞪眼，畢竟，球員已廣被視為職業球會財產，過往夏天的世界盃，在各國聯賽結束後，還有四到六周的集訓期間，二〇二二年歐洲各國聯賽緊貼著世界盃，自然不可能提早放人，尤其根據國際足協規定，各球會只需在十一月十四日放球員回歸國家隊即可。儘管阿根廷總教練史卡洛尼（Lionel Scaloni）呼籲英超提早放人，以利阿根廷國家隊備戰，但也僅是聊備一格的象徵性喊話而已。另一方面來說，英超各球會也擔心有些球員為避免受傷，在世界盃前的最後一輪聯賽有所保留。歐洲各大主要聯賽，也都撐到 FIFA 規定的截止

日前的周末。

這樣看來，列強中率先登場的英格蘭，在十一月二十一日就出戰伊朗，從球員完賽英超十一月十三日的最後一輪，到歸建國家隊僅僅八天而已，對於總教練索斯蓋特（Gareth Southgate）的調兵遣將及戰術貫徹而言是極大的挑戰，儘管這批主力球員已經經過上屆世界盃四強、歐國盃亞軍等多次大賽的洗禮，彼此默契與戰術熟悉度應該不差，但總給予球迷倉促之感。

當今所有的足球員，都同時背負著國族子民與資本主義勞工的身分，就像梅西同時是阿根廷國家隊與法甲巴黎聖日耳曼隊員的身分一樣，但在二〇二二年世界盃的時間點，導致球員身分的切換感格外鮮明，也更凸顯了足球員在全球化勞務移動下身分轉換的現象，因此接下來將以一九七四年西德世界盃開始，檢索與整理歷屆世界盃各隊成員資料，將結果以簡易圖表呈現，讓各位更能理解全球化下足球勞務流動的趨勢。但也在此先說明，統計的歸類上，英格蘭、蘇格蘭、威爾斯、北愛爾蘭等聯合王國成員

1998 法國	2002 日韓	2006 德國	2010 南非	2014 巴西	2018 俄羅斯	2022 卡達
32	32	32	32	32	32	32
704	736	736	736	736	736	831
398	376	343	289	257	209	298
57.7%	51.1%	46.6%	39.3%	34.9%	28.4%	35.9%

雖然在國際足總分屬四個會員，但政治與文化的關係，與其他「跨國」的移動意義不同，因此在此仍將他們視為「本國」，同樣的，加拿大與美國在運動中的跨境移動亦屬相同運動文化圈，因此二〇二二年加拿大隊效力於足球大聯盟的美國球隊者，亦計入本國聯賽，法甲中的摩納哥隊亦是如此。

讀者們應可輕易發現，各國世界盃國腳效力於本國聯賽的比例，除了少數的波動之外，呈現不斷往下的趨勢，從七〇年代超過九成來自國內聯賽，時至今日，已降到三成左右。一九九〇年，首度打入世界盃會內賽的愛爾蘭，以全旅外球員成軍，為世界盃史上的首樁，但他們絕大多數都是在關係密切的英格蘭踢球，除了愛爾蘭之外，全旅外代表隊的組成主要發生在非洲，包括一九九四、一九九八、二〇一〇年的奈及利亞、二〇〇二年喀麥隆、二〇〇六年象牙海岸，以及二〇一八、二〇二二的塞內加爾，二〇一八年的瑞典則是唯一非「非洲」的「全旅外」球隊，顯見非洲作為頂尖足球人才外流最為

表一 歷屆世界盃會內賽各國代表隊效力於本國聯賽人數

賽事	1974 西德	1978 阿根廷	1982 西班牙	1986 墨西哥	1990 義大利	1994 美國
與賽國	16	16	24	24	24	24
球員總數 *	352	352	528	528	528	528
效力於本國聯賽人數	321	314	467	432	388	339
百分比	91.2%	93.5%	88.4%	81.8%	73.5%	48.2%

*1998 年前每隊為 22 人，2002 年起每隊為 23 人，2022 年每隊為 26 人，惟伊朗僅登錄 25 人。

明顯的區域。光譜的另一端，我們看到本屆有卡達與沙烏地阿拉伯兩個中東國家代表隊以全國內聯賽成軍，因此讓長期以來效力於本國聯賽的下降趨勢略微提升，但整體而言，足球全球化趨勢不變，且向歐洲集中更加明顯，二〇二二年，連阿根廷與巴西兩大南美強權，都各僅有一名與三名球員效力於國內聯賽，除了巴西傳奇右後衛艾爾維斯（Dani Alves）效力於墨西哥聯賽之外，其餘全數在歐洲職業聯賽，顯見人才向歐洲集中的洪流。

本屆英格蘭球員組成中，僅有年輕新星畢林翰（Jude Billingham）效力於德甲的多特蒙德隊，其餘二十五人皆是英超聯賽的球員。但英超作為世界磁吸力量最為強大的聯賽，擁有最多的世界盃各國球員，以二〇一八年俄羅斯世界盃來說，就有一百二十九名球員在英格蘭各級聯賽效力，佔了七百三十六名球員的一七・五%，其中當年度英超冠軍曼城就有十六名各國世界盃國腳，西甲豪門皇馬與巴塞隆納也各有十五、十四名球員與會，星光熠熠。英格蘭加上西班牙、德國、義大利與法國等五大聯賽，總計為世界盃各國提供高達五二・二%的球員，若以各大洲足協來看，球員效力於歐洲足協會員國者，高達七三・八%。如今，這樣的趨勢更加明顯，本屆總計有一百七十六名球員來自英格蘭（包括威爾斯）、蘇格蘭聯賽，佔了二一・二%，歐洲五大聯賽球員佔了五六・七%，效力於歐洲者，與上屆大致持平而達七二・九%；德甲十連霸的拜仁慕尼黑本屆有十七名各國世界盃國腳，領先全球，而曼城與巴塞隆納各有十六名居次。球員們來自國內聯賽有著不同意涵，如沙烏地阿拉伯，六度打入世界盃會內賽，但總共也僅有在二〇一八年時，有三位世界盃國腳效力於海外聯賽（西甲），除此之外，全部都是效力於沙國聯賽的球員，而二〇二二年主辦國卡達，也是唯二以全本國聯賽球員組成的，這代表著這兩國雖然是亞洲強權，但是球員輸出卻極為有限，而卡達陣中十五名球員正是效力於國內聯賽霸主薩德（Al Saad SC），儼然就是國家預備隊。但另一方面，英格蘭如此高比例的來自英超（九六％），還有德國（七七％）與西班牙（六九％），代表的則是這些國家為全世界足球最為頂級的聯賽，磁吸全世界最頂尖球員之餘，也留下了國內多數的人才。

值得一提的是，二〇二二年歐洲冠軍義大利儘管連續兩屆缺席世界盃，但是在二〇一八年，有五十八位其他各國國腳在義大利踢球，也達到球員總數的七・九％，二〇二二年依舊有七十位來自義大利的聯賽（八・四％）。

在各國球員越趨集中化，五大聯賽的磁吸作用下，所謂的各國特色球風已經被球員以及教練的全球化勞務流動所壓平，巴西所謂的「森巴足球」也不再華麗不羈，球員絕大部分都在歐洲各自所屬球會中效力，世界盃，越來越像是頂尖球員從職業聯賽被打散後的報隊比賽而已。如今再因為冬天季中的世界盃，儘管期間有零星的國際比賽日讓各國家隊成員磨合，但大賽前的關鍵備戰時刻，讓各總教練整合、建立隊型與球風的時間幾乎不存在，因此在接下來的世界盃中，我們可能看到的是列強複製貼上的球風。

另一方面，季中舉辦的世界盃，卻也有可能有與過往不同的樣貌出現，主要也是因為季中，英文當中「mid-season form」（球季中的狀態）表示的就是球員已脫離季初的調整，也不像季末的疲累，而是整體最佳狀態之時，而不像過往世界盃尷尬地夾在季末與新球季開打前的六、七月間，因此，說不定球員們狀況更好呢！賽事精彩度會是如何？有太多前所未有的變數讓人難以定論，但可以確定的是，它必然會十分不同。

所以，我們不妨回到一開始討論的「季中」世界盃這件事。其實上述的相關討論中，仍是以歐洲為中心觀點，退一步來說，歷屆以來，南美洲、亞洲各國聯賽為了世界盃而季中中斷的戲碼，每四年都要上演一次，不過過往世界盃雖然都是在美國足球大聯盟的季中，但他們卻沒有為世界盃而中斷賽季過；一九八七年，美洲國家盃改制為單一國家主辦之後，南美各國聯賽也為了在六、七月間的美洲國家盃而中斷賽季，多少也是不得不面對越來越多南美洲的頂尖選手赴歐洲踢球，而為了配合歐洲聯賽時程的現實，如表二所示，一九八六年世界盃之後，阿根廷與巴西的國腳，大量效力於歐洲聯賽，期間僅有二〇〇二年日韓世界盃的巴西隊，出現巴西聯賽產出十三名國家隊的短暫「異常」。

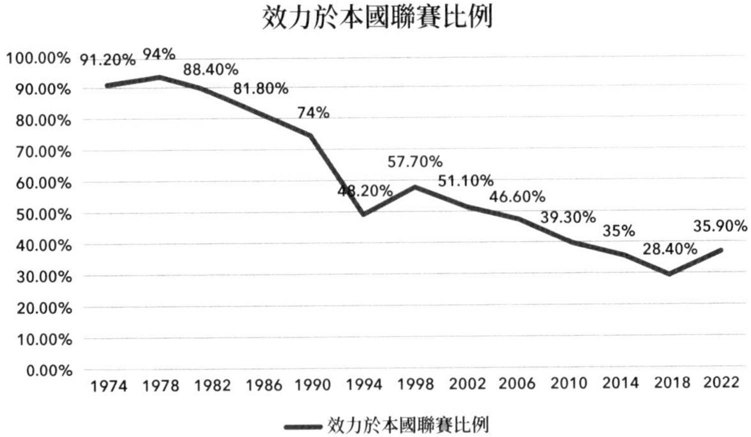

註：本研究將蘇格蘭（1974-1990,2998）、威爾斯（2022）效力於英國境內聯賽者皆計入本國聯賽的範圍。2022 年加拿大代表隊效力於北美的足球大聯盟亦皆計入國內聯賽。

表二 歷屆各國代表隊效力於各國聯賽人數

	阿根廷	巴西	德國（西德）	南韓	西班牙	喀麥隆
1974	16	22	21	DNQ	DNQ	DNQ
1978	20	22	22	DNQ	22	DNQ
1982	19	20	21	DNQ	22	16
1986	15	20	20	21	22	DNQ
1990	8	10	17	22	22	11
1994	11	11	16	20	22	11
1998	7	9	18	17	22	4
2002	2	13	20	16	22	0
2006	3	3	21	16	18	DNQ
2010	6	3	23	13	20	1
2014	3	4	16	6	14	2
2018	3	3	15	12	19	DNQ
2022	1	3	20	14	18	2

DNQ：表示該屆未晉級會內賽

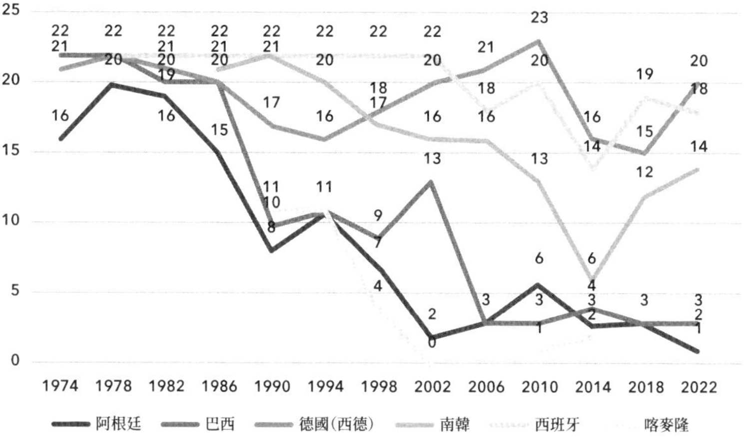

猶記得二〇〇一年在美國念書時，第一次進到批判教育學的重要學者艾波（Michael W. Apple）的研究室時，掛著一幅南北倒置的世界地圖，其實無須多言，當下我就理解他的用意，南北政經勢力的翻轉，一直是左派學者畢生的職志，我們太過於習慣以北半球、甚至歐美作為預設的出發，然而，在現今足球的發展態勢之下，卻難以逃脫以歐洲為中心的敘事，因為即便是南美諸國，一方面不得不接受頂尖足球人才往歐洲集中的現實，但同時他們也帶著更為複雜的情緒，不像臺灣以前進歐美等世界體系核心為無疑的「臺灣之光」，這些南美球迷心中，卻多帶了些這些球員因為金錢而離開祖國的「背叛」所產生的怨懟。

歷經近百年演變的世界盃，已經成為全球政經勢力體現的場域，看似以國家為單位的世界盃，實則已經是多重因素交織的全球化景觀。

你該知道的「運動洗白」：從卡達世足後，梅西和C羅在沙烏地的續舞談起

原以為二〇二二年卡達世界盃足球賽落幕，梅西與C羅以截然不同的結局，完成了（可能是）他們各自的最後一舞。如今，世界盃沒等到的兩人共舞，卻可能在利雅德發生。

梅西帶著一群從小受他激勵並視他為神樣的年輕人，在遭逢沙烏地阿拉伯之役的重創後，卻能逆境奮起，寫下最完美的結局，捧起大力神盃的狂喜之後，也讓梅西欲走還留，謝幕後的安可成為現實；另一方面，長梅西兩歲的C羅，那不可一世的自我，讓他二〇二二年一路從聯賽到世界盃，從曼聯到葡萄牙國家隊，都惹出拒絕退居二線的風波，因為他難以接受那不再是叱吒風雲的自己，只好遠走沙烏地阿拉伯，加盟利雅德勝利隊（Al Nassr），年薪二億歐元的天價，以及風光的歡迎派對，卻難掩遲暮英雄的落寞。

身為運動社會學家，面對卡達世界盃總有曖昧與掙扎。一來，卡達透過運動洗白（sportswashing）的企圖令人擔憂，開幕之前，賄賂、移工、性別平權等議題成為場外焦點，英國BBC的無線頻道甚至刻意略過開幕典禮的轉播，而以卡達人權議題的深度報導取代，歐洲諸國欲以One Love臂章倡議性別平權的企圖被國際足總的黃牌威脅遏止；德國的摀嘴抗議，卻隨著他們敗給日本，反倒成為球迷訕笑他們分心在場外的議題上；隨著賽事展開，尤其梅西與阿根廷如此神奇的奪冠之旅，最終以卡達君主塔米姆（Sheikh Tamim bin Hamad al-Thani）為其黑袍加身的畫面定格，關於卡達的相關爭議似乎嘎然而止。移工勞權、性別平權等等關鍵字漸漸淡出，卡達為世界盃砸下二千二百億美元的運動洗

白計畫，看來確實物有所值。

隨著世界盃落幕，足球迷的眼光並沒有離開中東，C羅的「脫歐入亞」讓世人驚愕。隨著世界盃的風光，卡達本身持續布局大型運動賽會，已是二〇三〇年亞運主辦國，並已目指二〇三六年的奧運申辦。

對於中東等「富到流油」的國家而言，能源轉型無疑是對他們經濟最大的威脅，尤其歐盟宣布二〇三五年起停止銷售新的燃油車，未來減少對石油的依賴已成不可抑止的趨勢。對此，沙烏地阿拉伯王儲兼首相穆罕默德·賓·沙爾曼（Mohammed bin Salman）極力推動「沙烏地願景二〇三〇」（Saudi Vision 2030）計畫，也就是擘劃沙國在二〇三〇年時，成功轉型科技與觀光業，減少對於石油輸出的依賴，以成為阿拉伯與伊斯蘭世界核心、亞歐非三大洲樞紐為目標。

經濟需要轉型之外，其政治與外交形象也需要洗白。沙國近年在軍援葉門內戰、暗殺華盛頓郵報記者卡舒吉（Jamal Khashoggi）、大規模處決異議人士等劣跡擢髮難數，甚至九一一事件中，都不乏沙國介入的斧鑿痕跡。因此，不論著眼於經濟或外交，沙國都思轉型，運動洗白，就成了他們最積極投入的手段。

近年來，沙國已成為國際體壇的要角，二〇一八年，WWE就於沙國增辦分站賽事；二〇一九年，沙烏地季（Saudi Seasons）成為沙國政府在全國各地大力推動的觀光活動，首都的利雅德季（Riyadh Season）即為其中規模最大的盛典，接在世界盃的餘韻及C羅加盟利雅德勝利之後，兩人世界盃未竟的最後共舞，卻在二〇二三年一月十九日就可能實現。梅西所屬、也是卡達主權基金擁有的巴黎聖日耳曼（Paris St. Germain）將與利雅德勝利與利雅德新月（Al Hilal）聯隊在「利雅德季節盃」交手，歐洲豪門球隊罕見地在季中進行友誼賽，這，當然是錢所買來的。

二〇二一年起，沙國大舉進軍國際頂級運動，爭取到F1於吉達（Jeddah）舉行的沙烏地阿拉伯大獎賽，更透過其主權基金買下英超紐卡索聯隊（Newcastle United）。如今，在C羅苦等不到歐洲足壇關愛眼神之際，沙國見縫插針，為其運動洗白再進一步，知名中東學者多西（James Dorsey）甚至評論到，沙國捧出這天價合約，甚至不惜法外開恩，讓他公然違背沙國未婚不得同居的法律，得與女友喬琪那（Georgina Rodriguez）及家人同居，其目的就是要竭盡所能地「榨乾」（milk）C羅這隻金雞母，除了兩年半的球員合約之外，即便退休後，都能利用其剩餘價值。

「願景二〇三〇」其中的登峰計劃就是二〇三〇年世界盃足球賽的申辦，C羅的天價合約中，也包含成為沙國申辦二〇三〇年世界盃足球賽的大使；世人引頸企盼的梅西與C羅合體，可能發生於此一場景。因為梅西也同時是沙國申辦二〇三〇世界盃所重金禮聘的另一名形象大使，無怪乎球迷會說到，能讓梅西與C羅同台的只有兩件事，一是LV（路易威登），另一就是沙烏地阿拉伯。但說穿了，就是錢嘛！

而最諷刺的是，C羅與梅西的祖國也各自表達申辦二〇三〇年世界盃的企圖，葡萄牙將與西班牙、烏克蘭同盟，阿根廷也與南美鄰國烏拉圭、巴拉圭、智利合作，沙國則是計畫與希臘、埃及組成跨洲同盟，如此一來，已賣身於沙國的C羅與梅西屆時該如何表態？看在祖國鄉親眼裡又情何以堪？

近年來，沙烏地阿拉伯與卡達的較勁，從波灣地區的政經實力到運動賽場內外，都是比拚的場域。

近十年來，卡達半島電視台所屬的 beIN Sports 掌握了中東與北非地區的運動媒體市場，沙國也亟欲挑戰卡達勢力，二〇一七年時，他們就希望成立能與 beIN 匹敵的公司，但是競爭失敗後，反倒轉入地下，就在二〇一七至二〇一九年間，卡達與沙國交惡，beIN Sports 也在沙國境內遭禁播，但同時卻出現了一家神秘的媒體公司 beoutQ，盜播 beIN Sports 所擁有的運動賽事，期間多方角力，尤其是沙國透過主權基金收購紐卡索聯隊時，該媒體礙眼的存在又成為絆腳石之一，沙國政府向英國允諾會積極處理此事，侵權大戶 beoutQ 也終於在二〇一九年八月收攤。沙國政府對於 beoutQ 的消極態度，讓外界多所懷疑，畢竟在如此極權國家中，若非政府涉入或至少默許，怎麼可能有如此囂張且大規模的侵權事蹟？退一步來說，就算沙國政府真與 beoutQ 的成立與運作無涉，但至少不積極取締侵權行為卻是怎樣也難辭其咎的。

二〇二〇年，沙國在運動媒體操作進入新的里程碑，成立了國營的沙烏地運動公司（Saudi Sports Company, SSC），主導中東及北非地區的運動轉播業務，挑戰 beIN 在此地區的市場。截至目前為止，SSC 已經取得了葡萄牙聯賽盃、西班牙國王盃、巴西甲級足球聯賽、亞足聯等賽事在中東地區的轉播權，步步進逼 beIN 的市場。儘管卡達與沙烏地阿拉伯在二〇二一年後，雙方的外交關係漸趨正常化，但是在中東地區的較勁，轉向運動、媒體等軟實力的場域中，加上更早布局運動的阿拉伯聯合大公國，以及在 F1 有所著墨的巴林，在可見的未來，中東國家將在國際體壇呼風喚雨。眼見卡達世界盃經驗如此成功，沙國必然不會委身其後。

我們也必須理解，當前輿論中所謂「運動洗白」，多少是帶著西方觀點的，畢竟所有國家在申辦、乃至舉辦大型運動賽會都是以提升國際形象為目的，但何以倫敦、東京、巴黎、洛杉磯舉辦奧運是「宣傳」，卡達、俄羅斯世界盃、北京冬奧就成了「運動洗白」呢？

我們不能以如此簡單二分來看待相關的討論與例證，在接受這些訊息時，必須要有足夠的媒體識讀能力，檢視相關討論的脈絡，以免陷入西方觀點的「東方主義」迷思中；但另一方面，我們卻也不能只因來自歐美觀點，而忽視了這派人士高呼「國情不同」的相對主義陷阱中。

「運動洗白」看似多半是由歐美民主國家冠予非西方國家的貶義詞，但本質上，運動洗白不盡然是非西方國家才有的作為，一九三四年墨索里尼主政下的法西斯義大利舉辦第二屆世界盃、一九三六年希特勒的納粹柏林奧運，都是運動洗白的濫觴，儘管主辦運動賽事的本質都是宣傳，但是主辦國或是職業運動中企業本身在人權、貪污等作為，透過運動來洗白自身形象就必須面對更多的檢視。民主國家中，不乏來自市民社會的論辯與新聞媒體的監督，因此，這些國家主辦運動賽會，在國內就面臨許多的檢視，奧運主辦權的競爭，近年在歐美陷入熱潮消退的困境，也多是人民理解大型賽會對於本地弊多於利的衝擊。反觀這些被稱為運動洗白的國家，本身欠缺哈伯瑪斯（Jürgen Habermas）所論的成熟公共領域，不論對內、對外，都成了一言堂的宣傳，那才是值得警惕的現況。疫情之後，歐美陷入通膨與經濟壓力，舉辦大型賽會，可預期地將成為更大財政負擔，但在富有的極權國家下，卻有更多統治者可挪置的資源以遂行其宣傳及統治目的。簡單來說，只要在搜尋引擎上打上「卡達」，所提示的盡是世界盃相關的詞語，而非移工、人權等訊息提醒著你，其運動洗白效果就已清晰可見。

一屆世界盃、一場足球賽，讓世人見證了足球這遊戲的美麗，但正因為它如此美麗而散發的巨大光暈，多少污濁的罪惡得以隱身其後。握有主辦權的國際運動組織是唯一可以阻擋運動洗白的決策者，身為球迷、身為市井小民，我們著實擋不了，但至少我們需要知道，他們洗出了哪些髒污。

經典賽，如何擺脫「棒球馬戲團」酸名？

二〇二三年世界棒球經典賽（WBC）在臺灣就已掀起熱潮，連熱身賽就可以滿場，再次見證了棒球國際賽對於臺灣人的吸引力。因疫情之故，原本應該在二〇二一年春天舉行的WBC延到了此時。比起二〇一七年的三連敗、桃猿缺席，這一屆重回臺灣舉辦，總不免讓人回想二〇一三年那般熱血、激情與心碎的集體記憶。但這號稱世界水準最高的殿堂級賽事，在歷經四屆之後，是否擺脫了「世界棒球馬戲團」（World Baseball Circus）的酸名呢？

臺灣身為地主之一，但以美國為主體的全球頂尖棒球員來說，遠在太平洋的另一端舉行，多少也降低了一些仍想在春訓中及早進入狀況球員的參賽動機，尤其二〇二三年的春訓非常特殊，大聯盟即將於新球季實施新規定，如投球計時器、禁止防守極端佈陣、加大壘包等等，都是選手們趁著春訓適應的最好機會，選擇參加WBC，不但失去在母隊競爭的關愛眼神，更會在三月就在高強度的比賽中出賽，影響自身調整狀態的節奏。以臺灣來說，兩名臺美混血卡洛爾與費爾柴德（Stuart Fairchild），不論身分與身手都足以代表臺灣，尤其他們又是目前代表隊陣容中戰力相對較弱的外野手，然而，春訓正是他們證明大聯盟身手的關鍵階段，其中響尾蛇隊的卡洛爾，更是列名全大聯盟最佳新秀第二名的超強潛力股，在大聯盟發光的企圖心不言可喻；另外，過往已經還完「補充兵役」債的黃暐傑，也在被海盜隊以規則五選秀選入後，期待繼二〇一九年之後，再次踏上大聯盟的投手丘，因而婉拒在WBC中出賽。

個人生涯優於國族榮耀，已經是這幾屆經典賽洗禮後，臺灣球迷所熟悉、也可同理的價值，球員們不必再背負著非得為國爭光不可的重擔，除了張育成個人在召募之初掀起的兵役風波之外，但那多少是國內在兵役即將延長之際，針對旅外職棒選手享有權利與對等義務償還平衡的爭論，而張育成實在糟糕的公關操作，也待他在經典賽中的表現來平反。

自二〇〇六年開辦至今，大家也可理解，任何想將 WBC 拉抬至與世界盃足球賽高度的論辯都可休矣，棒球從來、未來也都不會是足球，在臺灣之所以是「國球」，只是因為它的發展脈絡承載了太多的國族情感，同時棒球的世界體系，正與臺灣的世界觀重疊並相互強化。從全球化的廣度與深度來說，沒有任何一項運動能接近足球，所以即便是北半球冬季的卡達世界盃，都能讓歐洲各國不滿意但必須接受，並且全力調整職業聯賽以因應，但真正頂級的棒球國際巔峰之戰，沒有完美的時間點。如果在季末，經過一個漫長球季的征戰，甚至是季後賽、總冠軍賽的考驗，誰還有餘力再為國爭光？季中，時間太短，又有各國賽季原有的明星賽以及賽季中斷的問題；季初，看似是不得不的合理選擇，但麻煩就在棒球中，有個最重要的位置，也就是投手這奇特的物種。

以美國隊來說，野手陣容星光熠熠，大改過去四屆給人誠意不足的印象，每個位置都是上上之選，除了費城人隊強打哈波（Bryce Harper）因傷退賽之外，所能想到大概也只有「法官」亞倫．賈吉（Aaron Judge）因與洋基隊以九年三億六千萬的天價合約續約後的缺席，他的聲明如下：

代表我的國家參加比賽將是一種榮幸，但我的主要目標是貢獻給紐約，以及把冠軍帶回

這裡，尤其是在簽下一份九年的合約之後，對我來說，紐約才是我的首要任務。

賈吉如此得體的答案，卻也是經典賽還不夠經典的原因。

尤其相較於野手，投手的星度更黯淡許多，原本這世代最佳左投手的柯蕭（Clayton Kershaw）應允參賽，就已經出人意料，畢竟，他的生涯至此，世界大賽冠軍、塞揚獎、MVP、金手套什麼都不缺了，無需再增添 WBC 獎盃來證明他的地位，但最終，即使他個人願意為美國參賽，但是這幾年來的傷病史，使得沒有保險公司願意承保出賽風險，讓他黯然退出經典賽，因為這時間原本該是由春訓漸入球季賽調整的節奏，卻插入如此高強度比賽下，再怎樣的大數據與精密運動科學都無法保證會發生什麼事，也因此 WBC 有了投球數限制這妥協下的產物。別忘了，前一年賽季柯蕭的首場先發，就是在僅投八十球的保護下退場，錯失了挑戰完全比賽的機會，連可望締造歷史的球季賽都如此，就算真的在 WBC 亮相，總教練想必更加如履薄冰。如此對投手的呵護固然可以理解，但這不就像是梅西在世界盃只能踢半場的感覺嗎？棒球圈普遍認為，投手決定一場比賽七成的勝負，但這群生物卻又如此珍稀脆弱，使得 WBC 如此兩難。

WBC 少了完整的投手獻技空間，還只是它不那麼純粹的原因之一而已。因為棒球真的不是那麼夠全球化的運動，又在大聯盟主導下希望獲得更多目光，各國代表隊的組成的身分游移更加多重。上一屆 WBC 的冠軍賽中，史卓曼代表美國出戰波多黎各，主投六局無安打，順勢拿下 MVP，有趣的是，這一屆他卻改披波多黎各球衣；不過，在 WBC 中「易國再戰」，史卓曼也非先例，「A羅」就在首屆代表美國出賽後，宣布第二屆將代表多明尼加，最終才因傷退出。WBC中的以色列，以猶太裔美國人成軍，二〇一七年在A組全勝晉級，橫掃臺灣、韓國、荷蘭，第二輪賽事也曾擊敗古巴，甚至挾此氣勢，透過歐非附加賽的勝利打入二〇二一年的東京奧運。但二〇二三這一屆三十五人大名單中，依舊僅有一人出生於以色列，短期看似仍未有將棒球固著於以色列的明顯成效，但大聯盟寄望此策略，不但能點起在以色列對於棒球關注的星火，甚至再以離散猶太裔棒球人才回歸的召喚，來強化以色列草根棒球的中長期發展。

另外，英國有七名選手出生於巴哈馬群島，道奇隊外野手湯普森（Trayce Thompson）也加入陣中，是因為其NBA球星父親麥可・湯普森（Mychal Thompson）出生於巴哈馬所致。而根據大聯盟的認定，由於巴哈馬官方君主依舊是承襲自殖民時期的英國國王，因此得以代表英國出賽。但此一標準顯然也是極大化的寬鬆解釋，畢竟當今仍有十五個大英國協國家以英國國王為其名義最高君主，按此釋義，加拿大、澳洲出生的選手，也可代表英國出賽。但畢竟英國是大聯盟積極開發的海外市場，二〇二三年賽季，繼二〇一九年的基襪大戰移師倫敦系列賽之後，再排定了中西部死敵小熊與紅雀前往倫敦體育場獻技，可為例證。但若這樣認定再放寬下去，愛爾蘭說不定也是棒球的強力國家，由阿羅索（Pete Alonso）、貝林傑（Cody Bellinger）、里佐（Anthony Rizzo）、布萊恩（Kris Bryant）、蒙卡索（Ryan Mountcastle）的打線排開，也會是各國頭疼至極的打線。

身分認定的寬鬆，其實是因應棒球世界體系中，人才過度集中在東亞、北美與加勒比海地區的必要之惡，這體系中，國際賽會轉播權利金的貢獻度更明顯集中在東亞的臺日韓，因此在棒球的國際賽中，多少都以這三者的貢獻度來「給予彈性」，過往WBSC主辦的十二強賽如此，大聯盟主導的WBC亦復如此。就賽程而言，本屆賽會如果美國與日本晉級八強，那麼不管其他戰況如何，他們可以優先指定比賽日程，而非國際賽慣例的預先排定；再者，日本隊的賽事，由於國內轉播預期的高度熱潮，因此只要是日本隊的比賽，局間換場都會較其他賽事多加三十秒，以利播放更多廣告。

凡此種種的WBC單行法規，其實顯示的是大聯盟如何在有限時空下，處處利益極大化的算計，但是大聯盟只消扮演著吹奏著國族曲調的吹笛手，棒球迷依舊聞聲隨行。世界棒球馬戲團，揭幕啦！

體壇「富爸爸」啟示錄——金錢能買到冠軍嗎？

二〇二三年的冬天，最受全世界棒球迷矚目的莫過於大谷翔平與山本由伸連袂加盟洛杉磯道奇隊的新聞了，兩人分別簽下十年七億美元、十二年三億二千五百萬美元不可思議的合約，再加上從光芒隊交易來王牌投手葛拉斯諾（Tyler Glasnow），旋即以五年一億三千六百五十萬美元續約。這些新進合約的規模令人咋舌，再加上原先就在陣中的明星球員們，二〇二四年賽季道奇團隊薪資已經超過一億七千萬，這還是大谷翔平「技術性」每年僅支領二百萬美金的計算結果，而且休賽季還有二個多月，道奇隊到底還會砸多少錢下去？

與此同時，英超豪門切爾西，在過去一個多賽季以來，成為全世界足球迷的笑柄。原本只是支位處西倫敦的英格蘭中游球會，在俄羅斯寡頭富豪阿布拉莫維奇的收購後，二〇〇〇年代中期，在名教練莫里尼奧（Jose Mourinho）擘劃下，一躍成為世界頂尖的豪門勁旅。但與普丁過從甚密的阿布拉莫維奇，在俄羅斯入侵烏克蘭之後，被英國政府逼迫出售這支球隊，最終由美國富豪波利（Todd Boehly）以四十二億五千萬英鎊接手。初來乍到的波利，為了一展野心，並重新打造「屬於波利」的切爾西，光是在二〇二三年一月冬季轉會期間，就豪砸二億九千萬英鎊的轉會費，其中以一億零七百八十萬英鎊簽下在卡達世界盃拿下最佳年輕球員獎的安佐．費南德茲（Enzo Fernandez），創下當時英超轉會費紀錄。二〇二三年夏天，再簽下十二名年輕選手，再砸一億一千五百萬英鎊轉會費，從布萊頓簽下厄瓜多籍的年輕終中場凱西多（Moises Caicedo），再度改寫紀錄。

洛杉磯道奇與切爾西的共通點，除了花錢不手軟、「潛心鑽研遊戲規則」、也都是「藍色軍團」之外，還有一個更重要的交集，那就是——波利本人。是的，除了擁有切爾西之外，他還擁有道奇隊二〇％的股份。

跟大谷延後支付而迴避豪華稅以及給予隊薪資彈性一樣，波利抓到歐足聯「財務公平競爭規範」（Financial Fair Play）的漏洞，與這些年輕選手簽訂動輒七、八年的長約，藉此攤銷全部支出在各年間。歐足聯旋即亡羊補牢，下令禁止各球隊給予球員超過五年的長約。

投資控股出身的波利，富比世雜誌評估他的身價高達六十一億美金，在世界富人排名榜居第三百八十一位，能有此身家，自然熟稔金融市場多如牛毛的遊戲規則與漏洞，他把這套經營理念大舉帶入運動產業，除了切爾西、道奇之外，也與另一名道奇隊老闆華特（Mark Walter）共同擁有洛杉磯湖人與火花隊的股份。除此之外，法甲史特拉斯堡（RC Strasbourg）、電競俱樂部 Cloud9 以及運動博弈公司 Draftkings 都在波利的運動帝國版圖之中。

金錢不能保證勝利，是職業運動場上屢見不鮮的教訓，二〇二三年大西洋兩岸也分睹慘烈的例子。美國職棒有大都會，英超則有切爾西。波利一手打造的切爾西新紀元，在砸下大錢之後，卻只在二〇二二—二三球季拿下四十四分積分，勉強排在英超二十隊中第十二位，直到球季倒數第五輪才確保免於降級的災難。陣中進攻好手雲集，竟寫下總失球數比進球數還多九顆的難堪紀錄，成為隊史最黑暗的賽季。二〇二三年賽季結束之後，曾經拿下過英超與歐冠冠軍的中堅主力，紛紛被轉賣離隊，尤其大量賣給近年來急欲透過運動洗白的沙烏地阿拉伯聯賽的球會，這波操作中，充滿許多令人懷疑的運作機制與報價，波利亟欲創造自己的功績，以近乎「夢幻總教練」（fantasy games）的操作方式，兩年之間，幾乎換掉了整支球隊，讓許多老球迷唏噓不已。新賽季亟欲重返榮耀，聘請名帥波切提諾（Mauricio Pochettino）執教，帶著英超排名第四的一億五千萬英鎊總薪資，球季進行到一半，卻也還是暫居第十名的中游球隊。

職業運動為了保持一定程度的競爭性，從硬性薪資上限（NFL, NHL, MLS）、軟性薪資上限（NBA）、豪華稅（MLB）、財務公平原則（歐洲足球）不一而足，儘管在實際運作機制有所差異，落實程度也不盡相同，但大原則是類似的，就是避免老闆們以口袋深度決定比賽結果。

而運動之所以迷人，就在於沒有什麼事情是必然的，就算道奇隊錢花成這樣，大谷再神奇、再討喜，也不代表世界大賽冠軍就是囊中物。球迷們對於有個這樣的「富爸爸」*總是又愛又恨，那少數愛的，多半就是支持的球隊「祖上積德」，但聯盟其他球隊的球迷一定都是站在恨的那一邊。

要論起有錢，比起波利身價高者所在多有，曼城隊老闆曼蘇爾（Mansour bin Zayed Al Nahyan）身價還是波利的五、六倍之譜，花起錢來更不遜於切爾西。原本在被曼蘇爾收購之前的曼城球迷，其實早就習慣了曼徹斯特第二隊的悲情角色，甚至還被曼聯傳奇教練佛格森爵士（Sir Alex Ferguson）不屑而稱他們為「吵鬧的鄰居」（noisy neighbors）。不過曼城近六年五座英超冠軍，以及終於在二〇二三年到手的首座歐冠冠軍之後，讓原本對於外國資金嗤之以鼻的老一輩曼城球迷，也沉浸在金錢所能買到的快樂，近年來安靜許多。

錢非萬能，但沒錢萬萬不能。

運動世界裡的金錢如此美好，但另一方面，德國球迷卻怕太多錢湧進德國足球，這到底怎麼回事？

德國足球一直有著歐洲足壇最具社會主義色彩的經營模式，德甲與德乙的足球俱樂部必須遵守所謂「五十加一原則」，也就是俱樂部的過半所有權必須由支持者擁有，而不是由外部投資者或大企業所主導。在此原則下，俱樂部的支持者至少必須擁有俱樂部股份過半的「五〇％加一股」，使得他們能夠在俱樂部的主要決策中擁有最終的控制權。這一原則是保護足球俱樂部免受單一財團或外部投資者的控制，並確保俱樂部在決策過程中繼續考慮支持者的聲音而讓俱樂部在營運和管理上更加民主，減少了對純粹商業利益的依賴。然而這樣看似社會主義天堂的營運模式，近年來不斷受到資本主義全球化的挑戰，二〇二三年十二月，德國足球聯盟三十六支成員隊伍中，以二十四票同意通過在未來二十年允許私募股權投資者加入德國足球聯盟的投資，此一破壞現狀的決定引發了球迷的強烈反對，因此十二月中旬的周末賽事中，三十六支德甲與德乙的球迷串聯，在比賽的前十二分鐘保持沉默，多場比賽甚至因進一步的抗議而中斷。

怎麼會有人嫌錢多呢？我們一定如此問著，畢竟如果有人捧著錢挹注臺灣的運動，我們一定鋪上紅地毯敲鑼打鼓相迎，畢竟在臺灣，經營球隊還帶有積功德的悲願感。但比起賺錢與產業規模，

* 職業體壇的「富媽媽」極少，有的也多是繼承父（夫）業而來，著名的有 NBA 湖人隊老闆金妮・巴斯（Jeanie Buss）繼承自父親傑瑞・巴斯（Jerry Buss），爵士隊老闆蓋兒・米勒（Gail Miller）則是繼承亡夫拉里・H・米勒（Larry H. Miller）所擁有的球隊。

德國球迷更擔心的是這些外來勢力削弱了他們跟支持球隊的草根情感，少開拓一些海外市場無妨；但從投票結果來看，大部分的俱樂部主事者，依舊希望藉此將德國足球帶入他們心目中「新時代的經營模式」。

運動是球迷逃離現實生活的安慰劑，多數球迷之所以愛看著富爸爸球隊的失敗，多少總是出於現實無奈的投射，希望除了金錢之外，總還有些其他成功的可能，但目前看來，連德國防線都逐漸撤守，金錢已是職業運動賽場上成功的必要條件。

當 MLB 季後賽日本觀眾數超越美國，全球化如何牽動東亞運動生態

二〇二四年十月十九、二十日這兩天，在臺灣進行了空前的東亞運動社會學論壇，包括臺、日、韓、紐西蘭、澳洲、印度等國的運動社會學者與相關領域的研究生齊聚在國立體育大學，共計四十九篇口頭論文與十篇海報論文，超過一百七十位與會者。

臺、日、韓三國彼此間擁有交織錯綜的地緣政治與文化，運動賽場上亦師、亦敵、亦友，但這卻是彼此間首度大規模運動社會學的區域交流。

巴黎奧運作為臺灣運動外交最華麗的舞台之後，包括學術界在內的民間團體，也不斷在有限的政治空間下，尋求自己的突破點，這項活動的初衷，多少也是如此。在國科會、體育署以及日本臺灣交流協會的支持下，這項活動從一年前，三國學者在加拿大渥太華舉行的國際運動社會學年會的閒聊開始，如今，很魔幻地成為真實。

論壇的主要目標是聚集東亞運動社會學界，討論在三個層級下的全球化運動的作用和挑戰，聚焦在運動場域中關鍵問題和辯論，以理解微觀、中觀和鉅觀動態與運動交織的現況。這論壇促進與此主題相關的共同合作，為開發共同研究計畫提供交流機會，並為擴展與運動相關的人文和社會科學領域的國際科學知識做出貢獻。

以學術界來說，日本、韓國和臺灣各自都擁有獨立的運動社會學會，各自也與國際運動社會學會有所連繫，但過往彼此之間卻缺少區域間的互動。相較於日、韓兩國，成立於二〇〇九年的臺灣運動

社會學會實屬稚嫩，由臺灣來催生與主辦這項盛會實屬一趟奇幻之旅。以東亞所處的地緣政治以及文化傳遞來說，三個國家不僅受到共同歷史事件的牽引，擁有共通的民主價值觀、充滿活力的公民社會、先進的科技產業、令人興奮但存在問題的運動文化和實踐，當然也有共通的潛在挑戰，包括地緣政治上中國與北韓的不安定因素、社會上少子化和（後）現代和傳統價值觀的衝突等等，運動社會學是我們在面對和解決面臨運動場域挑戰時承擔責任的重要工具。

過去，我們要不是受到西方中心主義觀點的引導，使得自己在國際學術社群中以西方標準為依歸，彼此交流裹足，甚至害怕自己在國際場合英文不夠流利，再不然就是滿足於各自的舒適圈，使得區域間交流有限。因此，東亞運動場域在地緣政治的區域緊張以及人們對運動和個人身體觀不斷轉變、思潮湧現的情況下，現在是運動社會學家加強相互交流的關鍵時刻。毫無疑問，高品質學術研究在各國已經存在，而在一個相對權力較趨平等的區域架構下，東亞運動社會學家之間能建立更綿密的網絡，將會出現更多的合作研究。

因應這樣的特質，此次論壇中，還特別規劃了三場與這三國密切相關且應景的主題，每場都由三國學者與談，從運動與性別議題、巴黎奧運後的菁英運動政策，談到東亞棒球。

道森（Marcelle Dawson）、傑克森（Steve Jackson）與麥唐納（Brent McDonald）三位來自紐澳學者內容涵蓋健身工業、運動洗白與學術期刊發展的專題演講、東亞圓桌論壇到所有發表者，可以感受到大家對於這項活動既興奮又期待。當然，其他學門在東亞的交流合作早就不是什麼新鮮的事，運動社會學自己遲到了，這又有何好大驚小怪？但運動的本質，讓批判為己任的運動社會學門在臺日韓間卻又多了一點彼此競爭的味道，但別誤會了，這與徐展元在二〇一三年WBC轉播中「好想贏韓國」的悲催或是辜仲諒理事長在二〇二四年棒球U18亞洲盃前的「我最討厭就是韓國，韓國看不起我們臺灣」一番言論截然不同，學術的場域中，那是一種彼此較勁卻又相互尊敬的情誼。

當「東亞棒球的前世今生」這場圓桌論壇開始前，我焦急地盯著松山機場的航班狀況，因為「要派出最好的」使命下，臺南文化局長、也是臺灣棒球歷史研究不作第二人想的謝仕淵教授正從百忙之中，自馬祖搭機回到臺灣，我一見到他，大大地給他的擁抱，感謝他的大力支持。我們之間雖然沒有任何對話，但我知道，他不想錯過這樣的場合，我們該讓其他國家看到這幾年臺灣在挖掘、詮釋自己棒球歷史的努力。

從三位學者的分享當中，可以理解到，在後殖民的脈絡下，臺灣、日本和韓國之間透過運動、尤其是棒球，體現出複雜的情結，傳統上，臺對日的懷慕、韓對日的仇恨、臺韓間的較勁，都在近期有了微妙的轉變。二〇二四年MLB韓國開幕系列賽中，聖地牙哥教士隊有韓國明星金河成坐鎮，但也有日籍強投達比修有、松井裕樹，但無疑地，場上最受矚目的依舊是大谷翔平，韓日之間後殖民的緊張關係依舊不時在運動場上體現著，但隨著棒球的全球化、尤其是共同他者——美國的無所不在，使得區域間的動態關係也隨之改變，大谷在大聯盟的發光，也讓韓國球迷為之傾倒。原本韓國的球員，仍會將日本視為前進據點，宣銅烈、李承燁、李大浩、吳昇桓都曾留下精彩的身影，但是自二〇一六年之後，就再也沒有韓國球員出現在日本職棒，而是直指大聯盟為其挑戰的目標。而臺灣的年輕好手，則仍將日本視為成長與挑戰的舞台。

所以，我們不能忽視體育界，特別是棒球，具有三層動態關係：地方、區域和全球。日本、韓國和臺灣各自擁有棒球體系。以日本為例，高中棒球選手要麼被職業隊選中，要麼進入大學，或者繼續在業餘的日本野球聯盟中比賽，等待機會。幾年後，一些菁英選手有機會通過入札制度進入美國職棒大聯盟。韓國也有類似的系統，一些韓國職棒的明星球員在國內生涯大放異彩後挑戰美國職棒。例如，前培證英雄隊明星李政厚在KBO七年輝煌之後，與舊金山巨人簽下六年一億一千三百萬美元的合約。臺灣的情況則有所不同，大多數球員早在高中時期就受到美國或日本的關注。

然而，即便是穩定的日美關係也時有波折。野茂英雄與近鐵猛牛隊和日本棒球界關係緊張，一九九五年自願退役後前往美國職棒，並取得傑出成績之後為後輩打開的大門，期間少數特例如田澤純一未曾在日本職業聯賽打球，而是在二〇〇八年被波士頓紅襪簽下，越過了入札制度的限制，畢竟，大聯盟與日本棒球之間的「君子協定」只是協議，並無法律約束力。為了因應這類情況，「田澤條款」規定此類球員若返回日本，需等待三年，以阻止球員跳過這項體系。田澤條款雖已於二〇二〇年廢除，但田澤並未重返日職，而是於二〇二一年在臺灣的味全龍隊效力。

二〇二四年，日本最佳年輕打者之一的佐佐木麟太郎放棄了日本的選秀，反而越洋就讀史丹佛大學，未來會有更多日本高中球員追隨他的腳步嗎？另一位佐佐木，佐佐木朗希，也渴望早日離開日本進入美國職棒，二〇二四賽季勉強留下之後，未來動向依舊考驗著日本與羅德隊對於大聯盟磁吸效應的對策。這些案例凸顯出，即使在東亞的地區棒球體系中，美國仍是一個無處不在的角色；儘管如此，二〇二四年臺日韓三國職棒賽季各自繳出亮眼票房，但未來「東亞棒球大聯盟」會不會是可行的願景？當美國大學與大聯盟隔著浩瀚的太平洋，在東亞發揮著強大作用，大谷翔平這個神奇的賽季，更使得日本觀看美國職棒季後賽的人口超越了美國，東亞與全球運動的未來樣貌又將如何？

由於篇幅有限，僅以棒球為例，極為簡短地在此分享這三個層次可能的豐富意涵，三國運動的性別議題、菁英政策等等也都在此次論壇中呈現出彼此異同之處；檢視與批判運動發展，應同時著眼在地、區域和全球交織的複雜關係，東亞運動社會學界踏出了重要的一步，也期待未來有更豐富的對話與觀察提供給大家。

運動與性別

在臺灣，陽剛特質所宰制的運動場域，性別議題是最難以碰觸與低度開發的領域。如果從界線的角度來看，對於侵犯身體界線反制的 #metoo 運動曾在臺灣政壇、演藝圈發酵，讓受害者得到了一絲希望，但這道微光卻未真正滲入運動場域中；屬於光譜而非二分的性別，在運動場域中也得到最大的反挫。男子、女子的「分開而平等」的普遍認知。2025 年，在川普二度上任後的反 DEI 大旗漫天飛舞，英國最高法院以出生時性別判定為原則的判決下，讓跨性別與間性運動員幾乎在菁英運動中滅絕，但其對話卻不該就此打住，因為跨性別與間性者，就是挑戰運動賽場男女二分法的最終極質問;在臺灣，彷彿職業運動救星的啦啦隊，無所不在的程度，不但掩飾了這場域中性別平權的盲區，對於女體的凝視，更從場邊的啦啦隊席，一路蔓延到觀眾席以及所有運動場域中的女性，甚至連 U12 的比賽中可見。這一切，都在「少管閒事」、「你買票進場了？」的廉價反詰中一筆帶過，但這樣只求流量的商業邏輯下，女性在臺灣運動場域中，愈加被貶為客體，從屬於「異男」的凝視與消費邏輯下，在歐美女性運動越加勃發之時，臺灣女性運動卻被更加邊緣化。

性、霸凌、運動員——超越極限的磨鍊中，如何模糊了身體的「越界」

美國女子國家體操教練蓋德特（John Geddert）遭檢方指控曾對未成年選手施暴、性侵、涉及人口販運，就在起訴的同一天（二月二十五日），畏罪的他，選擇以自殺結束生命。相關案件並非首例，同樣受雇於美國女子國家體操隊隊醫納薩（Larry Nassar）因性侵一百五十六名女性，在二〇一八年遭判刑一百七十五年。前賓州州立大學美式足球隊助理教練桑達斯基（Jerry Sandusky）執教期間，也因性侵五十二名男童，在二〇〇八年獲判有罪，餘生都將在牢裡度過。

貴如「足球金童」的貝克漢（David Beckham）也在紀錄片《曼聯九二班》（Class of '92）中，描述自己曾經在青訓的過程中，被學長強迫進行「性的動作」（sexual actions），以完成「入會儀式」。

在臺灣，各級運動團隊的教練、學長也不時傳出類似的醜聞，甚至不乏職棒球員在成長歷程也遭到不同形式與程度的性霸凌。身為體育學界的一份子，每當聽聞此類事件總是恨鐵不成鋼：「唉！怎麼又來了！」而此類現象不僅來自教練、隊醫等長輩，也來自被賦予權力的同僚，也就是我們時常聽聞的學長制，所導致的霸凌。更有甚者，原本該是為運動設立標竿、捍衛運動員權利的運動組織，面臨此種狀況時，卻往往選擇站在錯誤的一邊。他們優先選擇競技成績、公關形象，而非這些運動員的人性。如同美國體操協會在納薩性侵醜聞中，不但封口甚至壓迫這些「倖存者」（詳情可見Netflix紀錄片《體操A級醜聞》〔Athlete A〕），正是運動組織累積了數十、甚至上百年的沉痾。

運動，當然不是唯一存在性侵與霸凌的場域，但是不可否認的，從媒體的報導中可見，這頻率確實是高了些。到底為什麼會如此?當然有諸多複雜因素造成,本文難以窮盡,每個不同運動的場域也都有造就如此現象的獨特脈絡,但是現代運動的本質,無疑是個值得討論的共同開端。

現代運動完美呼應著資本主義的價值觀,不但追求「更高、更快、更強」,還有自我負責、超越極限、犧牲小我完成大我、服從、紀律等道德,而服從的對象,上至協會、學校、長官、教練、裁判到學長,不一而足。運動,正是這些價值最好的載具。

除了符合資本主義社會的核心價值之外,運動同時也強調個體肉身的超越,如此完美的社會性與個體性二元兼具的活動場域,諷刺地,這也恰巧成為此類霸凌、性侵事件的溫床。如同法國社會學家布洪姆(Jean-Marie Brohm)在其經典著作《運動—量測時間的牢籠》(Sport: a Prison of Measured Time)所言:

> **在社會層級的想像中,運動過程中所受的苦,成為個人奉獻其身心靈的生理責任,並得以換取崇高的光環;在運動員個人層級的想像上,規律地受苦,則成為不可或缺的「良藥」。**

「我痛故我在」這樣的思維,不僅僅在專業運動員的訓練過程不斷被內化,連一般大眾在健身主義盛行的今日,從事重訓、跑步、自行車、登山,無不以此做為自我超越的證據。因此,運動讓所有對身體「越界」的行為被視為自然、甚至是被期望的,如同許多針對家暴被害者的研究中所指出的,這些受虐者，透過身體的痛楚，將暴力對待誤解為愛的形式，愈發難以逃脫所深陷的關係中。運動員培養的過程也是如此，尤其是年輕學生運動員，在有限的生理與心理經驗、以及相對封閉的環境下，難以區辨虐待與訓練痛苦間的差異。

運動的團隊中，權力的行使往往赤裸裸地作用於學生運動員的身體上，體罰被轉譯成一種超越忍受極限的訓練，「吃得苦中苦、方為人上人」，合理化了生理的痛苦，甚至自我轉換為成長、成功的必經之路。

在許多希望透過運動達成階級向上流動的中低收入家庭中，或因父母離異、經濟困窘等等因素，原生家庭的教育功能已然受阻，教練成為被託付行使親職的代理人，於是乎，運動團隊成了原生家庭之外的第二家庭，而既然已經像個「家」，總有些不足為外人道的點點滴滴，那是家人之所以成一家人的親密，也是外人想管、也鮮有立場說三道四的。

運動團隊中的教練或是與運動員密切接觸的權力高位者，當中少數的有心人，往往就洞察、並利用這樣的環境，或威嚇、或動之以情，誘迫運動員受其剝削，最終累積成動輒數十位、甚至上百名受害者之後方才曝光這般不可思議的場面。

運動是一種性欲替代品以及攻擊性的昇華，透過運動，其實踐者可以一個個器官、一塊塊肌肉、一個個肢體逐漸體驗一種受控制的自我懲罰或甚至自我毀滅，藉此意識自身的存在。從此看來，運動是一種制度化的身心症，成為一個「道德被虐症」的出口。（布

洪姆，一九七六年）

青少年時期的學生運動員，正處於精力旺盛以及性好奇的階段，佛洛伊德曾言，現代學校教育的目的之一，就是運用遊戲引開青少年對性的專注，也就是以「動作的愉悅」（pleasure in movement）取代「性的愉悅」（sexual enjoyment）。但諷刺地，運動團隊中，卻反倒常以性為手段，成為展演權力關係的場域。

性即權力。透過性的行為而凌駕他人的高位者，獲得的並不全然是性方面的快感，而是支配或羞辱他人的滿足。軍隊、學校、運動等場域何以容易發生不當管教甚至性醜聞，正是由於這樣階序分明的體制中，除了教練之外，學長也被委任，進而握有資深者的權力，上下之間交織成密集的權力網絡。他們或因為團隊運作人力不足而執行他們自上輩習得、也親身經歷的（不當）管教方式、或為了鞏固自在群體中的地位，便透過這些行為，加諸在其下位的運動員身上，藉以展示其權力。

即使近年來個人意識抬頭，或是來自官方要求終結學長制或不當管教等宣示，但要真正結束這些外人看似荒唐的舉動並不容易，即便是親身經歷過的運動員也以熬成婆的心態表示「那是成長的必經之路」。同為《曼聯九二班》黃金世代的主角之一、也深受霸凌之苦的巴特（Nicky Butt）就在片中表示：

它會讓你變得強韌、堅強，讓你不怕在夥伴前丟臉，讓你之後不再害怕在學長面前說話。

也許現在的標準看來是霸凌，但那是讓你成為隊中一員的必經之路。

另一位「同梯」納維爾（Gary Neville）也說：

儘管我討厭它，也被整得很慘，但我還是覺得這種強悍的傳統、還有讓你變得更堅強的考驗，是現在年輕人所欠缺的。

就是這樣一代傳一代的價值，讓運動這以陽剛氣質做為核心價值的場域，成為被誤用為霸凌、猥褻，甚至性侵的基調，這現象是具有社會性以及生理意識形態多重作用的結果，加上原生家庭親職的缺席，在在導致這類現象在今日依舊上演著。

教練、隊醫、學長，只是現代運動中變動的角色名稱而已，不變的是，他們是運動場域中權力的施為者，這是現代運動從核心價值到組織現況都不易改變的現實，無怪乎布洪姆堅信，只有一場徹頭徹尾的革命，才能終結現代運動這個牢籠。但在砍掉重練之前，我們能做的，便是理解這文化成形的背景與意涵，尤其是運動者本身能逐漸意識到他們所身處的無形枷鎖，一方面他們能真正享受運動，另一方面減少現代運動本質及其不適任的組織對人性的貶抑與傷害。

運動場的終極難題——跨性別與性別發展差異運動員的參賽權與公平性

這或許是我所寫過的最困難的題目，事實上，我還不知道我最後會提供、或能提供什麼樣的結論，但這卻是個該開啟的對話。

儘管難以精確，但根據多項研究的推估，同時兼具跨性別與精英運動員身分者，大約僅占〇．二％至〇．五％。自從二戰結束，運動全球化加速開展，也承載著更多國族的意涵，在公平競爭的原則下，對於性別判定的需求逐漸浮上檯面。自一九四六年國際田徑總會頒布規定，所有參賽選手必須繳交醫生開立的性別證明開始，從裸體受檢其外生殖器、巴爾氏體的染色體檢測、聚合酶連鎖反應到睪固酮濃度檢測等不同的方式，用來決定一名精英運動員能否參賽乃至性別分組。

國際奧會的奧林匹克主義第四項基本原則中清楚載明：

從事運動為人權，基於相互瞭解、友善、團結與公平競爭的奧林匹克精神，所有人都應在不受到任何歧視的情況下被賦予參與運動的可能。

然而，問題就在於，跨性別者參與運動、健身沒有任何的問題，那是再個人不過的經驗，也確實不應受到任何形式的歧視。但是身體活動一但升級變成了競賽，從個人外擴到了群體，必然牽涉到其他競爭者。且當代運動在各國都與升學、獎金、榮譽等等無數利益牽扯時，跨性別精英運動員參與競賽，究竟是基本人權（human right）還是特權（privilege）？

自一九七六年夏天開始，一位天生男兒郎的蕾妮．李察斯（Renee Richards）衝撞網球界的性別分界，並在隔年得到法院判決後，以跨性別女性的身分參加當年的美國網球公開賽。之後，跨性別與精英運動檯面上的交集其實沉寂了數十年，直到二十一世紀，這議題才在性別主流化的浪潮下，開展到前所未見的高度與複雜性。

二〇一九年六月，三名美國康乃狄克州的高中女田徑選手聯合提出聯邦歧視訴訟，她們認為康州允許跨性別者自由參賽，損及了她們身為女性公平競爭的權利，並讓她們損失了原先可能屬於她們的競賽名次與隨之而來的獎學金。相反地，二〇二一年六月，佛羅里達州頒布「女子體育公平法」（Fairness in Women's Sports Act），正式禁止跨性別女性在公立學校和大學參與女子體育項目，至今美國已有超過十一個州有此立法。相同的現實，臺灣也即將面對，一一二學年度的全中運，就將開放跨性別選手參賽，可以想像，在臺灣運動與升學如此緊密相依的體制下，屆時會有多少爭議浮現。

隨著性別觀念的改變，這些原本鳳毛麟角的跨性別運動員，逐漸出現在國際體壇，並挑戰原本堅實的男女性別二分類別。儘管過往加諸於她（他）們身上的禁忌甚至污名，已漸漸鬆動，但距離真正無歧視環境，前方仍有漫漫長路。二〇二一年東京奧運中，來自紐西蘭的羅若．哈伯德（Laurel Hubbard）就是舉重史上首位參賽的跨性別運動員，不過她在八十七公斤以上級的比賽中，三次試舉都告失敗，避免引起跨性別者「奪走了原本該是女人的獎牌」的論調。

跨性別女性運動員被認為在先天上具有一定優勢而廣受爭議，反之，出生判定為女性的運動員在成為跨性別男性之後，受到的爭議就小的多，主要就是一般認為他們並不具有競爭上的優勢，甚至即便改變了性別認同，依舊「留在」生理女性的運動場域中。二〇二一年六月，日本女足國家隊前鋒橫山久美出櫃為跨性別男性，他在二十歲時就已進行手術移除乳房組織，並決定在球員生涯結束後，再進一步進行性別轉換的手術；同樣的，二〇二一年東京奧運加拿大女足隊的昆恩（Quinn），先天生理性別為女性，但之後以跨性別、非二元性別認同者的身分出櫃，成為首位此類的奧運參賽者，並隨著加拿大女足隊奪金再寫史頁。

隨著性平運動的推展，性別認同已擴展到了LGBTQIAPK+的各式身份，也在眾多的流行文化文本上展開。法庭影集《傲骨之戰》（The Good Fight）在二〇二〇年的第四季第六集中，將運動員性別判準的爭議戰場搬到了泳池。這番「神預言」般的劇情，自二〇二一年底開始，真的在美國大學運動中展開。

來自賓州大學的莉雅．湯瑪斯（Lia Thomas），如今已身處跨性別運動員爭議的最前線。由於NCAA原本規定跨性別女子選手至少須以一年半的時間將身體的睪固酮壓制到女性標準，才能參加女子組賽事，但在二〇二一年時，決定將跨性別者的參賽權與國際組織如IOC以及國際泳協同步，因此湯瑪斯得以較未受壓抑的生理條件參賽。在常春藤大學聯盟的競賽中，她以大幅差距遙遙超越對手；在二〇二二年NCAA全國游泳錦標賽中，雖然在二百碼賽事中僅獲得第五名，但在五百碼自由式則奪下金牌，在美國掀起巨大爭論。北美運動社會學會前會長、普度（Purdue）大學教授雪柔．庫琪（Cheryl Cooky）還因撰文讚揚湯瑪斯，將她的歷史地位與一九四七年突破大聯盟種族藩籬的傑基．羅賓遜》（Jackie Robinson）相提並論，使得普度大學湧入大量的抗議訊息，甚至要求校方解聘她。

無獨有偶但卻相反的結果是，英國跨性別自行車手艾蜜莉．布里吉斯（Emily Bridges），在國際自由車總會的介入下，宣布她不能參加二〇二二年全英自由車女子組個人全能錦標賽。與湯瑪斯選擇跨性別之前只是個成績一般的男性游泳選手不同，現年二十一歲的布里吉斯，曾在二〇一八年打破英國男子青少年二十五英哩的紀錄。按照運動員的成長軌跡來說，她如果留在成年男子組的競賽中，就算不是頂尖，也會是極具競爭力的好手。試想，如果不是真的性別認同讓她決心「忠於自己」，誰會想要選擇跨性別如此充滿挫折與艱辛的一條道路？

除了社會性的性別認同導致後天性別轉換之外，先天的性別發展差異（Differences in Sexual Development, DSD）也讓一群先天「雌雄莫辨」的運動員找不到男女二分世界中的適切位置。南非的卡斯特．塞曼亞（Caster Semenya）是近年來最具知名度也最有成就的此類運動員，她主宰全世界的八百公尺項目，在倫敦與里約奧運兩度奪金，也是三度世界田徑賽金牌。生理上，塞曼亞先天缺少了子宮與卵巢，而且有隱藏的睪丸，屬於世界衛生組織認定的DSD者，但世衛組織的補充說明中又提到，其實生理學上並無單一決定性的生物性因素可以判定其性別，性別是考量由基因、荷爾蒙濃度、以及解剖學理後所指定的。與塞曼亞同期，印度女子田徑選手杜蒂．錢德（Dutee Chand），也同樣因先天睪固酮濃度超高，而遭國際田總禁賽，引發後續女子選手是否必須服藥以降低其睪固酮濃度一定標準之下才能參賽的多輪法庭攻防，當時國際田徑總會甚至提出對這類運動員「發展差異的歧視，是必要且合理的」這般論調。自此之後，田徑賽場女性選手血液中睪固酮指數每毫升必須低於五奈米莫耳

（nanomole），如果超出就禁止參加四百公尺至一千六百公尺之間的賽事這樣的規定。因此，東京奧運中，納米比亞田徑選手克莉絲汀．姆波瑪（Christine Mboma）就因睪固酮濃度超標，在奧運前遭禁止參加四百公尺，但改報二百公尺的她，卻仍一舉奪下銀牌。但國際間，國際奧委會僅提供了公平、包容、無差別待遇的原則式宣言，各項運動總會規定紛歧，更不乏禁止跨性別女性參賽者，更為這議題的解方增添難度。

上述這兩大類的爭議不但涉及了先天的生理性別指定（sex assignment）還有後天的性別認同（gender identity），即便是看來相對單純的生理性別，卻也必須經過醫生人為「判定」過程，既然是判定，它必然會挾帶著社會意識形態的判準。DSD與跨性別者，一個是生理性別在二元社會出生時的指定難題，一個是逆生理性別的抉擇，塞曼亞、錢德、姆波瑪三者都是先天睪固酮濃度超標，使其在「特定項目」中具有國際田總「認定」的優勢；至於跨性別女性者，由於大多都是在青春期性成熟之後的性別認同轉變，使其不論降低睪固酮濃度與否，都已經具有先天生理男性的優勢，但在運動場域中，不管生理性或是社會性性別的難題，至今解題的方式都僅有降低睪固酮濃度一途。

但問題是，睪固酮並非唯一、甚至絕對會對運動表現有優勢的生理條件，身高、體型、肺活量、乳酸分泌條件等等都是所謂的生理優勢，甚至連睪固酮是否或是多大程度影響運動表現，在醫界都未必有一致見解。但如果執此主張而貿然全面開放跨性別女性與性別發展差異者進入女子組參賽，那麼顯然地，女性精英運動將會遭到極大的挫敗，並將陷入女性運動員與DSD／跨性別者的弱弱相殘局面，畢竟生理條件、乃至後天各個社會原本所挹注女性運動的資源以及媒體關注有極大的落差。執此，

《經濟學人》二〇二二年三月十九日出版的評論中就倡議，以「公開組」與「女子組」取代過往的男子、女子的分類，只要不是先天的女性，就一律置於公開組的競賽中：

因此，運動必須在包容和公平之間做出選擇；他們應該選擇公平競爭。這並不意味著，正如有時所聲稱的那樣，跨性別女性將被禁止參加所有運動。讓這主張更明確的一種方法是將「男性」和「女性」類別替換為「開放」和「女性」。前者向所有來者開放。後者將在生物學的基礎上受到限制。

這看似合理的建議，卻也不盡完善。畢竟，如此一來，無疑宣判了跨性別與DSD者在精英運動的末日。這些運動能力在「女人以上、男人未滿」的人，難在開放組中具有競爭力。與湯瑪斯相同項目的NCAA男子五百碼競賽中，金牌得主馬修．塞茲（Mathew Sates）的成績是四分〇六秒六一，反觀湯瑪斯僅有四分三十三秒二四，那是連男子複賽都游不進的成績。塞曼亞個人八百米最佳成績是一分五十四秒二五，對比於東京奧運男子組的成績，同樣無法進入複賽。

完美的世界裡，每個人都能依自己所願盡情地運動，盡情地享受競賽的刺激與前進的動力。但這世界距離完美太遙遠，運動的場域是生理的競賽，性別認同是社會性的，但卻又需要用生理的方式來調停，如此永遠無解。畢竟，以運動場上的多元性別認同來說，同性戀運動員仍遵循著運動場上的生理判準，但跨性別與DSD者可是會徹底顛覆現代運動性別二分的傳統，對於這些運動員來說，也許他們走得太快，這個世界還來不及追趕上他們的腳步，但或許是，他們存在已久，但卻一直存在黑暗的角落中，當前社會一直不知道該如何在二分的性別體系中置放他們。

性別認同是一道光譜，但是運動世界卻是絕對的男女二分，性別認同已踏入後現代，但運動競賽卻停留在現代；曾幾何時，就統計學來說，性別與年齡是我們填寫問卷時，再「自然」不過的自變項，如今，性別卻很可能也是隨心所欲的依變項。或許如同吳慷仁在《華燈初上》的寶寶角色，在文化部的規定中載明：「報名各類男主角獎、女主角獎、男配角獎、女配角獎者，以演出角色之性別為準，該演出角色之性別由報名者認定。」未來在戲劇、歌唱等獎項競逐上，或許可以超脫性別框架，不論是得以角色社會性別認定來報名組別，或甚至是不再區分性別類別都有可能，但是運動卻與演戲唱歌不同，戲劇與歌唱，也許對於不同性別藝人表現的期待仍有不同，但那是風格「不同」，而非有一個絕對量化標準來衡量優劣的場域，男女先天差異的體能條件，並不是以自由選擇或是全面開放就可以輕描淡寫帶過的。

或生理、或社會性驅使著人類對於競爭的執念，社會得以產生各式分門別類，以樹立所謂的公平性，但是當分類本身就充滿問題時，後續的解決方案都只會進一步凸顯這樣的問題。

如果說 DSD 的運動員是上帝在造人時的猶豫不決，那麼跨性別者或許就是上帝開的玩笑。相較於 DSD 者，不乏有人認為跨性別女性運動員是在成績較低的競賽組別中脫穎而出的一種「選擇策略」。但是如果有人真的如此迫切地想要贏，而不惜付出跨性別如此高的生理與心理的代價，我總是不禁長嘆一聲以對：「那就讓她們去這樣贏吧！」

法國貴族薩德侯爵（Marquis de Sade）的文學作品中，對於「非常態的性」有著豐富的描述，而在他所處的十八世紀、乃至後世至今都背負著離經叛道與變態的污名，但是綜觀人類歷史，往往卻都是由非常態的性，引領著時代與社會制度向前，但可惜的是，常態與否，往往是上個世代來定義的。如果要改變現代運動場上數百年以來性別二分的既存體制，那會是一場天翻地覆的革命，我不知道我們是否在可見的未來準備好，但至少要從現在起開展對話。

男生打球，女生加油？中職「啦啦隊之必要」的運動性別分工意涵

在開學時的第一堂課，總喜歡問同學，在臺灣發展職業運動的條件是什麼？答案不一而足，但「啦啦隊」的答案一出，所有人無不同時爆出笑聲，卻又難以反駁。

同樣的，知名 YouTuber 阿強也在接受線上廣播（podcast）節目《運動視界啪》訪問時說到：「我覺得棒球不應該有啦啦隊可能是對的，但中華職棒一定要有啦啦隊……中華職棒沒有啦啦隊撐不到三十年。」

數年前，我曾經訪問過現任日本太平洋聯盟行銷部執行長根岸友喜，當時他就對我說，職棒要像 AKB 48 一樣的經營模式，如今，這樣的理念在臺灣職業運動中徹底的發揚光大。不只是棒球，這兩年 P League 與 T1 聯盟帶起職籃風潮之餘，啦啦隊同樣是各隊籌備過程中必須打勾的條件，但自從二〇一〇年代起，從 La New、Lamigo 到樂天，網友們所戲稱的「樂天女孩附屬棒球隊」的現象是否已經成真了？

樂天主場經營的成功，多年來確實反映在票房上，樂天女孩的人氣也無庸置疑，二〇二二年截至八月十六日，平均每場六千四百五十一人的進場人數為五隊之冠，甚至比起衛冕軍中信兄弟每場要多出一千三百餘人，但值得注意的是，樂天桃猿的轉播表現，在有線運動頻道所注重的二十五至四十九歲男性族群中，卻是五隊中最低的！這該如何解釋上半季冠軍在進場與收視的落差，是值得更進一步研究的好題目，但箇中落差無疑是極為有趣的現象。

啦啦隊文化儼然成為臺灣職業運動的必要條件，由於COVID-19疫情而時隔兩年的中職明星賽，由於先天隊數的限制，使得聯盟總是需要絞盡腦汁，變出一些花樣，二〇二二年索性主打史上最「香」的明星賽，匯集五隊五十名的啦啦隊，現場熱鬧非凡，確實如一場嘉年華會。但熱鬧的表象，是否掩蓋著是空虛的棒球內涵？

當中職明星賽或是球季賽的轉播中，球與球之間頻繁切到啦啦隊身上，主播與球評總多以尷尬靜默的方式處理，知道導播為何取這畫面，但又不知該如何以對。在曾文誠與梁功斌兩位所主持的線上廣播《台北市立棒球場》中，也曾問到中職轉播資深導播于大光這個問題，當時于導回答到：

你要怎麼把棒球推廣下去？怎麼把這個根紮在年輕人的心裡面？其實為什麼不先迎合他們的喜好？然後慢慢讓他喜歡球賽的本質。

這確實是所有棒球人的共同願望，尤其在全世界的棒球國家都面臨球迷老化的共同挑戰，無論如何先抓住年輕人的注意再說。但，這會不會是業界朋友在市場導向下，不得不合理化自己行為的一廂情願呢？

也許您覺得聚焦在女性啦啦隊身上無傷大雅，甚至有論者認為物化女性身體的論述已然過時，而以為這是女性轉換身體資本為經濟資本的賦權行動。但我們還沒有到完全拋棄女性身體物化相關論點的時候，特別是人體越趨商品化的時代，仍可見性別不同所造成的差異。近日，醫美診所與職業球隊成為合作夥伴時，就是宣稱此現象為女性賦權很明顯的破綻了。固然有女性在這樣的商品機制下獲益，但那是單一審美觀下極為少數女性所能為的，甚至是非人工不可的身材比例與五官樣貌，總體而言，造成更多女性的焦慮與自我否定。

整形手術源自於一次世界大戰，大量從戰場中返回的男性被毀容或肢殘，外科醫生開始開發協助他們融入戰後生活所需的技術，但時至今日，非醫學上必要的「選擇性的整形」（elective cosmetic surgery），已經成為建立在自我否定上的產業，從早期年長女性留住青春的期待，已經擴展到全齡、全性別的對象，整形這件事，從原本的隱晦不語，成了「同臉同鼻同醫生」的自我投資。甚至在醫學專業與日常語彙上的使用上，新興的「醫美」也漸漸偷渡與轉化，取代原本「整形」帶有的負面意涵。職棒球隊與這項產業的合作夥伴關係，顯然是起心於這些單一審美觀下的啦啦隊女孩，畢竟她們或多或少正是美容乃至整形大行其道的成果展示，但這正是對其他同時在運動賽場上，以自身運動成就、而非外貌吸引注意的女性運動員的最大嘲諷。

別誤會了，穿著高跟鞋熱舞蹦跳三小時可是體能與技巧的真功夫，甚至是否是一項運動都是可討論的話題，但我們也都心知肚明，購買搖滾區的門票，或是眼光從球場飄向場邊時，自己看的是什麼。

所以，我們想要透過運動這個場域傳達什麼樣的性別分工訊息？當我們看到富邦 Angels、樂天女孩、Passion Sisters、Formosa Sexy 等啦啦隊而覺得習以為常時，不妨代換一下場景。在企業女壘聯賽中，為何不見場邊出現臺北凱薩「勇士」、臺北臺產「小鮮肉」、福添福嘉南「鷹雄」來為烈陽與暴雨下拚戰的女壘球員勁歌熱舞？在 WSBL 裡何以不見台元「牛郎」、國泰「人獸男」為著林蝶、林育庭來加油應援？尤其是甫落幕的 U12 世界少棒錦標賽中都可見 CT Girls「大姊姊們」賣力跳著加油舞蹈時，就更令人質疑，為何不是大哥大姐、阿公阿嬤一同勁舞為這群小朋友加油呢？「男生打球，女生加油」，難道這還是我們對於臺灣下一代的狹隘期待？

要分析臺灣職棒場域的性別意涵時，我們必須注意這些現象是多元、異質甚至時而衝突的，開創臺式啦啦隊文化的樂天及其前身球團，同時也是五支職棒球團中率先成立女子棒球隊的，一手主打著性化的女體，另一手也支持運動性平的訴求。運動空間的性別意涵的詮釋，絕非全對或全錯的二分法，同樣主體的不同行動，也會帶有不同、甚至矛盾的意涵。

運動場域中尤其麻煩的是，各項運動賽事本身特質不同，或是文化空間的不同，與啦啦隊契合程度也有別。棒球是一球一球獨立事件所構築起來的運動，球與球、局與局間的停頓，都被認為是需要填補的空白，但為何美國職棒三十支球隊，卻無一動用啦啦隊來填補這些空白？這多少與棒球在美國被認為是最家庭式的運動觀賞環境有關，性化的啦啦隊，與此空間格格不入。但是同屬戶外開放空間且極度陽剛的美式足球，穿著性感的女性啦啦隊卻又是重要的配角。職業化後的籃球，各隊暫停次數、甚至電視暫停時間都變多了，也給予啦啦隊更多的舞台；但足球上、下半場連續不斷的四十五分鐘、冰球三節的中斷時間也相對較少，也減少了對啦啦隊在這些運動項目中填空的需求。另一方面，歐洲人普遍鄙視「啦啦隊」在運動場的存在，一方面是最風靡的足球運動與啦啦隊的節奏不合拍，另一方面，他們也自豪自身的運動文化底蘊，不需要這些源自美國的啦啦隊來「教」與「帶領」他們何時該歡呼或加油，更重要的是，當今啦啦隊呈現的方式上，確實是在性別平權進程上的負面教材。

啦啦隊的濫觴無疑是支持與強化運動場上男性氣概的輔助性產物，女性位於場邊的位置，為其男性運動英雄歡呼的象徵意義遠大於實質，至今仍無法脫離這樣的性別分工，具吸引力的、帶著崇拜眼光的女性，在運動場邊依舊受到歡迎。一開始，女性啦啦隊的出現，看似鬆動了一開始原先連進都進不去的球場，也就是男性保留地的運動場域，但時至今日，依舊有男性運動員在受訪時表示，對於女性觸碰球具或進入休息室抱有莫名的禁忌。

理想而言，為了讓女性在運動文化中被完全接受，我們需要消解運動場域中性別專屬分工的概念，為不分性別的運動和活動留出空間，當然，職棒應援團中確有男性成員，但為何一群由女性組成的啦啦隊中，中職五隊依舊全然是男性的應援「團長」呢？

身為運動愛好者，對於臺灣職業運動的發展，總有無盡的期望，但是不是不論目的為何，只要有人進場、場子熱鬧就好？目前看來的趨勢似乎如此，臺灣運動場域中，啦啦隊的存在感一年比一年更為強烈，也許如同阿強所說，中華職棒的發展真的一定要有啦啦隊。但什麼時候我們可以開始像女孩那樣丟球、像男孩那樣歡呼都是被期待的，那就是運動場域中，性別平權的時候。

啦啦隊愈紅，運動本業恐愈虛——臺灣職業運動走向內容農場化？

職棒二〇二三年新賽季正式展開，隨著 WBC 熱潮的餘溫，各個球團無不希望打鐵趁熱，能將國族情緒的沸點，轉化為對職棒的熱情。

從聯盟到各個球團，所擬定的策略就是將 WBC 期間「聞名於世」的加油文化再炒熱。聯盟官方的開季宣傳活動，啦啦隊員與職棒球員出席達到十九比六的神奇比例。將臺灣職業運動觀戰文化轉化至此的樂天球團，更將觸角延伸到了韓國的啦啦隊員李多慧身上，而樂天全隊啦啦隊成員甚至已經多過其職棒一軍選手的數量，何為主體？似乎再也不需掩飾；尤其開季熱鬧之餘，無巧不巧，包括桃園、新莊、澄清湖在內的各個球場場地品質、照明狀況頻頻，加上裁判誤判，反倒成了話題。這場上與場外的反差，其實並非巧合。

臺灣職業運動發展至今，已經是捨本逐末的怪象，甚至可以稱之為「內容農場化」的職業運動。

啦啦隊的曝光以及相關話題，在 WBC 時衝上巔峰。大聯盟記者摩納根（Matt Monagan）一文「成為中華臺北啦啦隊的藝術」（The art of being a Chinese Taipei cheerleader），受到國內媒體大量引述，成為臺灣加油文化吸引世界目光的「佐證」，並成為另類的「臺灣之光」。於是乎，不僅僅是棒球場上的勝負成了國族主義的載體，連場邊的啦啦隊與球迷都要背負著「臺灣如何如何，世界都在看」的原生宿命。臺灣棒球之所以是國球，就是因為它一路承載著臺灣國族的命運縮影，從嘉農、威廉波特少棒風潮、巴塞隆納的銀牌、王建民的臺灣之光、COVID-19 疫情下如常開打的職棒，一路到了

WBC場邊的啦啦隊，都是我們眼中，世界透過棒球定位臺灣的方式，尤其是向世界提醒臺灣存在的這項任務，是「Team Taiwan」這想像共同體的成員，人人有責的。重要他者對臺灣的認同，一直是臺灣重要的自我肯定依據，來自大聯盟官網的報導，自然引臺灣人欣喜，但若細究摩納根文中，他所聚焦的是臺灣球迷集體的加油文化本身，而有意或無意地忽略了此次啦啦隊動員運動行銷公司的商業動機與箇中性別意涵。

所以，當我們場上的球隊令人尊敬卻惋惜地在預賽中遭到淘汰，臺灣至少還有我們場外的加油文化吧！這是本屆經典賽期間媒體乃至球迷們共享著的集體情感與記憶，但如果臺灣的加油文化在精神上是如此令人景從，甚至還是商業上的票房萬靈丹，按理來說，全世界其他運動賽事都該「風行草偃」才是啊？但，這類加油文化源起的韓國職棒為何都甘願放走「國寶」李多慧？而她如果真是如此珍寶，怎麼會有球團願意釋出她，而出口到了臺灣呢？據報導，李多慧離開韓國起亞虎啦啦隊，就是與她逾越了「配角」的本份有關。顯然，我們都誤會了。臺灣的職業運動場域中，我們曾經以為的配角才是主角，當然就沒有這樣的問題囉！

對於職業運動球團來說，是否可以不問目的，只要有人進場就好？畢竟，不管看球或看妹，反正都是一張票的收入，啦啦隊熱區還可以賣得更貴呢！但這樣的思維，無疑就是網路內容農場的邏輯。速成、聳動、標題關鍵字的操作，只要是引你上鉤的標題都是「好」標題，那麼只要讓你進場的，都是「好」行銷。以成本考量，培養一個出色的職棒球員，需要多少時間與資源的投入？培養一支冠軍球隊，需要多少出色球員同時達到巔峰的匯集？至於啦啦隊，年復一年，反正都有年輕貌美女性前撲後繼地投入這舞台。

上述的商業經營邏輯看似合理，但，運動，尤其是即便都已經是「職業」運動，但都還受到公部門多所呵護的「職業」運動，真的該只是這樣嗎？

運動與娛樂產業相生與共，但運動獲得政府補助與伴之而來的國族光環是其他產業所少有的，當「掛棒頭賣妹肉」成為常態、甚至本體，是否還應該享有原本保留給運動的優惠？當樂天前身Lamigo在二〇一一年北遷桃園，與桃園市府簽定一年三十萬租金、為期十年的超優惠條約時，可不是因為啦啦隊而給的，而是其本質的運動所該享有的。即便新約以十倍的一年三百萬為價，仍是極為優惠的價格，但換來的卻是休賽季擔任二房東轉租的演唱會的收入，而非棒球場靈魂的草皮的休養生息。

棒球啦啦隊或許還是在看台上試著「盡其本份」，但近來，職籃啦啦隊顯然更按捺不住，進而以干擾球員罰球為傲。這些看似無傷大雅的舉動，其實都是對於運動文化建立的傷害，只要你還同意運動本身所代表人類文明進程中高過單純娛樂之外的意涵，那麼這一點一滴的無傷大雅，都是弱化運動員、教練以及運動場域中所有專業人士的舉措。當總統府接見職棒冠軍中信兄弟時，官方新聞稿所發布的是主詞是「教練、球員、職員及Passion Sisters等一行」，我想問的是，那麼防護員或是運動心理諮商師是否在列？即便真有，為何他們在官方新聞稿中，不足以與啦啦隊並列？

既然運動是筆生意，當副業大於本業，生意人會如何盤算其成本與營運資源配置？就算我們願意天真地相信他們會以副業所得挹注到本業，但這麼不巧，在熱鬧的啦啦隊新聞一再喧賓奪主之時，樂天主場開幕卻讓場地、燈光如此反差地引人側目，是否是球團內側重啦啦隊行銷，而忽略了本業的經營？這是身為球迷的合理懷疑。尤其當球團公關操作的是，領隊親自帶領經紀團隊飛到韓國召募大咖啦啦隊之時，卻未曾聽過相同的團隊為了哪位頂級洋將而親自出馬展現誠意的（就算有，也沒報導，不是嗎？）。

這樣只問流量的內容農場化經營，中長期帶來的影響就是運動的去技術化（de-skilling），職業運動內容農場化的經營，不僅影響球團本身的經營定位，也連帶影響訊息流通的形式。這幾年來，隨著各式運動內容產製平台的普及，各式民間高手都得以突破傳統媒體守門人的限制，臺灣的運動文本確實呈現出百花齊放、欣欣向榮的景象，但當主流新聞媒體記者或是寫手們意識到，WBC乃至職棒賽季期間，啦啦隊文、妹圖的流量樂勝之時，那麼就是對於運動專業文與討論被看見機會的剝奪，也是運動文化累積的弱化。

就算臺灣的啦啦隊與加油文化真的讓世界看見，還有那兩場對義大利與荷蘭史詩般的勝利，讓我們沉溺在對臺灣棒球發展自我感覺良好之時，不要忘了，完敗給巴拿馬與古巴的兩場比賽，或許才是臺灣棒球發展的殘酷真相。臺灣投手球速催不出來（均速為二十個參賽國倒數第二），在當今球速為王道的棒球投手養成信念下，這是臺灣棒壇不得不正視的警訊。而WBC與中職場地反差的現實，顯示出非得由大聯盟介入才弄出個像樣的場地品質，更是令人質疑臺灣職棒資源配置的優先順序。

中華職棒初期，啦啦隊的組成乃至於球迷觀戰文化，是源於市民社會在解嚴之初能量釋放的展現，雖然一開始由聯盟及四支元老球隊號召球迷加入，但後來球迷們自發性地組織，兄弟象就有了飛刀組、光輝組、盜帥組等次級組織，甚至許多人眼中認為粗鄙的江大帥，在我看來，都是純正自發性的球迷文化展現，拆椅子、丟瓶罐、圍巴等現今看來不入流的滋擾，是那個初解放時代必經的一課，是職棒屬於各階層臺灣人民摸索的時代。但隨著假球案讓那個世代的球迷遠離球場、新球團將觀戰經驗中產階級「仕紳化」（gentrification），球迷們將形塑球場文化之責拱手讓給了球團，於是乎，球迷們小號吹奏、大鼓敲擊交雜的節奏，被球團官方播放的電音樂曲取代。而性，或是法國社會學家布希亞（Jean Baudrillard）口中的「超現實」（hyper-real）的性，正是這一波由球團主導下，臺灣球場觀戰文化看似復興背後未言明的主題，以女性身體展演的球場啦啦隊，讓性化的商品不再僅限於私密空間的展演，甚至在國族認同的包裝下更趨合理，性化的傳播訊息不斷地被感官表象式地經驗著，充滿魅惑的性影像出現在所有傳播模式中，不斷刺激與撩撥，直至本體的消逝為止。在全球運動漸朝向性別主流化的路程邁大步之時，臺式啦啦隊文化真的不該是主流，我們不該再以這是臺灣獨有特色來為這建立在性吸引力上的加油文化開脫。

網路的論壇上，時常可見「本質迷」與「妹迷」的論戰，反映的也就是運動本質與運動娛樂化的論辯。過度的本質論令人厭煩，畢竟，運動若要追溯其本質，我們仍舊會停留在遙想有閒階級所供奉的業餘精神、甚至榮耀希臘諸神的宗教儀式上，運動文化不該一成不變，但運動本質的討論依舊重要，就是因為一個時代所定義的本質，就會形塑它未來的樣子，而這樣的存在本質（raison d'être），就是它獲取資源的正當性來源，因此，當啦啦隊都以臺灣特色之名，成為臺灣運動場域的「農場標」時，就像網路內容農場侵蝕著新聞媒體原創內容，以啦啦隊為號召的觀戰文化，也正侵蝕著臺灣運動文化深化的可能。

臺灣 #MeToo 運動燎原下，體壇「房間裡的大象」何時現形？

政壇、媒體、藝文界的 #MeToo 蔓延，體壇也不乏相關事件。在知名女性棒球裁判、也是臺灣運動好事協會執行長劉柏君公開自己的經歷後，嘉義大學也有體育領域的研究生指控系主任的性騷擾行徑。近年來，類似案例，射箭、拳擊、滑輪溜冰知名教練都濫用其權力侵犯女性而遭揭露，但是相較起其他專業領域，體壇的 #MeToo 卻如暗處的寂寥星火，難有燎原之勢。

運動的發展脈絡，使其成為男性特權與專屬保留地（male preserve），即使經過近數十年的演變與前進，仍難脫離這樣的現實。即使在二〇二一年東京奧運中，女性運動員比例已達四八．八%，二〇二四年巴黎奧運更首次達成兩性運動員各佔五〇%的里程碑，但女性菁英運動員「量」的提升，顯然並未造成總體環境「質」的性平同步精進。整體而言，女性諸多身體經驗，包括月經、懷孕、分娩、哺乳、被窺視的焦慮、被侵犯的恐懼，是我這個生理男性再怎樣都不可能感同身受的，再者，女性做為運動場域中「她者」的角色，更讓她們成為脆弱的客體。體壇的性騷擾甚至性侵，正是房間裡的大象，人人知道它的存在，卻難言之。但在繼續討論之前，先需要釐清的是，性騷擾或是對身體的侵犯，不僅僅是男人侵犯女性，男性運動員也會是受害者，女人當然也可能是加害者，但實則，絕大多數的加害者仍是男性。這是因為性暴力的產生，與所探討的群體的權力結構有關，而現今大多數的空間，仍以男性為主體。

如同王爾德（Oscar Wilde）所言，「一切事物都跟性有關，除了性本身之外；性，乃與權力有關。」

以體壇來說，長期權力關係不對等的積累，相對封閉的訓練、生活環境，甚至以相忍為隊、為協會、為國家等等「大義」一扣，使得體壇願意碰觸這些令人痛苦回憶的人並不多見，即便是我周遭的體育人，私下願意談者都不多。當然，體壇並非唯一服膺陽剛特質以及多重權力作用的場域，軍警、甚至學校，教練—選手、長官—部屬、學長—學弟等等多組不同的權力不對等關係，加上都以陽剛氣概為核心價值，都成為醞釀有害男性氣概（toxic masculinity）的溫床。

#MeToo 發展至今，我們必須理解的是，#MeToo 運動能夠蘊積能量的條件，必須是受害者意識到周遭的支持系統已經「至少」可以給予適當的安全感，否則是難以為繼的。二〇一七年美國影視大亨哈維．溫斯坦（Harvey Weinstein）性侵與權勢性交所引爆的 #MeToo，也促成一連串好萊塢影視工業性平的改革。臺灣目前多少也都循此模式，受害者透過社群媒體發聲、進而串連與支持的 #MeToo 運動，被視為第四波女性主義的重要里程碑的原因就在於此，也就是社群媒體讓這些受害者意識到，儘管各自處於獨立的空間，擁有各自特殊的生命經驗，但彼此並不孤獨。從另一個角度來看，倒不是說一個國家、社會、圈子因為出現了 #MeToo 運動，我們就直言他們性平的倒退，儘管骯髒、儘管不堪，相反地，因為能有這樣浪潮出現，其實表示受害者意識到，這樣的表態至少會是「有可能」有意義或是帶來實質改變的，若身處死水一灘的環境，反而不會有任何 #MeToo 的漣漪。因此，持續鼓勵受害的女性、男性、多元性別者講述自己的故事，至少，讓這些加害者有所警惕、看著一樁樁被爆發的事件後「挫勒等」而知所節制與警惕，都是 #MeToo 運動在性平推動上起碼的成就。

當年劉柏君向相關單位反應後，得到官方樣板的回應，自然令人心灰意冷，但隨著她已非當年的菜鳥女裁判，而是有充分資源、有高度社會資本的傑出女性之後，她致力於女性運動的推動，甚至在臺灣艱困環境下以女性運動打造出的外交舞台將會更有後勁，儘管她目前的位階及伴隨而來的社會資本，並非多數女性運動員能享有的，但至少，她做到了高能見度的發聲，讓後繼者能有所依。

隨著這波 #MeToo 的浪頭，不難想像，有些男性在原本社交生活與意識形態受到衝擊之後，至少短期之內不能如此大搖大擺地故我，身體社會學學者透納（Bryan Turner）在二〇〇八年就曾預言，在父權體制（patriarchy）漸趨退縮、女性主義居於攻勢之下，性別衝突將會越來越明顯。結構上僵固的父權體制將被形式上更無所不在的家父長式主義（paternalism）取代，也就是說，父權在制度面上的萎縮，使得男性處於一個矛盾的權力位置，雖時不我予，但傳統意識形態上對女性的支配慾望依舊揮之不去，於是乎，網路空間就成為這些受挫男性氣概轉進的新興陣地，不同型態的社團在網路上不一而足，從言語訕笑、女體窺視與偷拍分享，都成了他們相互取暖、進而反擊的手段。

至於在線下的世界，從種種案例來看，酒精的催化，也是這些受挫權力得以轉進的偽裝，除了借酒裝瘋的逃逸藉口，所以有了「妳明天就忘記了」的荒謬之外，更衍生出敬酒、罰酒等看似間接、實則粗暴的身體權力作用。

這種作用在身體上的權力關係，即便不是直接的身體侵犯，但在酒精「趴數越高、喝者越 man」的荒謬邏輯下，除了自身飲酒有著陽剛氣概「征服酒精」的虛假英雄感之外，這些長官、學長敬酒、甚至灌酒的文化，正體現了上位者以命令或暗示的方式，在違背他者意願下所施加的暴力，這正是一種身體自主權的侵犯。如果可以威迫他人不情願地喝下東西，那麼對身體更進一步的侵犯，也可能是食髓知味的順道之舉。

至於 #MeToo 有沒有可能成為報復的手段?當然有可能,但重要的是,在以 #MeToo 為報復手段之前,必須要理解,莫須有的指控既會損害被控的一方,也會回頭傷害自身,更會連帶損害整個 #MeToo 運動在性別平權努力的進程,安柏.赫德(Amber Heard)與強尼.戴普(Johnny Depp)的官司即為明證。因此,除了指控者的社群媒體發聲之外,透過正當程序和公平調查以保護所有相關方的權利非常重要,因此,珍惜全球女性情誼(global sisterhood)得來不易,同時,透納也呼籲,人性是建立在彼此對於他人身體脆弱性(vulnerability)的理解之上,也就是我們都應該同理彼此都是脆弱的血肉之軀。如此,脆弱性可以構成權利的公共基礎,進而減少不平等的對待。運動場上的女性及性別少數者都很清楚知道,她們在賽場上的所要擊敗的,不是只有對手,更有這個對她們不甚友善的父權體制及家父長式主義。透過這波的 #MeToo 運動,不論性別,都應該理解性別平權不是僅有對於女性或是傳統上弱勢族群有利而已,那也是讓男人從傳統陽剛緊箍咒釋放出來的契機。

所以,儘管一個個的 #MeToo 故事都是令人心痛的控訴,但是她們卻都有著正面的意涵,臺灣體壇能否乘著這波 #MeToo 的浪頭,進而帶來運動文化的正向質變?我雖不樂觀,但卻隱隱期盼。

那些女孩超行的！不必代父出征、不必成為「男版明星」，把女性運動員的榮光歸女性

二〇二四年二月中旬，兩位美國傑出的女性籃球員分別罕見地登上臺灣的新聞版面。WNBA球星艾歐內斯古（Sabrina Ionescu）與愛荷華大學的克拉克（Caitlin Clark），艾歐內斯古因為在NBA明星賽的三分球大賽與柯瑞（Stephen Curry）同場競技，而克拉克則是打破NCAA籃球員生涯的得分紀錄，在臺灣的不同媒體紛紛都為這兩位球員冠上「女柯瑞」的封號。

那，誰才是真正的「女柯瑞」？

長期作為運動場域中的「他者」，將女性運動員與男性運動員並稱，不只是媒體超連結的快速記憶方式，更被視為一種恭維，二〇〇二年的電影《我愛貝克漢》的英文片名「Bend It Like Beckham」，原意是「踢出像貝克漢一樣的香蕉球」，但如今，西方媒體已鮮少將「女版某某」的封號冠在這些女性運動員身上，畢竟，這樣的稱號暗示著女性運動員的性別是其最主要的特徵，而不是其運動技能和成就。這樣的稱呼可能忽略了她們在運動領域的努力和成就，削弱了她們作為運動員的身份。尤其以克拉克在創下NCAA得分紀錄之後卻還要不斷被稱為「女柯瑞」，實在令人為她感到不平。特別是單純就以大學生涯的成就來說，稱柯瑞為「男克拉克」可能還抬舉他了些。

女性運動在最近三五年的歐美體壇可謂風起雲湧，美國女籃在克拉克引領的風潮下，屢創收視與進場人數的紀錄，從二〇二三年的NCAA大學籃球「三月瘋」開始，冠軍賽轉播吸引九百九十萬觀

眾是史上最高，也是ESPN頻道有史以來大學男女籃球賽轉播的最高紀錄，較二〇二三年同賽事成長達到五五%，這樣的效果甚至向上引領同年WNBA決賽二十年以來最高的收視紀錄。相較之下，隔天進行的NCAA男籃決賽轉播卻寫下歷史新低，僅有一千四百六十九萬人觀賞。

當然，看男籃的人還是多，但這樣的差距正在快速縮小中。

除了女籃在美國之外，女子足球全球性的總體發展尤其令人驚艷。剛公布的財務報告顯示，二〇二三年紐澳女子世界盃足球賽成為賽史上首度損益打平的一屆，並為澳洲帶來十三億二千萬澳幣（約二百七十五億新臺幣）的經濟效益；女子英超二月十七日兵工廠對曼聯的比賽，在阿聯酋球場（Emirates Stadium）吸引滿場的六萬零一百六十名球迷進場，打破女子英超的觀眾紀錄。

在進場觀眾數迎來一波又一波紀錄之下，女足轉播也不斷迎來好消息。美國的國家女足聯賽（National Women's Soccer League，NWSL）甫獲得一筆四年二億四千萬美金的轉播權合約，成為女性運動史上最豐厚的一筆轉播權，連帶使得球團更有豐沛資金保障，NWSL新成軍的海灣隊（Bay FC）就在這筆轉播權利金灌頂下，大膽地以創下女性運動紀錄的七十三萬五千歐元轉會費，簽下尚比亞的前鋒昆達南吉（Racheal Kundananji）；而跨國運動串流平台DAZN也宣布將旗下所獲得的女足賽事轉播權，包括歐冠、西班牙、德國、法國、義大利、沙烏地阿拉伯等賽事，全數以免費方式播出，原因無他，DAZN的全球商務總監（Chief Commercial Officer）華生（Marc Watson）在接受我的訪問中表示，DAZN此舉原因無他，就是「建立觀眾群」（build the audience），華生也表示，DAZN更看好全球女性運動的長期潛力，而不僅僅是女足而已。

女性運動如此蓬勃，幾乎每天都有什麼新的場內外紀錄被寫下，美國大學女排內布拉斯加大學與奧馬哈大學比賽，在以寫下世界紀錄為號召下，吸引九萬兩千零三名觀眾進場，如願在二〇二三年八月三十一日寫下女子運動賽事觀眾的世界紀錄。連原本跌跌撞撞的北美女子職業冰球，在重組之後以「職業女子冰球聯盟」（Professional Women's Hockey League, PWHL）之名出發，在美加六座城市展開全新賽季，二月十六日多倫多與蒙特婁之戰，在NHL楓葉隊的主場湧入爆滿的觀眾，以一萬九千二百八十五人寫下女子冰球的世界紀錄。

看到了這麼多紀錄，相信大家多少也都會回應「總是在講歐美如何如何」、「國情不同啦」……確實，但我們真的需要了解臺灣與歐美間正在擴大中的距離，否則難以理解擴大女性運動是一件多麼急切的任務。何況即便是上述的諸多紀錄，歐美媒體也多站在鼓勵女性運動的角度來報導，刻意迴避了背後更大的結構差距。在上述這麼多觀眾紀錄的背後，這些頂級女性運動的票價比起相仿的男子職業運動票價大約都只在十分之一左右，如女子英超各隊門票大約都在十英鎊（約四百元新臺幣）以下，男子英超豪門如兵工廠，則已逼近一百英鎊。轉播權利金的收入當然更是天壤之別，歐美況且如此，更遑論其他地區。日本女足即便在二〇一一年拿下世界盃冠軍，但其職業聯賽發展也並未因此起飛，雖然撫子聯賽在世界盃冠軍的熱潮下，曾經有過單場一萬七千人的榮景，但是熱潮消退快速並促成日後重組，現在最高層級的WE聯賽，近三年每場平均觀眾數分別僅有一千五百六十、一千四百零一、一千六百九十九人，距離WE聯賽成立時喊出的五千人場均目標還十分遙遠。相比之下，男子J1聯賽在二〇二三年平均達一萬八千九百九十人，亞洲女性菁英運動的市場規模差距仍是十分巨大。

但現實是，臺灣乃至亞洲都在相同的世界運動體系之下，已經起飛的歐美不會原地踏步等著世界跟上，差距正在快速拉開中。二〇二三年女足世界盃，中國首度在小組賽階段就遭淘汰，主力球員王霜接受訪問時不甘地說到，她們比歐洲球員練得苦，都要付出得多，但卻沒拿到想要的成績。中國女性運動員在國家以獎牌為導向的發展，歷來確實為中國「撐起大半邊天」，女足比起「不成材」的男足稱頭許多；歷屆奧運中，中國僅有在兩岸奧會模式建立後首度參賽的一九八四年洛杉磯奧運由男性運動員獲得略多的獎牌數，其餘各屆都是女性運動員獲得多數獎牌，而且接近六四之比。如果連中國頂尖女足球員都有如此感慨，歐美在性別平權與成熟公民社會的氛圍下，持續在各個層面推廣女性運動，運動科學、組織改革、運動教育、社會支持等面向缺一不可。

如同中國一般，臺灣奧運史上所獲得的三十六面獎牌中，女性運動員也同樣占了近六成的二十一面，但是幾乎都是個人項目所貢獻。過去一兩年，臺灣菁英女性運動團隊遭遇不小挫敗，足球一再以令人心碎的過程，錯失重返世界盃的機會、亞洲盃籃球慘遭降級、排球亞錦賽獲得史上最低的第九名，女棒隊數看似漸漸發展，卻仍曖昧地與壘球競逐相同的一群球員庫。國際賽成績當然不是衡量運動發展的唯一指標，但很現實地，它是菁英運動的唯一標竿，在臺灣「贏球即國球」的現實下，國際賽確實是引人矚目最快速的方式，但是從上所述，當前世界女性菁英團隊運動已經不再能僅以上個世代的模式來發展。相較於歐美的運動金字塔，臺灣「一〇一大樓」式的運動人才庫，從小到大都是同一群人，過往在全球女性運動尚未進入如此高度競爭的階段時，或許仍有競爭力，但那樣的體系當今已漸不可行，唯有按部就班，擴大女性運動參與，長期之後才能漸收成果。

二〇一五年起，「這女孩行的」（This Girl Can）是英格蘭運動部門 Sport England（文化、媒體和體育部門下的一個非部門公共機構）所推動的女性運動計畫，該網站開宗明義就宣示著：

女人有各種身形和尺寸，以及各種能力水準。不管妳是一名新手還是專家都沒關係，最重要的是，妳是一位女人，妳正起身參與。

(Women come in all shapes and sizes and all levels of ability. It doesn't matter if you're rubbish or an expert. The brilliant thing is you're a woman and you're doing something.)

女性運動從不斷受到冷嘲熱諷的「政治正確」，變成「絕對正確」的進程，欣聞二〇二四年二月二十日，新一屆的立法院由黃捷承繼林靜儀前委員的「女子運動外交促進會」正式成立，就是宣示希望透過女性運動以軟實力擴大臺灣艱困的外交舞台，延續二〇二三年五月「用運動做外交：臺美共建亞太運動性平交流國際論壇」、「Women in Sports 國際攝影大賽」等活動的能量。女性運動外交這樣的思維並非新發想，事實上在臺灣外交艱困的一九六〇到七〇年代，純德、國泰、亞東等女籃隊就銜著臺灣外交任務，足跡遍及東南亞、歐洲及美洲各國，而女足國家隊的「木蘭」之名，就是一九七五年成軍時，時任足協理事長鄭為元將軍賜名而來，象徵著在「男人走不出去，女將代父兄出征」的時代意義。然而，近五十年後的此刻，「木蘭」之名也已完成她的階段性任務，該是為她換上新名的時候了。如今，女人已不需要替代性地為父兄而踢球或運動。「這女孩行的，就為自己。」

從臺灣女性運動團隊成績的低落，到提倡女性起身參與運動，看似遠水救不了近火，但實則這是這時代無法抄捷徑的最終建言，擴大女性參與運動的終極目標，不僅僅在運動場上菁英運動員的數量與成績，場邊的媒體、運科、防護、教練、行銷、行政高層，乃至場外的觀眾，都是多元參與運動的形式。美國在一九七二年教育法修正案第九條（Title IX）是透過教育機構擴大美國女性運動參與的基石，五十多年過去，終於可見初步成果，基本方向正確，菁英運動、產業規模甚至外交目的都是最終端順水推舟的結果。

運動與文化

「文化」(culture)，如同雷蒙威廉斯所說，是英文世界中最複雜的單字之一，更何況轉譯之後的文化，這也成了我在這段落集結文章的速成理由，畢竟，一切都是文化，但細看之後卻又不僅止於此，這 11 篇文章中，涵蓋了族群、語言、歷史感、時尚、年齡、科技、身體等面向，每個都是值得專書再更深入探討的議題，同時也說明了運動是人類文明中多麼複雜的文化形式．同時，「時間性」也巧合地成為這個段落得以貫穿的主題。時代的推進，讓美洲原住民的刻板印象淡出美國運動場域，多元價值得以並陳，確認身障者的運動權不該僅被當成勵志A片。歷史感的堆疊，讓聲音得以穿越世代、甚至為未來多元社會而鋪陳，以加拿大的多語轉播冰球賽為鏡，台語、客語、原住民族語、越南語或都是臺灣運動賽事該有的聲音；也是時間性，「時尚」理當稍縱即逝，足球迷對於每一年的球衣都有深厚的情感投射；也是時間性，年華早該逝去的運動英雄們，卻一再改寫我們對於年齡的定義；改變是前進的象徵，對速度的追求也成了時代精神，網路也好、AI 也罷，在時間感被大幅壓縮的當代，卻該是戒慎恐懼的工具．日本近年在團隊運動的奮起看似與時間無關，但卻也是數十年積累的成果．而不到「最後一刻」不知勝負，原本該是運動的醍醐味，但隨著娛樂化、博弈而讓運動瑣碎化，「超越勝負的感動」，卻成了一句最令人擔憂的諷刺。

美洲原住民卑微的轉型正義：北美職業運動的更名爭議

大聯盟的克里夫蘭印地安人隊（Indians）、NFL 華盛頓紅人隊（Redskins）這些北美職業運動中的老牌球隊名字，在這幾年陸續走入歷史。

儘管相關議題爭論許久，美國原住民團體在過去數十年來不斷請命、表達抗議，但是在「黑人的命也是命」（Black Lives Matter）人權運動風潮的推波助瀾下，得到前所未有的動力。連 Nike 都下重手，表明在紅人隊改名之前，他們將不會再販售其商品；紅人隊主場冠名贊助商聯邦快遞（FedEx）也揚言退贊助，因此，這股來自多方匯集的力量，有可能終於迫使球隊低頭。其他如 NHL 的芝加哥黑鷹隊（Blackhawks，原住民黑鷹酋長之義）、加式足球艾德蒙頓愛斯基摩人隊（Edmonton Eskimos）、甫獲超級杯冠軍的堪薩斯市酋長隊等等，也都常在被點名在應該更名的名單上。

看似遠離風暴的 NBA，其實在歷史上，也曾有三支球隊與原住民符號有關，但不論是及早意識到當中不妥之處，或是因搬家而更名，使得 NBA 較能避開相關爭議。金州勇士隊的前身費城勇士隊，就曾經以美國原住民打籃球為其圖騰，搬到灣區之後，一九七一年起就移除了與原住民相關的符號；亞特蘭大老鷹隊的前身三城黑鷹隊（Tri-Cities Blackhawks）僅使用該名五年（一九四六—一九五一），之後就以老鷹之名遨遊美國籃壇；洛杉磯快艇隊最早的家在水牛城（一九七〇—一九七八），稱為勇士隊（Braves），但是自從搬到西岸之後，就以更符合聖地牙哥（一九七八—一九八四）與洛杉磯風情的快艇為名。

這些名字的歧視意味當然還是有程度上的差別，紅人（Redskins）已經接近我們所說的「紅番」之意，尤其它還是支在美國首都的球隊，當然成為這一波運動下千夫所指的對象。而「印地安人」就是哥倫布將美洲原住民誤認為印度人的帝國主義意涵延續。名校史丹佛（Stanford University）、達特茅斯（Dartmouth College）、威廉與瑪麗學院（College of William & Mary）也都曾擔負過此「歷史共業」，而曾以印地安人為其運動隊伍的暱稱，所幸都早在七〇年代就從善如流而更名。二〇〇五年，NCAA 下令所屬各大學重新檢視其暱稱，除了得到原初部落認可的少數特例，以原住民相關的暱稱幾已全部消失在美國的教育場域中。籃球名校雪城大學（Syracuse）與馬奎特大學（Marquette），也都將「勇士」（Warriors）替換為現今使用的橘人（Otto The Orange）與金鷹（Golden Eagles）。

相關爭議中一個有趣的例子是聖母大學（University of Norte Dame）的戰鬥愛爾蘭人（The Fighting Irish），儘管不是原住民，膚色上也是白人，但是美國愛爾蘭裔移民色彩鮮明，在早期也多以酗酒、逞兇鬥狠等刻板印象畫上等號。在大西洋兩岸，天主教愛爾蘭人都在各自社會中備受歧視，儘管膚色上是白人，但根據大英帝國統治下的「愛爾蘭刑法法典」（Penal Laws），愛爾蘭的天主教徒不具土地所有權、投票權、不得在英國擔任軍官或出任公職，天主教教會成為非法組織，蓋爾語（Gaelic）被禁等等，諸多歧視待遇加諸其身。十九世紀中期愛爾蘭馬鈴薯歉收造成大饑荒，大量愛爾蘭人跨海移民湧入美國東岸紐約、波士頓等城市，但到了新大陸的愛爾蘭人所處的地位，幾乎與非裔美國人的次等處境無異，甚至彼此間為了爭奪就業機會而引發衝突，也造成十九、二十世紀初美國社會中非裔與愛爾蘭裔彼此間的敵視。

但隨著愛爾蘭裔在美國社會位階的提升，聖母大學又是個富到流油的學校（從其美式足球隊的頭盔上噴有二十四K的純金粉可知一二），「戰鬥愛爾蘭人」反而成為愛爾蘭裔自我解嘲的梗，加上其膚色融入美國英法移民的主流社會相對容易，因此歧視意涵反倒不那麼被討論。

從上述例子中我們可以知道，歧視與否，文化脈絡與權力的相對位階息息相關的。美洲原住民現今在美國社會中處於弱勢的困境下，每見一次的隊徽與隊名，對他們都可能是過往傷痛歷史的嘲諷。

無限上綱的種族政治正確令人反感，但是有許多背景是我們在以一句「左膠」、「種族主義自助餐」嗤之以鼻之前需要多加了解的。印地安人、紅番這些名詞本身的殖民色彩當然不合時宜，勇士、酋長這些原先中性的詞語，若是在運動場域使用的過程中與美洲原住民過度連結，而僅讓人聯想到原住民的野蠻、暴力，那麼也該適時的調整，這就是為什麼金州已經賦予勇士現代意義（可見一九九七—二〇一〇的隊徽）、甚至僅以金門大橋為主視覺的新隊徽，比起依舊擁抱戰斧的亞特蘭大勇士可以避開風暴的原因。

也許您會覺得相關的爭議離我們很遙遠，畢竟臺灣沒有布農戰士或是賽德克酋長隊，但臺灣有些球迷因為原先「哇呼酋長」（Chief Wahoo）的隊徽而把克里夫蘭印地安人隊戲稱為「笑臉人」，如果您知道笑臉人這隊徽的背後，是白人對於美洲原住民大鼻子長相的戲諷，那麼應該就笑不出來了。還有臺灣棒球迷熟悉的戰斧加油歌，正是源自佛羅里達州立大學塞米諾人隊（Seminoles，佛羅里達州原住民）的球迷加油方式，經過亞特蘭大勇士隊沿用，再跨海來到兄弟象迷的看台上，看似無害，但若透過運動場上揮舞戰斧、兇殘是你想到原住民勇士的第一甚至唯一印象，這無疑讓他們在白人西部「開拓」史中的被害地位以及種族滅絕的歷史退居次位甚至遺忘。尤其在美國這麼一個運動瘋狂的國度，運動場域的敘事具有高度渲染力，如此便是白人主流文化挪用美洲原住民符號，強調其負面刻板印象，進而因此牟利的惡例。

當代運動中的隊徽，扮演著近似涂爾幹在《宗教生活的基本形式》一書中所分析的宗教圖騰的角色，可以凝聚集體共感共應的情感投射，若是隊徽與隊名成為帶有異文化風情且次等他者的諷刺畫（caricature），那麼當然應該讓它進入歷史，這也正是美洲原住民所追求的（卑微）轉型正義。

疫情、平權、新政下的超級盃

第五十五屆美式足球超級盃由坦帕灣海盜隊與堪薩斯市酋長隊爭奪蘭巴迪獎盃（Vince Lombardi Trophy），為這個史無前例的賽季畫下句點。海盜隊由四十三歲、在過去二十年間，已經為新英格蘭愛國者隊奪下六個冠軍獎盃的布雷迪（Tom Brady）領軍，出戰由二十五歲的新世代超級四分衛馬洪斯（Patrick Mahomes）帶領的衛冕軍酋長隊；因緣際會下，海盜隊也成為史上第一次有機會在自家主場奪下超級盃的球隊。場內各式話題十足，精彩可期，但場外，卻是氣氛最為詭譎的一屆超級盃。

之所以史無前例，當然是疫情壟罩下的詭異場景，為了讓賽季如期舉行，NFL必須確保在如此近距離接觸與激烈碰撞的競賽中球員們的健康，並且不會成為擴大疫情的破口。儘管如此，球季間仍有超過七百人確診的紀錄與十八場賽事因此改期。而且，球季賽中，由於各州疫情以及應對的管制措施不一，三十二支球隊中，有十三支球隊整季的主場是閉門比賽，沒有任何門票收入。其中還包含甫落成、全世界頂級規格的兩座場館。一是洛杉磯電光與公羊兩支球隊的共同主場、造價高達五十億美金的索菲體育場（Sofi Stadium），以及拉斯維加斯突擊者造價十八億美金的忠實體育場，原本是見證美式足球乃至全世界運動場館建築巔峰的聖殿，但全季下來，空蕩蕩的偌大觀眾席盼不到任何球迷進場。不過超級盃，這個美國最大的「非正式假日」，將在疫情得到相對控制的佛羅里達州的坦帕灣雷蒙詹姆斯（Raymond James）球場進行，再怎麼樣也要辦得熱熱鬧鬧，所以他們將迎接美國自疫情爆發後最多的二萬五千名球迷進場，加上三萬幅人形立牌，以達到五萬五千人見證第五十五屆超級盃的場景。

另一個來自場外的風暴，莫過於層出不窮的平權議題。自二〇二〇年三月份以來，泰勒（Breonna Taylor）、佛洛伊德（George Floyd）以及布雷克（Jacob Blake）等非裔美國人先後遭到白人警察不當武力而致死的事件，掀起一陣又一陣的黑人民權運動浪潮，使得原先在前舊金山四九人隊四分衛卡佩尼克（Colin Kaepernick）引領的「黑人的命也是命」浪潮噤聲、甚至冷眼以對的NFL官方態度，終於出現了重大轉變，在這擁有超過七成非裔球員所組成的聯盟中，這球季在各球場兩端以及球員頭盔上傳達「終結種族主義」（End Racism）以及「這需要我們所有人」（It Takes All of Us）等種族平等的訊息，更邀請美國首屆「青年桂冠詩人」（National Youth Poet Laureate）得主，也是在拜登就職典禮上朗讀詩作〈我們越過高山〉（The Hill We Climb）的戈曼（Amanda Gorman），在本屆超級盃開場前朗讀詩作，以表彰三位名譽隊長——教育工作者戴維斯（Trimaine Davis）、護理師朵娜（Suzie Dorner）以及退伍軍人馬丁（James Martin）——的貢獻。而場內，湯瑪斯（Sarah Thomas）也將成為首位在超級盃中執法的女裁判。

儘管新媒體與各式娛樂的興起，使得傳統電視產業受到前所未有的挑戰，但是近年超級盃在美國依舊維持超過四〇%的收視率和一億人的收視人口，據報導，每三十秒平均要價達到五百六十萬美金的超級盃廣告，砸下重本的廣告主，也會以社會正義、平權為訴求的主題，畢竟，這就是這一年的時代精神。

運動，從來就不是可以自外於社會現實之外的避風港，超級盃作為一個全美最大盛會，亦無法逃避其社會責任，儘管每每 NFL 官方相關新聞在網路發布之後，下方留言區依舊可以見到分裂的美國，對於種族、性別平權議題嘲諷、甚至攻訐，已經是常態，但這就是運動所必須承載的重量，不論願不願意，社會的紋理都會滲入運動的場域，反映著時代的精神。

一九九一年，也是同樣在坦帕灣舉辦的第二十五屆超級盃，正是波灣戰爭期間，美國沙漠風暴行動的最高峰，開場演唱國歌的惠妮休斯頓，以其高昂嗓音，引爆美國人愛國風潮，當年度甚至這個版本的美國國歌，還前無古人、後無來者地躍上美國告示牌流行單曲排行榜的前二十名；九一一事件之後，二〇〇二年超級盃中場表演的U2，在演唱《無名街道》一曲時，向九一一事件罹難者致敬，將其姓名一一投射在布幕上，再再提醒著美國人，發生在美式足球之外的殘酷現實。

許多球迷或許覺得，為什麼不能讓我好好看球就好？我關注種族、性別這些議題啊，但為什麼非逼我在只想放空看球的時候，還要想起這麼嚴肅的議題呢？那正是因為在美國，運動具有如此的底蘊而可以撐得起如此沉重的責任，而且具有如此巨大的影響力，這些運動員們也深知自己可以扮演的角色。

回顧 NFL 在過去二十年，尤其是九一一事件之後，其政治立場多與保守勢力、甚至愛國主義結合，但是在二〇二〇年的疫情、平權等各方議題匯集的完美風暴下，NFL 也必須做出立場上的轉變，以迎合主流民意的期待。

二〇二一年，我們將迎來最具政治與社會意涵的一屆超級盃，因為疫情、平權與新政下的美國，值得如此。

如果用越南語播中職？從加拿大冰球之夜七語版轉播，看運動多元文化行銷和社會責任

想像一下，如果在臺灣用越南語、廣東話，或是阿美語轉播中華職棒會是什麼樣的場景？聽來有些天方夜譚，但我在二〇二一年四月二十五日參與了一場別開生面的冰球轉播之後，讓我開始思考，冰球之於加拿大，相當於棒球之於臺灣，應該是個毫無違和感的國球類比，如果在加拿大可以同時用十種語言來轉播一場比賽，中職為何不呢？

此次史無前例的「加拿大冰球之夜—多語言版」（Hockey Night in Canada-Multilingual Edition）的活動由 Rogers 傳媒集團旗下的 Sportsnet 與加拿大最具代表性的啤酒 Molson 共同企劃，活動發想在於由於加拿大人口組成越來越多元，希望能透過冰球，讓新移民更能融入加拿大主流文化之中。Molson 資深品牌主管喬伊・高許（Joy Ghosh）表示：「目前二二%的加拿大公民出生在國外，而且這比例還在增加中。在非疫情期間，通常每年有三十到三十五萬人成為我們國家新的一份子。」不可諱言，這不但是運動頻道、啤酒商，以及 NHL 三方都能受惠、擴大潛在市場的行銷，同時也是展現企業社會責任的良好公關。

此次，透過虛擬運動轉播平台 Spalk.TV 的技術支援，我與臺灣女子冰球國家代表隊尹安中教練合作，神奇地，兩人在臺灣各自家中，透過自家電腦、耳麥，清晨五點多起個大早準備，以中文轉播多倫多楓葉隊出戰溫尼伯噴射機隊，以及溫哥華加人隊與渥太華參議員隊兩場賽事，向加拿大的華語

觀眾介紹這項他們所居住的國家的國球。活動官網上，還準備了七種語言的術語和小常識，供這些「一日球迷」們參考與對照。

在此次七種語言同步轉播嘗試之前，加拿大除了透過官方語言的英、法語轉播冰球之外，自二○○八年起至今，每周一次的冰球之夜轉播中，在同屬 Rogers 傳媒集團的多元文化頻道 OMNI 就納入旁遮普語的轉播；二○一九年三月，冰球比賽也曾在加拿大原住民頻道（Aboriginal Peoples Television Network, APTN）以克里語（Cree）轉播過，受到正面迴響之後，更簽訂了為期三年，每年六場的轉播協議。

此次之所以選擇中文、廣東話、印地語、德語、越南語、阿拉伯語以及塔加祿語，也是考量了加拿大境內七支職業冰球隊的城市人口組成，溫哥華與多倫多的華裔、卡加利的印度裔、艾德蒙頓的越南裔、溫尼伯的菲裔、渥太華的阿拉伯裔以及蒙特婁的德裔等都有顯著的人口代表。

自二○○○年起，加拿大公共電視 CBC 就策畫了加拿大冰球日（Hockey Day in Canada）的活動，動機就是塑造加拿大透過冰球展現多元文化與兼容的氛圍。歷年來，包括義大利語、因紐特語、印地語、旁遮普語、塔加祿語、中文以及廣東話也都曾在加拿大冰球日的轉播中出現。

然而，何謂中文？也是此次我參與轉播的小插曲，卻也顯示了中國影響力的無所不在。

為了準備這次的轉播，散佈全世界的七組轉播人員都與 Spalk.TV 的技術人員進行多次測試與預演，從網速、電腦配備到耳麥品質，都需經過檢核，就在最終預演之前，我突然收到一封來自工作人員的信，問我和尹教練是否能以「中立」腔調（"neutral" accent）評述比賽，當下我與尹教練立刻就明白他們的意思，而我刻意向他們說明並沒有所謂「中立」腔調這回事。之後，他們就直接詢問我們是否能以「大陸腔」(mainland accent) 播報。我與尹教練都表示那不是我們自然的說話方式，但是我們保證會以最專業的方式來播報與解說。當然，如果他們要以中國的團隊播報，自然可以避免這樣的枝節，但這樣的遠端技術，要穿越中國的「萬里防火牆」(Great Firewall of China) 顯然是太過麻煩甚或無法執行的，而在最終的預演後，尹教練與我也以轉播的內容說服了他們，一句來自他們製播團隊「你們是專業的」(you guys know what you're doing) 的肯定，讓我們的「臺灣腔」得以堂而皇之進入加拿大的冰球轉播中。

這段插曲是此次活動自始至終，唯一一次令人不悅的經驗，況且，這個「未曾發生的指示」，其實正違背了如此具有多元文化意義活動的要旨，所以我有感地在轉播中說了這麼一段：

> **這就是冰球與加拿大的連結，儘管我們彼此說著不同的語言、甚至帶著不同的腔調，但透過這次七種語言的加拿大冰球之夜的播出，希望您能更認識冰球，進而愛上這項美麗的運動。**

中華職棒在二〇二〇年疫情期間，曾以英文轉播達成成功的「微外宣」，對內，我們卻鮮少透過運動，在臺灣作為一個移民社會的變遷上有何具體作為。儘管中職目前尋求補助以重啟英文轉播，但在大聯盟以及各國職棒常態開季之後，匯集各種有利條件的環境不再，開拓海外市場著實不易，所以不妨著眼在國內各族群身上的「小內宣」。

原住民在臺灣棒壇乃至體壇是顯著的存在，僅占臺灣不到二%的人口，卻是職棒賽場上穩定有著三成至四成的「過度代表」。二〇一一年，曾經在原住民正名運動下，引發一波中職球員正名的風潮。Ngayaw Ake（林智勝）、Mayaw Ciro（陳鏞基）、Ati Masaw（張泰山）、Aluken Fanu（張志豪）等人或在球衣、或在其他公開受訪時紛紛以原住民名正名，之後二〇一三、二〇一四年也有Arang Karo（鄭兆行）、Basuyai（石志偉）等人響應；二〇二〇年，Giljegiljaw Kungkuan（朱立人）在美大聯盟春訓時，就以此族名登錄而引起注意，反倒是二〇二一回到臺灣二軍出賽，球衣後反倒繡著漢名，令我有些不解。儘管原棒協以及原住民球員們對於推動原住民參與棒球運動的社區關懷不遺餘力，但是臺灣卻始終未見以原住民語轉播棒球的嘗試。是的，自日本殖民時期以降，棒球從來就是這島嶼的統治者用以「馴化」原住民的工具，高砂、嘉農、紅葉皆然，但是身為漢人的我們，可以將話語權試著還給在這領域中如此強韌而美麗存在的原住民族。

客家與這塊土地上的棒球淵源也同樣深刻，曾紀恩、李瑞麟、徐生明三大傳奇教頭自不在話下，客家電視台的「大將徐傍興」就是記述著徐傍興醫生與美和棒球隊的淵源；二〇一四年，名主播徐展元嘗試以客語轉播第二屆徐生明少棒賽，開啟客語轉播棒球賽的先河，但自此，客語與棒球就難以為繼。

至於台語轉播的缺席，則是令人困惑的，雖然經歷數十年的族群融合，但「外省籃球、本省籃球」的分界依舊依稀可見，中華職棒僅有在二〇一八年總冠軍賽，Eleven Sports 由資深棒球人梁功斌重出江湖與陳瑞昌、陳瑞振兄弟搭配以台語轉播，並成功掀起話題，甚至在觀眾票選下，由台語擠下了國語而進駐主聲道的紀錄，但是之後中華職棒的轉播也未再聽聞類似的嘗試，反倒是二〇二〇年全國少棒賽，公視台語台進行的轉播中，邀請楊清瓏先生擔任台語球評，如今他任中職秘書長的位子，或可順此呼應，喚回五〇年代廣播台語轉播棒球的塵封記憶。

至於新住民部分，臺灣目前約有八十萬的外僑居留，其中印尼與越南就超過半數，以棒球產業而言，這當然是未曾開發的新領域，以社經背景而言，他們也許並非偏好的行銷對象族群，但至少在社會責任上，是我們該關照的對象。二〇一五年在臺南球場的「新住民真獅好棒」是少數以新住民為主的主題日，但我們值得在這方面做更多的嘗試。

在中職轉播權分賣的現實下，各隊與各轉播單位的資源在短時間內難以統合，但也許中職明星賽就可以開啟這樣的嘗試，一方面聯盟方握有這項賽事的轉播權，一方面當然是現今中職眾星雲集的焦點賽事，以推廣棒球作為臺灣凝聚各族群的橋樑，包括客家台、台語台、原民台，甚至各網路平台，都可以加入轉播的行列。當然，這樣的嘗試並非一蹴可幾，背後的後勤支援以及宣推都需要相當的人力，但以加拿大冰球之夜經驗為例，當聯盟、贊助商與轉播單位意識到，如今冰球是北美運動中最「白」的運動，對照加拿大日趨鮮明的移民社會，是如此大的反差，所以，他們開始透過多語言轉播，嘗試以國球作為融合多元文化的橋樑，甚至觸發新移民投身冰球運動。在臺灣，我們也不妨一試吧！

所有這片土地上的人民的背景與語言，都增添了社會紋理的厚度，國語在禁說方言的年代，成了所有場域的詮釋主位，運動亦然，還記得盛竹如先生的回憶錄中提到，台視早期轉播棒球賽，包括紅葉隊的比賽時，幕前幕後的工作人員還需將台日語夾雜的棒球術語轉譯為國語，如今主客易位，也正是語言即政治的體現。

同一塊土地上的人們，彼此的語言、腔調也許不同，但透過運動卻可以傳達著相同的訊息，臺灣的棒球或是加拿大的冰球都可以同時對著土地上的人們娓娓道來它的故事，先來或是後到，並不重要，棒球或是冰球，都是屬於每一個人的。

將近一世紀，轉播聲中此起彼落的棒球回憶

「打擊出去啦！非常漂亮！全壘打！楊清瓏的全壘打！」

「有機會！越過去！中華隊贏了！中華隊贏了！又是高志綱！」

「捕手葉君璋，無敵鐵金剛！」

「我好想贏韓國！」

這些語句，不需要多加解釋，不但有聲音，有影像，更有歷史凍結的那一刻。你永遠記得當下你在哪裡的一刻。

所有感官當中，聽覺，是你怎樣都難以迴避的。即使雙手摀起耳朵，它卻怎樣都能滲入你的腦海中。談到棒球，木棒的「喀」、鋁棒的「鏘」、球進手套的「啪」、滑壘的「唰」、主審大喝一聲「striiiiiiike」或是英文中描述跑者與球進手套同步的「bang bang play」，都是棒球這項運動獨有的狀聲表態。隨著大眾媒體的出現，這些聲音也透過中介，加上人聲，一點一滴地混合成歷史的涓涓細流中。

大眾媒介中，廣播是個已經近乎被遺忘的媒體形式，但日本殖民時期奠下基礎的廣播，不但讓帝國敘事滲入殖民地，在臺日人得以獲悉來自家鄉的訊息，也讓臺灣人得以接觸、熟悉進而擁抱日本文化。自一九二〇年代起，臺灣就已經可以透過廣播，收聽到當時於日本「內地」的重要賽事，其中一項播出的重點就是日本國內傳統的棒球「早慶戰」。臺灣在一九三〇年開始派隊參加「全國都市棒球

對抗賽」，一九三一年，臺北交通局隊出戰東京俱樂部的準決賽實況，由臺北放送局接收東京放送局的短波轉播該項賽事；一九三二年開始，臺灣本島的臺北市內少棒賽、臺南春季軟式棒球比賽、中等學校棒球賽（甲子園）臺灣區預選賽都已進行轉播，而日本國內重大比賽如都市對抗賽、東京六大學棒球聯盟比賽等等依舊透過短波轉收日本訊號而進行轉播，一九三三年的甲子園大賽，臺北放送局更轉播每一場比賽。一九三五年之後，包含運動轉播在內的實況轉播類型，已經都穩定超過一〇%，之後雖然因為戰事吃緊，新聞節目慢慢成為最重要的節目，但不可諱言，運動賽事轉播在一九三〇年代已成為當時廣播節目類型中不可或缺的一項。尤其是一九三一年，嘉農遠征甲子園打入冠軍賽的歷史一刻，臺灣人更是群聚在一起，在鄉里間透過廣播同步體驗那股狂熱。二戰結束，棒球卻未隨著日本人一同離去，反倒在民間社會定著，埋下臺灣國球的種子。

儘管戰後初期，棒球並沒有得到國民政府的青睞，但卻幽幽地在民間社會延續著，地方廣播電台台語播報，成為重要的延續棒球文化的助力。而中廣等廣播電台，隨著國民政府來臺，作為國共內戰後臺灣初期最重要的聲音媒介，早期囿於混亂的局勢，都以政令宣導及反共為主要節目內容。一九五六年十月二十日起，首度配合省運會，開闢「省運時間」節目，包含了國、台、客語的內容，乃廣播特闢運動節目的先河，此後每年十月的省運期間，「省運時間」就成了常態性的節目，一九五九年新竹省運會，中廣更在比賽會場設置流動廣播電台；一九五六年十一月二十二日起，也由特派記者王大空自澳洲墨爾本發音，轉播當天奧運新聞，一九六〇年羅馬奧運，同樣由王大空傳回楊傳廣奪下十項鐵人銀牌的佳音。在臺灣進入電視時代之前，中廣的運動賽事報導，可謂當時最重要的運動消息來源。一九六九年，在當時台視總經理周天翔因認為威廉波特世界少棒賽「那不過是小孩子夏令營的遊戲」，並未派人採訪或爭取越洋轉播，反倒是中廣首度利用衛星線路，由唐浩進行實況轉播，見證金龍隊拿下世界少棒冠軍的歷史性時刻。自此之後，電視與廣播在臺灣棒球轉播份量上出現了分水嶺。

有聲有影的電視，比起廣播的有聲無影更具吸引力。一九六三年元旦假期，來訪的日本早稻田與慶應大學，因緣際會地成為臺灣首場棒球電視轉播，特別的是，當時這場轉播是國台語交替播報，國語由廖雯英（後改名廖煥之）播報，並由林日英負責台語實況，而在當時的電視周刊中，也還必須特別介紹棒球術語與規則，顯見當時棒球確實仍主要屬於本省人的文化，直到威廉波特少棒之後，棒球也才漸成為凝聚各大族群的國球。

在臺灣的棒球電視轉播中，傅達仁相信是第一個會浮現在戰後世代腦海中的聲音，儘管諸多前輩如羅大任與盛竹如要比傅達仁更早開始播球的生涯，早期的少棒也多由盛竹如主播，甚至中視郭慕儀、華視楊楚光也曾是三台時期運動轉播的同義詞，但沒有人能像傅達仁先生一樣影響後世如此深遠。「三不管地帶」、「陽春全壘打」等用語一直沿用至今。而隨著電視產業的遞嬗，老三台的寡占地位不再，中華職棒開打，伴隨著有線電視興起，李國彥、錢定遠、蔡明里、張昭雄、袁定文、曾文誠、徐展元等主播與球評的聲音，開始佔據你我家中的客廳。

然而，隨著資訊越來越豐富，理解棒球的方式也越來越多元，若以現今的標準，許多早期的播報方式、資訊量甚至精確性都是不甚及格的，但我們若能理解，當初的資訊來源十分匱乏，與今日唾手可得的過量資訊不可同日而語，如此理解，方能對當初開拓臺灣棒球播報這條聲音長廊的前輩們，致上更高的崇敬之意。

如今，資訊傳遞不再是單向權威式的溝通，在網路的各式論壇中，主播與球評也得反主為客，成為球迷們評論的對象。三不五時總有人說著：「只要聽到×××，我寧可轉靜音！」但如果這些主播和球評真的這麼不討喜，球迷永遠最懂的話，那幹嘛還花錢請他們呢？一九八〇年十二月二十日，美國的 NBC 還真就做了這麼一次大膽的嘗試。

在這場邁阿密海豚與紐約噴射機的比賽中，全場電視轉播只有現場的聲音，沒有主播、也沒有球評。結果就是，它成為美國電視史上唯一一場沒有主播與球評轉播的比賽。「小心你所許的願」（Be careful what you wish for），一但真的沒有主播和球評的「聲音」，你還真的不知道該從何「看」起。從一場比賽的重要與否的定位，到內容高低起伏的引導，甚至是一個個「nice play」的驚嘆號，都需要主播和球評來定義著。

從廣播、電視到網路，從一對一的線性播送，到一對多的 podcast 或是多對多的 clubhouse，我們不斷見證著聲音形式與棒球間關係的轉變，但不管怎麼變，主播與球評扮演著歷史導覽者這件事，卻是怎樣都難以改變的。然而，每一個媒體的特質都是不同的，一場收音機裡的棒球賽，你透過主播鉅細靡遺的描述現場的細節，從野手的佈陣、球數到不厭其煩地播報比數，但進入電視時代，這聲音的紋理也必須與時俱進，畫面上一瞥即得的資訊，觀眾們就可以用視覺取代了，電視的播報，就不妨換個方式，看一場棒球轉播，多的是更多的資訊，留白，反倒可能成了這時代難得的喘息。

二〇一七年大聯盟美聯冠軍賽，洋基與太空人第六戰，太空人隊的奧圖維（Jose Altuve）從洋基終結者查普曼（Aroldis Chapman）手中打出再見兩分全壘打，一棒將太空人送進世界大賽，休士頓主場球迷彷彿要把美粒果球場（Minute Mate Park）的屋頂給掀了，但我卻與常富寧主播很有默契地保持靜默，讓現場的球迷替我們說話。如此的留白，反倒讓球迷們不適應，在留言板上還見到有球迷解讀成我倆是洋基迷，氣到說不出話呢！

記得二〇一七年，名球評曾公曾文誠曾經在臉書上貼文，細數他曾經合作過的主播，算下來洋洋灑灑五十二位，從中職官方、中廣、緯來到 FOX 體育台，無疑就是臺灣近代棒球播報活歷史，但也可惜地，隨著二〇二〇年 FOX 體育台的嘎然終止，不只曾公，他與常富寧的黃金搭檔也難再復見，你我的心中都留下了難以彌補的空缺。數位時代下，原本以為多麼唾手可得的記憶線索，卻隨著外資電視台的離去，竟一同消逝在網路的虛擬空間裡。「虛擬」一詞，從未感到如此真實。對於曾經身為 FOX 體育台一份子的我來說，這樣的震撼，讓我久久不能平復。文字的記憶尚容易保存，圖書館的舊雜誌中，依舊保管著過往棒球的書面歷史，但聲音呢？雖然 YouTube 上，仍零星可見臺灣棒球點滴，但那卻也僅是少數熱心且有門路的球迷隨機留存的記憶碎片，聲音的流動性，加上版權的難題，在在成為保存的難題。FOX 體育台的經驗，更讓人不勝唏噓與難以樂觀。

在臺灣打過棒球的人都知道，隊友彼此間的「喊聲」，造就了棒球場上這個有趣的空間，它是個夾雜英語、日語、台語和國語混成的場域，這也是臺灣棒球獨有的文化，如此混雜卻純粹。戰後，台語承繼了日本「野球」文化而沉潛著，但卻佔據主流話語權。在盛竹如的回憶錄也提到，為了轉播紅葉少棒的比賽，當年的他必須參酌英、日文的術語，才制定了一套國語的棒球播報術語，之後因為禁方言政策，台語逐漸消失在電視中，連史艷文都必須說國語的年代，台語棒球就更難以傳承。一九五九年後，國民政府禁止新設民營電台、一九六三年之後，教育部更頒定〈廣播及電視無線電台節目輔導準則〉，要求廣播必須超過一半以國語播音，自此，黨國體制下的三台壟斷了棒球的詮釋權，直到二〇一八年中職臺灣大賽，Eleven Sports 才重新找回台語與棒球轉播間失落的連結，由梁功斌與陳瑞昌、陳瑞振搭檔，給予球迷陌生卻又熟悉的感覺。二〇二〇年疫情期間，中職獨步全球的開打，推特上英語的轉播，成為臺灣棒球未曾想過的成名十五分鐘，所以，棒球和語言還有更多的想像與實踐的空間。

在這個多元文化的後現代精神下，不僅僅是英語、台語，原住民各族語、客語乃至越南與印尼等新住民母語，何嘗不是重新建立語言與棒球記憶的機會？

所以，這既然是個典範消逝的年代，共同記憶的消逝恐怕就是難以迴避的必然，歷史中定錨的洪鐘之聲，未來恐也難聞，獨家、唯一都將漸漸消失。以中信兄弟的轉播為例，球迷們就可以透過Twitch、爪TV、緯來、愛爾達四個平台，各取四組主播球評所好，但究竟是誰能賦予它歷史定位的導覽？都是，也都不是。未來時代的棒球，不會再有傳達仁、袁定文或是曾文誠，各種語言、各種風格，數據派、傳統派，都可以賦予棒球播報的新聲，棒球的詮釋，也會是一個百家爭鳴、眾聲喧嘩的萬花筒，這一切無關好壞，只是隨著新傳播科技與新時代精神下的必然。

臺灣運動的一畝夢田在何方？鄉愁、懷舊與歷史感的闕如

鄉愁，是細膩但卻有勁的……鄉愁（nostalgia）這詞在希臘文字面上的意思是「舊傷口的痛」。它在你的心理刺痛著，遠比僅有記憶本身來的更強而有力。

——《廣告狂人》（第一季第十三集）

二〇二一年八月十二日，一場別開生面的夢田之戰（The Field of Dreams Game）在電影《夢幻成真》的場景中開打，芝加哥白襪隊在愛荷華州的玉米田中，靠著游擊手安德森（Tim Anderson）的再見全壘打，以九比八如此具有戲劇張力的比數擊敗了紐約洋基隊。該場賽事寫下轉播的美國 FOX 電視台十六年以來的最高例行賽收視率，廣告銷售也創下該台參與大聯盟轉播之後，例行賽的最高紀錄。一場從行銷、企劃、執行到比賽轉播本身幾無負評的賽事，為美國棒球掀起濃濃懷舊風，進而引發後續效應，NBC 旗下的 OTT 串流平台 Peacock 已經宣布將把《夢幻成真》改拍成影集。

《夢幻成真》這部電影，是一部寫給棒球最純情的情書，是美國棒球史上最黑暗一頁中，所襯托出最深情、浪漫的告白。大聯盟官方原本對於黑襪事件避之唯恐不及，就像臺灣棒球史上黑鷹、黑米、

黑象等等不堪的過往一般，深怕運動與最忌諱的假球再次連結，但是透過這部電影，讓這些被拒於球場之外的鬼魂，得以在愛荷華州的玉米田中得到救贖。

比賽開始前，《夢幻成真》的男主角凱文科斯納重返電影場景，引領著兩隊球員從玉米田中魚貫進場之後，給了這麼一段令人動容的演說：

三十年了，三十年。這座玉米田的另一邊，我們拍了部經得起時間考驗的電影。今晚，感謝這部小小的電影所帶來亙古的影響，而讓我們再回到這邊。在這座曾經是玉米田而由大聯盟打造的球場，我們看到分區第一的白襪出戰強大的洋基隊，這再完美不過了。我們信守了承諾，大聯盟信守了承諾，夢想依舊栩栩如生。現在只剩一個問題需要回答了，這裡是天堂嗎？

是的，年輕的一代，或是還未看過這部電影的朋友，所得到的或許只是這場濃濃懷舊風情的球場設置，而無法從中得到救贖、親情、對棒球純愛的感動，但至少它可以是個開端，讓人可以再回頭看看這部電影，進而了解無鞋喬與黑襪事件、了解沙林傑（J.D. Salinger）的《麥田捕手》（The Catcher in the Rye）還有「月光」葛蘭姆（Moonlight Graham）那傳奇的「出賽一，打席〇」的大聯盟生涯成績。

「史實」與「記憶」是兩回事，重述歷史的過程中，難免會有缺漏與多義詮釋，從棒球在美國的起源故事，就已經是個美麗的錯誤。美國人所以為的棒球起源，乃至現今棒球名人堂所在地，都是源自於一個錯誤的故事：「南北戰爭的英雄戴伯岱將軍（Gen. Abner Doubleday）於一八三九年時，在故鄉古柏鎮（Cooperstown）發明了棒球這項運動」。這個充滿歷史錯誤的迷思，卻讓棒球從此就是個帶有濃濃鄉愁與田園風的運動，即使真實的棒球現代化是在紐約，這個再現代不過的城市流行起來與奠定職業的根基，但是棒球神話般的起源卻緊緊地繫在古柏鎮，這個再鄉下不過的紐約州北方小鎮。即使後續棒球史學家一再推翻了古柏鎮作為棒球伊甸園的說法，但誰能忍心拒絕一個絕好的浪漫故事呢？

關於《夢幻成真》，同樣也是歷史事件的重述與穿鑿附會，也充滿著許多的想像甚至歷史謬誤。由李歐塔（Ray Liotta）所扮演的無鞋喬，在電影中是左投右打，但實際上的無鞋喬是右投左打，儘管出現如此令人匪夷所思的錯誤，但無損這部片的濃郁情感。還有如果您讀到前兩段，開始懷疑這部片明明沒有沙林傑與《麥田捕手》的橋段啊？那是因為片中由知名演員瓊斯（James Earl Jones）飾演的孤僻作家特倫斯・曼恩（Terence Mann），在小說中，其實正是《麥田捕手》作者沙林傑，只是因為電影開拍前，他揚言如果製片公司用他的名字的話，他會提出告訴，因此有了電影版本中曼恩以及《搖船者》（The Boat Rocker）這本小說。

除了上述兩個明顯的差異之外，由小說改編成的電影，自然有更多更動之處。神話並非史實，但它之所以迷人，就在於它非全然虛構，而是似假似真的交錯其間。《夢幻成真》這部電影或是其原著小說《無鞋喬》（Shoeless Joe）其實都未對黑襪事件有太過具體的描述，因為即便是艾斯諾斯（Eliot

Asinof）所著，影響後世對於「黑襪事件」理解甚深的《八人出局》（Eight Men Out）這本報導文學經典與同名電影《陰謀密戰》，也都只是諸多史實版本之一而已。許多細節也面對來自史學家的嚴格檢視與質疑。但我們該做的是至少重述的機會，如同公視戲劇《斯卡羅》帶動的臺灣尋根風潮一般，棒球乃至整體運動與大眾文化文本的連結，實在少了些。轉眼間，《KANO》的上映，也都已經是七年前的事了。

二〇二一年八月二十一日是九十年前嘉農進軍甲子園奪下亞軍的日子，二十九日則是巨人少棒在威廉波特歷經延長賽，擊敗麥克林登的美北隊奪冠五十周年日子；如此厚重的歷史感中，我們卻少有重述。其實從一九六八年起的每個八月，紅葉、金龍、七虎、巨人等這些少棒隊名字的遞嬗，也正是臺灣近代棒球的縮影，但可惜的是，自二〇一八年起，我常常在文章中呼籲中華職棒聯盟與球隊對於這些歷史周年的重視，我們或可在職棒賽場上邀集這些前輩齊聚，再一次接受觀眾的歡呼，不管是讓當初參與其中的人重溫記憶，或是新一輩的球迷，學習過往歷史，都好。更甚者，統一獅穿上臺南巨人少棒的復古球衣、兄弟以臺中金龍為承繼，藉由對於歷史的重述，了解當年少棒的榮光，但也可以藉此重新檢視那樣速成、昧於國際現實的「世界少棒」黨國體制所建立的迷思。可惜的是，即便是疫情前的各式滿滿的主題趴裡，獨獨難以見到我所企盼的那段歷史裡的片段。

「nostalgia」一詞，中文或翻作「鄉」愁或翻成懷「舊」，但不論兩者任一的中文翻譯似乎僅能側重空間或時間其一，而無法兼得原文中對於時空懷想的情感，但不管怎麼說，對於過往、家鄉的緬懷，或許是來自「舊傷口的痛」，但是卻可以在不同時空環境下給予新的意義，從《一把青》、

《天橋上的魔術師》到《斯卡羅》，臺灣正透過影劇作品不斷重述這塊土地上的故事，運動場域裡，同樣值得更多的重述。我永遠記得，在《九降風》裡，看到廖敏雄出現時的悵然，讓我似乎一時遺忘了對那群打假球的黑鷹的怨懟；隨著味全龍的「重返」，被拆解重製與挪用的「龍象大戰」，或許也可以是那樣懷舊的產物，但矛盾的是，身為球迷，總難把此龍與當年的龍魂相提並論，這大概正是「nostalgia」所體現的矛盾與複雜情緒吧！

也許有人會質疑，一個不斷活在過去的運動會有多少未來？從夢田之戰，到大谷翔平每每與貝比魯斯連結在一起，大聯盟好像沒有新招了。畢竟在世的人，能有多少人親眼看過貝比魯斯打球的風采？無疑地，種種操作下，賣的還是大聯盟棒球這項商品，但是這也得社會中有著相對應的歷史共感共應方能賣得動呀！至少，透過一次又一次的重述，彷彿大谷與魯斯這兩者可以不斷跨越時空地對話，黑襪們得以得到救贖，而我們彷彿都能在夢田上與父親一次又一次地傳接球。

生命若如我們駕車前行，別忘了不時從後照鏡裡一瞥身後，鏡中景物或因曲面的映射而扭曲了距離感與樣態，如同在美國駕車時的警語「後照鏡中的物體，要比它們所顯現的要來得近」（Objects in mirror are closer than they appear）一般，但至少，我們不但得以回味來時路，那樣的前行也更安全些。

穿越時空「在一起」，二手球衣，最高！

一件球衣，能有多少故事，能有多少價值？

一九九八年NBA冠軍賽第一戰，喬丹「最後一舞」的實戰球衣，在九月十五日以創紀錄的一千零一十萬美元在蘇富比拍賣會上成交，超越之前由馬拉杜納在一九八六年世界盃實戰球衣創下的九百二十八萬美元紀錄，成為運動員實戰紀念品的新天價。

對於一般球迷而言，那樣曾經穿在傳奇球員身上的實戰版球衣，是遙不可及的收藏，但一般球迷卻願意多花個幾千塊，買個跟一般運動服飾品質相仿的球迷版球衣穿在身上，原因無他，因為這就像是自己化身心儀的偶像一樣。

歐洲職業運動商品化的程度遠不如北美的職業運動市場，還記得我二〇一七年在馬德里的維辛克中心（Wizink Center）球場觀賞皇馬籃球隊的歐洲聯盟賽事時，竟然遍尋不著半件如今已在NBA叱吒風雲的唐契奇（Luka Doncic）的球衣而驚愕不已。儘管在授權服飾的變化、商品種類以及數量上，歐洲還有很大的成長空間，但在足球衣季度與季度之間的時尚化卻領先北美職業運動。

Adidas、Nike與Puma等品牌的積極操作，各大足球隊新賽季球衣在新賽季展開前就迫不及待暖身與鋪貨，更甚者，在前一賽季主場最後一場比賽球員就搶先亮相。一個球季一套新的球衣，給了死忠球迷每年都乖乖買單的理由，儘管主場球衣由於多是球隊主要代表色，因此較難有大幅度的變化，但每年總會有讓你察覺得出來的新意，客場球衣就有極大的揮灑空間，甚至一個賽季中的第三、第四套球衣也因應而生。之前陣中擁有梅西、內馬爾與姆巴佩三大球星的巴黎聖日耳曼隊，更與 Nike 及 Jordan 牌聯手打造出運動休閒界的潮牌。相較於此，北美職業運動則採取不同策略，賽季與賽季之間，未必有明顯的改版，而是因應特殊賽事（如耶誕節），或是這幾年陸續推出城市版（NBA 的 City Edition、大聯盟的 City Connect）。

與其他時尚產業不同，球衣的商品化，與球迷的認同是高度相關的，即便是 Gucci 的愛好者，也不會有我是 Gucci 社群一份子的投射，但在球衣或其相關商品上，球迷的消費，就成為「支持我的球隊」的合理化行為。

近年來，快時尚品牌對環境的衝擊屢屢成為箭靶，因而也出現了反其道而行的二手衣商店（vintage store），時尚產業的快與慢、新與舊、前衛與經典，形成了微妙的並存生態，球衣產業亦然。

初上市的新賽季球衣，不難想像成為球迷宣示效忠的商品標的，正價的球衣隨著新鮮度慢慢消失以及首波銷售後的減緩，年底以感恩節及耶誕節為名的促銷直到球季末出清，周而復始。然而，近年來，對於過季以及二手球衣卻開拓出新的商業型態。

英國的 Classic Football Shirts（經典足球衣）就是這樣一家公司，從網路起家，卻反其道而行，在倫敦、曼徹斯特開設實體店面，二〇二二年夏天也在利物浦開設快閃店，他們必然深知親自沉浸與觸摸這些「文物」的魅力，儘管我已經多次瀏覽網站，但一踏進實體的店門，就如同走進糖果店的小朋友一樣，面對著店裡一件件英雄的球衣，彷彿席丹、坎通納、貝克漢、加斯科伊、巴吉歐、巴提斯圖塔也出現在我的眼前一般。

店裡，一個父親一邊翻找架上，一邊詢問店員有沒有二〇〇三—〇四年兵工廠隊不敗賽季的亨利（Thierry Henry）的球衣，一邊跟孩子訴說著當年兵工廠隊是如何的無可匹敵（invincible）。其他眾多的足球迷們在開放的架上，一件一件地翻找屬於足球歷史的片段。突然間，門口進來一位操著中國口音、顯然不是太懂足球的男生走了進來，生澀地問著店員：「曼聯隊最出名的球員是誰，我想要買一件送給一個身高一百五十五公分的女生。」經過一番介紹之後，他在店員推薦之下，帶了件麥奎爾（Harry Maguire）的球衣就離開了（足球迷應該就懂得這位店員多麼會「做生意」了）。

不管是父子間的世代記憶傳遞、球迷們藉著球衣走入時光隧道，甚至追求女孩（雖然結局可能不好），這些過季、老球衣對於每個人都有不同的意義，而幸或不幸地，這些意義是有價的，每件二手球衣隨著年份、保存狀況、不同球員而有不同的售價。

根據Technavio公司的調查，全球足球服飾市場規模在二〇二〇年達到九十六億美金，並且預估二〇二五年會成長達到一百二十億美金的規模，報告中並指出，對於印有球員姓名與背號球衣的需求，正是這市場最大的驅動力。

與北美職業運動近年來才開放球衣的廣告貼布不同，歐洲足球賽場上，足球衣的贊助商與球隊幾乎可以畫上等號，贊助商的名稱與圖樣都遠大於左胸前的隊徽，其中，兵工廠與O2電信、利物浦與嘉士伯啤酒（Carlsberg）、切爾西與三星（Samsung）、曼聯與夏普家電（Sharp）、拜仁與歐寶汽車（OPEL）也都成為球迷為球隊的一個個盛世編年的方式。自從一九七三年，德甲的布蘭茲維隊（Eintracht Braunschweig）與野格利口酒（Jägermeister）簽下職業足球首筆球衣贊助合約以來，這樣的合作，已經成為全世界足球共通的贊助形式。在英國，球衣贊助的步調略晚，主要是由於 BBC 與 ITV 電視台拒絕這些球衣所帶的廣告訊息，因此拒絕播出這些球隊比賽片段，但在多支球隊衝撞贊助禁令之後，英格蘭足總深知此趨勢不可擋的情況下，也在一九七七—七八年賽季解禁，一九七九年，利物浦與日立（Hitachi）簽下兩年十萬英鎊、一九八一年兵工廠與 JVC 的三年五十萬英鎊合約，為英格蘭頂級足球球衣贊助初期的代表。在西班牙，原本巴塞隆納極力抵擋這樣的過度商業化，二〇〇六年起，還在球衣上為聯合國兒童基金會（UNICEF）進行公益性質的宣傳，但自二〇一一年起，巴塞隆納也擋不住誘惑，由卡達基金會以五年一億五千萬歐元的代價，讓這支「不只是支足球隊」（Mes Que Un Club）的名門，開始向贊助商低頭。二〇二二年更讓串流音樂平台 Spotify 以四年二億八千萬歐元這全球第三高的代價，進佔巴塞隆納那曾經神聖不可侵犯的球衣。

相信很少人對於電視、網路的各式廣告樂在其中，但足球衣上的廣告，卻成了不可或缺的一部分。當球衣成為廣告商的畫布，球隊隊徽反而只在胸前一小塊，初期自然引發球迷對於球隊過度商業化、出賣靈魂的批評，但時至今日，球衣販售若是少了胸前的贊助，反倒還讓球迷覺得空虛。二〇二二年甫升上英超的諾丁漢森林隊，球衣的大片空白倒不是因為要保有足球的純樸樣貌而沒有贊助商，只不過是尚未達成贊助協議而擱置而已；Nike 所生產亞洲版的巴塞隆納球衣，就沒有 Spotify 的贊助商標，反倒讓球迷抱怨，花同樣的錢卻少了醒目的圖案。

既然球衣市場規模成長速度驚人，不難想像球衣流通在外的數量更加可觀。當梅西在二〇二一年離開巴塞隆納而宣布加盟 PSG 時，首批十五萬件球衣在短短七分鐘內就宣告售罄，一年下來更輕易超過二百萬件的銷售量，這當然不包括各式各樣的盜版球衣。球迷們一定也深知，這麼大量的球衣市場，就代表著梅西 PSG 的球衣就算同樣擺上三十年，相信也不會比現今購買一九九四年曼聯的坎通納球衣來的高價，畢竟物以稀為貴是最基本的供需法則。班雅明（Walter Benjamin）評論藝術作品在機器大量複製的年代中，不可避免地靈光（aura）消逝，球衣亦然。但也許，球迷們要的只是那個「擁有」英雄的瞬間永恆、更與球隊融為一體的想像，這是其他形式的服飾、藝術作品、大眾文化文本所難以承載的情感。

除了英雄球星之外，球迷們也可以自己客製化球衣，擺上自己的姓名或是幸運號碼，戀人們穿上同一隊球衣，各自燙上 Together 19 與 Since 90，彷彿球隊就能見證他們自一九九〇年起的愛情；韓國球星孫興慜的球衣在托特漢姆熱刺隊球迷間熱賣，除了韓國球迷支持之外，我也曾在熱刺球場看到多位英國小男生穿著他的球衣（韓文的「孫」，正好是 Son〔兒子〕），身旁的父親則穿著 Dad，令人莞爾卻又一股會心的溫暖。

如同布希亞（Jean Baudrillard）在《物體系》一書中論及，古董之所以被人所取用與佔有，所覬覦的並非是真正的時間，而是時間的標記，這樣的標記是充滿了文化的線索。球衣如果真的有靈光，那也僅在喬丹身上的那件被汗水浸溼的球衣存留著，而那獨一無二的靈光，僅能從最頂級拍賣市場取得，從來就不可能是我們消費的標的。從後現代純粹商品消費的角度來看，一般普羅球迷所追求、也心知肚明的，從來就只是那靈光的碎片而已，二手球衣的復興，賦予球迷擁有歷史的幻覺，而這正是運動英雄的魅力所在，加上每一季球衣變化賦予它年代的標記，球迷沉浸神遊其中，即使察覺大量複製的生產，但卻並不減損其中的愉悅。

三十五歲是新的二十五歲？運動員的不朽與眷留

二〇二二年因疫苗風波而無緣衛冕的喬科維奇，隔年再度證明他墨爾本之王的身手，十度在此封王，並以二十二座大滿貫賽冠軍再與三十六歲的納達爾平起平坐。期間，喬科維奇一句「三十五歲是新的二十五歲」（35 is the new 25.），向世人宣告三十五歲的他，一點也不老，而未來，仍舊未來。反觀全身傷痛的納達爾，在二〇二三年季初的接連敗北，又要不斷面臨著記者「是否要退休」的殘酷提問。年老，有很多種面貌。

年齡只是一個數字，身心的綜合狀態無疑才是「老」的要件。四十五歲的布雷迪，二〇二二年初宣佈退休之後不過四十天，就高喊復歸，卻是以婚姻與家庭為代價，而這個賽季，他跟蹌地率領坦帕灣海盜隊以不到五成勝率幸運地打進季後賽，但季後賽第一輪就被淘汰之後，也再次宣布了退休；日本足球傳奇三浦知良不斷挑戰極限，以五十五歲之姿租借到葡甲球隊奧利維倫斯體育會（UD Oliveirense），並表明要踢到六十歲才會真正高掛球鞋；就在滿二十六歲前的一個月，近年來最具有宰制女網架式的芭堤（Ashleigh Barty），卻在家鄉拿下澳網單雙打冠軍之後、以球后之姿離開網壇，只說了「我不再擁有身體上的動力、情感上的渴望以及在最高級別挑戰自己所需的一切。我已經倦了。」同樣的，二十九歲的文姿云，也在「亞運三連霸」這個如此清晰又接近的目標前選擇退出。她的聲明是這樣說的：「一旦堅持到無法再堅持，很多時候也不見得是不愛了；反而是已無法再為愛做更多了。」

愛很簡單，長大很難。

世界盃足球賽落幕，梅西與C羅以截然不同的方式長大，完成了（可能是）他們各自在世界盃的最後一舞。

梅西帶著一群從小受他激勵並視他為神樣的年輕人，在遭逢沙烏地阿拉伯之役的重創後，卻能逆境奮起，寫下最完美的結局，捧起大力神盃的狂喜之後，也讓梅西欲走還留，謝幕後的安可成為現實；另一方面，長梅西兩歲的C羅，那不可一世的自我，讓他二〇二二年一路從聯賽到世界盃，從曼聯到葡萄牙國家隊，都惹出拒絕退居二線的風波，因為他難以接受那不再是叱吒風雲的自己，只好遠走沙烏地阿拉伯，加盟利雅德勝利隊（Al Nassr），年薪二億歐元的天價，以及風光的歡迎派對，卻難掩遲暮英雄的落寞。

不僅僅足球，二〇二二年的體壇充滿了許多傳奇的告別，費德勒（Roger Federer）藉著拉沃盃在倫敦優雅告別，帶走多少網球迷的回憶。大聯盟賽場上，普侯斯（Albert Pujols）彷彿定義著「迴光返照」這句成語，以不可思議的下半季，完成生涯七百轟的里程碑，與傳奇鐵捕莫利納（Yadier Molina）共同為紅雀的不死鳥生涯畫下句點。在中華職棒，潘武雄由昔日獅友們歡送的引退賽，同樣令人動容。WNBA與美國女籃傳奇蘇．博德（Sue Bird）帶著她的五面奧運金牌、四座WNBA與二度NCAA冠軍高掛球鞋。但續戰與退休之間的取捨，又何其困難？布雷迪「連兩年」退休之外，小威在美網華麗告別後，都已經歡迎費德勒加入退休俱樂部了，卻又隱藏著復出的伏筆；傳奇四分衛法佛（Brett Favre）「三退三出」，顯見真正放手有多麼困難；與前兩者並列紅雀隊史經典球員的溫萊特（Adam Wainwright）和「三千安—五百轟俱樂部」的成員，底特律老虎隊的卡布瑞拉（Miguel Cabrera）也都在躊躇之後決定再戰一年；陳偉殷、陽岱鋼也各自在夕陽下的十字路口徘迴著。

自在地老去、離去，是所有人的夢想，但團隊運動卻多了些不由自主的無奈，就算自己認定還能打，但時不我予之時，也只得黯然離場。儘管布雷迪在退休前，仍能在美式足球中最重要的位置保持高檔的表現，最終以自己的方式和地點宣告再次退休，但霍華德可就苦等不到NBA關愛的眼神而來到臺灣，更有許許多多非自願退休的運動員，默默地離開他們自小唯一熟悉的運動場。

隨著諸神漸入黃昏，我們終將揮別「山羊」（GOAT，Greatest of All Time，史上最偉大）世代，與此同時，年輕小伙子們奮力留下屬於他們的第一道足印。沒人能預測偉大，姆巴佩以超齡的表現連續兩屆在最大的舞台上證明自己，先行預約偉大。但年輕人終究是年輕人，在英法之戰凱恩（Harry Kane）罰丟可能追平的十二碼球後的燦笑，或是在世界盃前，硬是再上演一齣逃離巴黎、迎向皇馬的癟腳劇場，這些不夠「大氣」的表現，讓姆巴佩總給人「還沒輪到你，小子」（Not yet, kid!）之感。在德甲與英超大殺四方的哈蘭德（Earling Haaland），再怎樣的神力也還無法將挪威帶上世界盃舞台；大聯盟力捧未來之星，在二〇一九年喊出「讓孩子們放手去玩吧」（Let the Kids Play!）的口號，希望改寫場上諸多老派的不成文規定；女網賽場上的戰國時期，不禁讓人懷疑拉杜卡努（Emma Raducanu）真的是一冠球手（one-hit wonder）？大坂直美一路受到媒體與心理狀態的困擾，加上二十五歲的正盛風華時懷孕而暫離球場；也許二十一歲的思薇雅蒂（Iga Świątek）才是終結女網亂世的新天后？也許阿卡瑞茲（Carlos Alcarez）真是新一代西班牙天王？但他在澳網又因傷退陣，無法正面挑戰喬科維奇宣示世代交班。無論如何，在我們亟欲尋求接班人、為史翻頁之時，至少給他們一些時間吧！猶記得二〇〇一年在溫布敦的第四輪賽事，當時不過三十歲、尋求五連霸的山普拉斯被一個綁著馬尾、少不更事的十九歲「小屁孩」給淘汰，當時我只輕輕地在心裡嘀咕著：「這不過是山大王豐功偉業中的小小挫敗吧！」許多人的印象中，這正是男網世代交替轉折的瞬間，但其實，費德勒也還再花了兩年的時間，才正式登頂成為溫布敦冠軍，開啟他的傳奇扉頁。所以，三十五歲也許真是新的二十五歲，但十九歲卻還是十九歲。

有幸於大學任教，我得以年復一年在最前線見證青春如時更迭，但何為青春？何為老矣？那樣的定義才是屬於一個時代的註腳。在簡稱、抖音、短文本，甚至快電影的年代，儘管懂得這時代的快速遞嬗，卻也不免感懷，運動員的永恆，是否也是越來越珍稀的奢求？

「想當年」多少都是我們緬懷青春以及證成自身資格論的起手式。巴西傳奇前鋒羅納度（Ronaldo）說，現在大家重視運動員心理健康，想當年，球員們就像是在競技場裡互相殘殺的神鬼戰士一樣，看誰成為最後活下來的那個人，沒有什麼人在幫你的。

這話說的對，卻也不對。確實，大坂直美、體操天后拜爾絲（Simone Biles）、NHL 蒙特婁加拿大人隊門將普萊斯（Carey Price）運動員貴為各自運動的巨星，選擇在生涯顛峰時，面對自己的不OK。要在運動場上出類拔萃，不管什麼時代，多少都必須忍受與人道背道而馳的修煉，但不同時代給著運動員不同的考驗，年輕運動員看似有比前輩們得到更多的呵護，但成長於社群媒體之下，面臨著更多流言蜚語帶來的焦慮與壓力，日本年僅十五歲的長跑新星朱瑛里就已不堪盛名退出賽事；甚至一些運動員還是孩子時少不更事的網路留言，都成為數年後出征公審的證據，這是連大人都在學習的新課；除了無所不在的心理與社交壓力之外，運動員的生理訓練更是在大數據顯學無窮盡管控與計算下，人與身體的終極異化。運動場域的牢籠，無時無刻，無窮無盡。

多年前曾撰《歷史的繼承者們：青春與老年之戰》一文，感慨世代間的傳承與對立；在自己離老年更進一步的此時，驚覺竟都是在初春時節有此感懷。期間，三浦續寫傳奇，C羅、梅西、喬科維奇也被納入了這話題的討論範圍，再幾年後，也許他們已走入歷史，也許依舊屹立在運動場上跟眾家好手們較量。運動場上的相愛相殺，總是最引人入勝的戲碼，柏格／麥肯諾、山普拉斯／阿格西、費德勒／納達爾、艾芙特（Chris Evert）／娜拉提諾娃（Martina Navratilova）、林丹／李宗偉、梅西／C羅、大鳥／魔術、博德／陶樂西（Diana Taurasi），他們彼此競爭，卻也成就了彼此；換個軸線來看，年老與青春的二元不也是如此？青春鋪陳年老，年老必經青春，不也是個相愛相殺的故事？長一輩的人總愛以「歲月如同醇酒，越陳越香」來自勉甚而自誇，但別忘了，過期的牛奶卻是臭酸難耐的。孰為醇酒、孰為牛奶？就怕自知都難。可惜醇酒幾希，牛奶者眾，但至少期待自己還能成塊乳酪吧！

盛夏日本運動啟示錄：「日本能、為什麼我們不能」打中你嗎？

場景一：二〇二二年十二月，世界盃男子足球賽

日本突破有西班牙、德國在內的死亡之組，十六強淘汰賽在 PK 戰之後，惜敗給連兩屆賽事都獲前三名的克羅埃西亞。

場景二：二〇二三年三月，世界棒球經典賽

日本武士七戰全勝封王，經歷與墨西哥、美國兩場經史詩戰役考驗。大谷翔平一番「不要仰慕對手」的冠軍賽前演說與最後三振楚奧特（Mike Trout）的橫掃球（Sweeper），一樣傳世經典。

場景三：二〇二三年七月，國際排協男子排球國家聯賽

日本與義大利鏖戰五局，最終擊敗義大利獲得季軍，奪下該賽事 甚至前身排球世界聯賽（FIVB Volleyball World League）自一九九〇年成立以來的最佳成績。

場景四：二〇二三年八月，世界盃女子足球賽

二〇一一年世界冠軍的日本「大和撫子」雖然為重返榮耀，但打入八強賽，以一比二敗給瑞典，但分組賽中以四比〇大勝本屆冠軍西班牙。

場景五：二〇二三年八月，夏季甲子園大賽

慶應義塾擊敗衛冕的棒球名校仙台育英，拿下睽違一百零七年的高校棒球優勝，不用剃平頭的「少爺們」，以「Enjoy Baseball」為精神，顛覆日本棒球想像。

場景六：二〇二三年八—九月，世界盃男子籃球賽

日本男籃分組賽中逆轉擊敗芬蘭，寫下在世界盃賽場首度擊敗歐洲國家的紀錄，在排名賽接連擊敗委內瑞拉與維德角，以亞洲球隊最佳的戰績，拿下二〇二四年巴黎奧運門票。

當然，我也沒忘記日本女籃在亞洲盃決賽中以兩分之差敗給中國，無法完成六連霸，但日本女籃在東京奧運奪下銀牌的成就以及整體實力的升級，早已不是在同樣賽事甚至被降級的臺灣女籃可以望其項背的。

包括我自己在內，對於臺灣時不時「╳╳能，為什麼我們不能」這句話已經麻痺、甚至厭煩，畢竟每個社會的結構與文化脈絡並不相同，但如果我們面對的是可見的趨勢，至少在「複製」或「挪用」之前，都該好好檢視他們怎麼做到的。日本體壇在過去不到一年間的成就、或未竟的遺憾，如果臺灣體壇沒有感到一絲撼動或捫心自問的話，那麼也許我們真的已經麻木不仁。

之所以僅列出上述這些「大球」的團隊運動球類賽事，乃是因為這些大球與小球、乃至個人運動項目的意義是不同的。桌球、羽球、網球或是其他運動賽事，就算賦予團隊項目之名，其計分也只是個人或兩人的勝負積點而成，而非真正眾人的「團隊運動」。團隊運動體現的集體情境，讓個體與國族間得到鏈結，如同霍布斯邦（Eric Hobsbawm）所言，在這些團隊運動的驅使下，使得「國族」這個想像共同體更為真實。

運動之所以迷人，在於其認同投射的特性，在社會認同的建構中，「沾光」是十分基本的現象，這現象的英文為「basking in reflected glory」、簡稱 BIRG，字面上也就是「藉著反射光來取暖」之意，與中文的「沾光」頗有異曲同工之妙。反之，遇到挫敗時，「切割反射的失敗」——「cutting off reflected failure」，簡稱 CORF，就成了排除不必要負面情緒的策略。

因此，如同資深體育記者陳楷所言，國際賽場上，臺灣的運動迷們力挺臺灣運動員及團隊，但賽事尾聲，隨著臺灣常態性地被淘汰之後，日本反倒成了臺灣的代理國家隊。棒球的經典賽如此，其他臺灣甚至沒有資格打入會內賽的各式運動世界盃更是如此。後殖民遺緒與文化親近性，讓日本往往成為臺灣的運動國族主義代理國，《足球小將》、《灌籃高手》、《排球少年》還有多到難以數計的棒球動漫，都讓這樣的身份認同轉換變得容易。大聯盟裡沒有王建民，大谷翔平卻是更超凡的代理人。臺灣「好想贏韓國」，沒有臺灣的話，那就「好想日本贏」吧！

對於臺灣運動迷而言，「沾光」與「切割」是現實生活中的彈性策略，我自己、甚至運動媒體中的夥伴們也多半如此。本來嘛，現實生活中已經夠多的鬱悶，何苦還要在運動世界中受挫？社會群體生活中的沾光與切割，連帶的顧忌與風險都還高些，但運動場上，球迷可以悠遊「切割」與「沾光」，自由進出多重身份，從「Team Taiwan」到「日本武士」無縫接軌，但菁英運動的主事者卻不該、也沒有那樣的餘裕，畢竟，團隊運動是凝聚國族共感共應的一帖良方。

當臺灣、中國屢屢在「大球」受挫之時，身材、體能、彈性、爆發力、發展時間不如歐美都是理由，但日本這一年的成就，無疑讓這些先天論者語塞，組織與價值大破大立的決心才是「大球」能與歐美列強一爭高下的前提。日本國族性格中近乎病態的偏執與群體性，固然造成個人莫大的社會壓力，但這也是他們可以成就「大球」的原因。不到十年，日本籃壇可以化BJ League、NBL的分裂、甚至遭到國際籃協禁賽的危機為轉機，讓「冷門」的籃球，抓住這個猛暑的尾巴，世界盃期間瞬間最高收視率衝破三〇%，成為感動日本人的集體記憶。

影響日本深遠的福澤諭吉，其「脫亞論」也許在意識形態上被挪用成二戰前日本軍國主義的養分，但從運動的角度而言，「脫亞」似乎仍是不得不為的途徑。當代運動是西方現代性的產物，日本深諳此理，既然玩的是西方人的遊戲，一旦投身其間，脫亞而且入歐（美）是逃離不了的宿命。中國可以用舉國體制，打造出個人項目乃至小球的奪牌工廠，但其公民社會的運動空間卻是壓縮而貧瘠的。共產國家偶見大球的成功，如中國女排、蘇聯冰球或古巴棒球，但那是冷戰時期下的產物及殘留，當前的資本主義全球化下，運動與運動員全面商品化，必然被吸納在世界體系的流動邏輯中，共產、黨國思維的封閉運動體制難以存續。日本的足球、籃球、排球，在這個夏天匯流而迸發成一股驚人的能量，要成就「大球」，成熟的公民社會是不可缺的基石。

前列的六個場景中，慶應高校在甲子園的奪冠看似格格不入，畢竟它是日本國內的賽事，但其奪冠的意涵就在於公民社會運動底蘊的體現。福澤諭吉所創辦的慶應義塾體系，正是他仿效英國公學校教育理念所建。十七世紀之後，英國公學校的教育，強調上層階級年輕男性透過運動砥礪其品格與團隊精神，為大英帝國培養海外探險、軍事、治理所需的人才。就在福澤諭吉大頭像的萬元券即將在二〇二四年走入歷史之際，慶應的奪冠，彷彿提醒著日本人，福澤諭吉的政治信念與（菁英）教育理念在這時代的價值。

日本社會中，菁英階級的「慶應男孩」（Keio Boy）們，正在享受著棒球，培養著運動習慣與體能鍛鍊，並將這樣的資本累積到未來，相同階級、家庭背景相似的同學們，成了彼此密切的人際網絡。好友的兒子正就讀慶應義塾的小學部，這幾年來看著他長大，從跳繩、登山、踢足球無一不與，甲子園決賽幾個禮拜過去了，都還是他和同為慶應男孩的父親聊不完的話題。除了棒球，他整個暑假還忙著游泳，準備學校規定的三百公尺游泳測驗，畢業前他還必須游過一千公尺的門檻。目前還是學校足壘球二軍的隊長的他，我和他相約將來打進甲子園，一定飛去日本看他比賽。對於絕大部份的「慶應男孩」來說，在離開校園後，運動都不會是他們的職涯選擇，但是運動卻會是他們一輩子所會帶著的習慣與技能。

當然，我們不應該忽略慶應義塾體系的階級意涵，「Enjoy Baseball」也不是選擇棒球作為脫貧與階級流動手段的家庭和孩子們都能享受的信條，但如果連慶應這樣將運動視為基本能力但卻是業餘興趣的學校，都能在全日本三千四百八十六隊中脫穎而出，那麼他們一定做對了什麼。回頭來看，若不是慶應高中在神奈川地區選拔決賽中，一壘審一個對他們有利的爭議判決，趁勢一舉逆轉橫濱高校，慶應的奇蹟夏天根本還沒開始就結束了，但就算真是如此，也絲毫不該減損那樣教育理念的價值。運動發展是一個社會的縮影，「大球」，更是需要公民社會集體灌溉的作物，無論菁英如慶應或是販夫走卒，都要傳承與共感。

日本大球的成功，與慶應高中的奪冠，也許只是時間點上的巧合，但我們可以學習到的是，深化運動絕非一蹴可幾，更不是可以直接複製貼上，以臺灣的運動組織結構與文化，全然的複製貼上只會格式不符而已，如果沒有長期的願景與目標，任何賽場的長期成功與運動文化的質變都難以實現。日本或許有女籃、女足的短暫「挫敗」，但任誰都看得出她們是走在正確的道路上，場上的輸贏一定有運氣的成分，但如果談到運動發展，上至政府、聯盟、協會、球隊，都只拿得出「啦啦隊」或其他「唯牌是問」的短線操作應對方案，那麼我們也永遠只能是日本的啦啦隊。

超越勝負的感動？還是勝負已不再重要？——從籃球假球案社群反應談起

二〇二三年底，臺灣籃壇進入多事之秋，場外整併各種雜音不斷，場上SBL、T1聯盟接連爆出多位球員涉賭、打假球的醜聞。

身為運動迷，一定會聯想中華職棒自一九九七年黑鷹事件後，不斷的職棒假球風暴，儘管當時合法化的臺灣運彩尚未營運，但地下賭盤黑道的囂張，讓臺灣棒球進入長期的黑暗。當時，包括我在內的多少球迷感覺錯愕、憤怒與失望。如今，社群媒體與網路聲音更多元，但籃球的假球案卻有著截然不同的球迷反應，比起當年的憤怒，如今，更多的卻是訕笑與漠然。而且，與當年多數涉案職棒球員受到黑道暴力、利誘配合不同，此次涉案的籃球員許多甚至是「自費打假球」，也就是透過俗稱「球版」的地下運彩，下注自己參與的球賽。

地下運彩的存在，一路從電話、傳真演變到網路，卻也沒有因為臺灣運彩合法化而消退。臺灣運彩每年五、六百億的規模，根據估算，地下賭金卻在八至十倍之譜。儘管臺灣運彩每每為體育署的運動發展基金貢獻良多，但是最高僅七八%的法定獎金支出率，確實讓許多有心人轉往地下發展，既為地下，就有更高的風險，尤其是五花八門的冷門賽事，更讓自己就是投注標的、卻也可以是投注者的運動員，有了更多可以第一手掌握比賽而「賺些外快」的投機想法。上一次臺灣發生大規模假球案時，臺灣當前這批年輕球員，當時都還在小學階段，十幾年的承平時代過去，危機意識的消退，加上無所不在的行動裝置，更讓新時代的「球版」長驅直入，上面不乏臺灣的學生運動都被列入投注標的，這事態的嚴重性，是主管單位不得不正視的。

曾有切身之痛的中職，球員工會以防賭基金的機制，規範工會會員，並贏回公眾對職棒賽果的信心，但近年來，年輕球員加入工會者比例漸低，不但讓防賭基金規範範圍縮小，防賭意識也在整體氛圍中淡去。作為防賭機制之一，中職也在「聯盟競賽規程」第二十一條第十三項規定，「所有參賽之人員一旦進入球場，至比賽結束前，禁止使用手機、任何形式之電腦、球場公用及辦公室電話，及其他相關可對外聯繫之器材，同時手機應保持關機狀態。」然而，根據職棒內部人員表示，此項規定已如同具文，球員們在休息室中不離手機者眾，職棒況且如此，SBL 裕隆的假球案，球員可以在場邊透過手機直接下注就不難理解，而「人機合一」的年輕世代學生運動員，在「球版」開盤的自身賽事，所面對的誘惑可想而知。二〇一五年，當時效力於波士頓紅襪隊的「功夫熊貓」山多瓦（Pablo Sandoval），因為比賽進行中在IG上按了個讚而露餡，違反行動裝置禁令因而遭禁賽，看似是令人莞爾的場外花絮，但卻是臺灣各賽場都該起碼有的規範。

地下球版滲透當然是此波假球的近因，但公眾對於運動質變的詮釋，卻可能是這現象的遠因。甫落幕的亞冠賽，臺灣雖兩度擊敗澳洲，但不敵日韓而位居第三，此次臺灣的啦啦隊也隨隊前進東京，臺式應援文化再受日本矚目。日本棒球網站《Full-Count》的報導中，先是提到臺灣球員廖健富在受訪當下因為啦啦隊員可受訪而遭到球團公關打斷，但他卻很「識相」地說道沒有關係。從球團到球員，都意識到箇中階序，球員不再是職業棒球不動的主體；報導中更提到一名球迷表示，「棒球在臺灣是主流運動，但臺灣人非常喜愛啦啦隊的氛圍，就算比賽輸了也不會太難過。」

是嘛，對這運動認真才是真的輸了呢！

二〇二三年F1賽季，紅牛車隊的維斯特潘（Max Verstappen）毫無懸念早早在十月初就拿下世界冠軍，所剩的各站賽事中，最受矚目的無疑是倒數第二站的拉斯維加斯。

這站公路賽，將賭城的華麗炫目盡收眼底，稱為人類史上最大的運動景觀絕不為過，臺灣甚至開出了九十九萬的豪華旅行團前進賭城。半年前開始，拉斯維加斯大道（Las Vegas Strip）天天塞車，就為了備戰本站賽事。而比賽當週充斥著各式的豪奢派對，過長的賽前表演把車手晾在一旁，也引發維斯特潘的不滿，他直接說出這一站是「九九%的秀和一%的運動賽事」，更指出這項運動本身的推廣方面做得不夠，反而過度依賴分散在各區的各式表演：

> 我理解車迷可能也需要在賽道周邊找點事做。但我認為，更重要的是讓他們真正理解賽車這項運動在做些什麼……人來了是沒錯，但他們成了什麼的粉絲？他們可能想看最喜歡的藝人，和朋友們喝幾杯，瘋狂整晚。但他們真的不理解我們在做什麼，也不理解我們為了比賽所承擔的風險……如果這項運動能更加關注這些方面，多加解釋車隊整個賽季的工作、他們所取得的成就和努力目標等等，我覺得關注這些比在各個地方舉辦各種表演要重要得多……當我還是個小孩子的時候，愛上的是這項運動引發的情感，這是我愛上的東西，而不是週邊的表演。

當然，維斯塔潘展現前所未見的宰制力（二十二站中贏了其中十九站），多少也是讓F1場上不那麼吸引人的原因之一，但以他的成就與車壇地位，說出這些話還是有意義的。維斯塔潘是個求勝若渴的車手，奧地利站的比賽，他甚至在大幅領先的情況下，選擇在最後一圈進維修站更換軟胎，就為了獲取「最快單圈」的額外一分積分。勝負，以及追求勝利所需付出的一切專業知識，理應是運動賽場上的精髓所在，但在運動越來越朝向娛樂產業靠攏之際，卻被淹沒在眾聲喧囂之中。

維斯塔潘大聲捍衛自己從事的運動的神聖性，廖健富卻「識相」地讓位給啦啦隊。

運動博弈合法化的步伐在美國大步前行，二〇二三年全年度已上看一千億美金的規模，在各大職業聯盟加緊防範之際，球員涉賭的新聞都已時有所聞。網路地下球版在臺灣橫行，讓球員甚至學生運動員曝險其間，滿足於當下運彩基金規模的長官們卻無視其威脅。彩迷愛的是贏錢，運動迷愛的是贏球；彩迷愛的是數字，運動迷愛的是情感；彩迷愛的是早早落袋為安的賽果，運動迷愛的是你來我往的張力；如果連運動員自己都是彩迷多過於運動員的身份，愛贏錢多過贏球、甘於隱身於周遭秀場之中，那還指望運動迷的在乎？

二〇〇二年因為與野生動物基金（World Wildlife Fund）的縮寫撞名，而從世界摔角協會（World Wrestling Federation, WWF）更名為WWE的世界摔角娛樂（World Wrestling Entertainment），也許其創辦人麥克曼（Vince McMahon）真是誠實的先知，摔角迷明知WWE是如何地「假」、如何照劇本走、如何創造明星，但卻又毫無保留地樂在其中。毫不掩飾的娛樂至上，莫非就是運動的終極宿命？

當然，臺灣球迷對於籃壇假球案的平淡反應，多少與主要發生在SBL有關，但是全世界運動產業一路直向博弈與娛樂化靠攏，卻讓運動之所以是運動的迷人之處因此喪失，如果真心在乎比賽勝負的運動迷反倒成了被訕笑的對象，捨本逐末下，運動的「醍醐味」也將隨之淡去。裕隆往日榮光只剩網路漫流的訕笑，夾雜著老球迷的唏噓，但主事者卻無視問題癥結，讓已經無味的 SBL 例行公事般地續行。「愛」真正的對立面從來就不是憤怒，而是漠然。當沒人在意運動賽場的本質時，當然不會有憤怒。如果真愛它，怎麼捨得讓它如此狼狽地走下去。

從籃球、棒球到賽車，從賭博、熱鬧到絢爛的一切，讓場上的勝負變得不那麼重要，運動員從主體，逐漸變成活動背景。可惜了。

運動歷史的和解與共生──寫在AI跑車疾速狂奔時

二〇二四年六月二十日，在美國阿拉巴馬州伯明翰瑞克伍德球場（Rickwood Field），舉辦了一場別出心裁的賽事，由聖路易紅雀隊出戰舊金山巨人隊的比賽，看似只是兩隊一百六十二場例行賽之一，但卻有著更深的意義。

棒球迷們應該還記得，大聯盟曾經在二〇二一與二〇二二年，在愛荷華州的岱爾斯維爾（Dyersville）舉辦過兩場「夢田之戰」，首屆洋基與白襪之戰的精采玄妙，絕對不下電影中的魔幻程度；不同的是，「夢田之戰」多少是透過電影，映射出所有棒球迷心中浪漫救贖，但瑞克伍德球場卻是活生生的歷史場景，承繼著美國種族隔離時期那樣一個不那麼光彩的過去；它落成於一九一〇年，是美國現存進行職棒比賽中最古老的球場，比波士頓的芬威球場還要早上兩年。

在一年前就開始規劃相關活動的大聯盟，也特別排上美聯與國聯歷史上首度全由黑人擔任裁判的比賽，伯明翰市內相關活動與儀式更是早已準備妥當，曾經在黑人聯盟出賽的老前輩們，或拄著拐杖、坐著輪椅，在瑞克伍德球場一字排開，接受現場所有球迷與球員的歡呼致意。不巧的是，比賽前兩天，傳來曾經馳騁在這座球場的傳奇球星梅斯（Willie Mays）辭世的消息，相關單位即刻應變，除了榮耀黑人聯盟的文化遺產之外，還增添了緬懷梅斯的元素。而神奇的是，出生於一九三一年的五月六日的梅斯，儘管肉身已登出，但卻在這場比賽中無所不在，紅雀隊身著五十六號的終結者海爾斯利（Ryan Helsley）手中，為這場比賽寫下五比六的結尾。就這樣，一切就在棒球之神的冥冥巧手安排中，梅斯的凝視下，給了所有棒球迷一個悲喜交織的夜晚。

這是大聯盟近年來努力與歷史和解的重要里程，一九四七年道奇隊傑基．羅賓遜打破大聯盟的種族藩籬之前，在自欺欺人的「隔離但平等」的「吉姆．克勞」法（Jim Craw laws）之下，黑人聯盟就乘載著美國有色人種版本的國家娛樂，從一九二四年到一九六〇年，瑞克伍德球場就是黑人聯盟伯明翰黑爵隊（Black Barons）的主場，年輕的梅斯在進入大聯盟舊金山巨人隊之前，就曾效力過這支球隊。

二〇二〇年十二月，全世界仍受困於COVID-19疫情之際，大聯盟主席曼佛瑞德（Rob Manfred）宣布黑人聯盟的大聯盟地位，從一九二〇年到一九四八年間的紀錄都概括承認，如此一來，美國歷史上不僅多了約二千三百名的大聯盟球員，也有多項重大紀錄重新採認。二〇二四年五月，在經歷三年半獨立委員會的考證與計算之後，大聯盟宣布幾項重大紀錄的改認。其中包括大聯盟史上的單季打擊王，由一八九四年達菲（Hugh Duffy）的四成四〇，變成了一九四三年黑人聯盟洪斯德灰人隊（Homestead Grays）創下四成六六打擊率的吉布森（Josh Gibson），彷彿詩意的正義一般，受限於種族隔離，未曾於國聯或美聯出賽過的吉布森，也以生涯的三成七二打擊率，超越以種族歧視而惡名昭彰的老虎隊球星柯布（Ty Cobb），成為大聯盟史上的打擊王；梅斯生涯大聯盟的總出賽數，也加上了他在伯明翰黑爵隊的紀錄，突破整數關卡，來到三千零五場。凡此種種的資料，在大聯盟官網、以及其所授權的各家專業數據資料庫網站如「棒球參考資料」（Baseball Reference）中都已更新。

黑人聯盟並不是大聯盟歷史上唯一「和解」的對象，曾經挑戰國聯與美聯獨佔棒球事業、甚至對簿公堂的其他聯盟，也並沒有被遺忘在歷史的洪流中。一九六九年，大聯盟的特別棒球紀錄委員會（Special Baseball Records Committee）就一口氣將已經走入歷史的美國協會（American Association，一八八二—一八九一）、聯合協會（Union Association，一八八四）、球員聯盟（Players' League，一八九〇）以及聯邦聯盟（Federal League，一九一四—一九一五）承認他們的大聯盟地位以及所有紀錄。

歷史向來就是勝利者版本的故事，透過承認這些歷史上的「手下敗將」，不但拋開過往恩怨，更展現其氣度與格局。中華職棒與臺灣大聯盟，曾經在臺灣棒球發展最低谷的一九九七年到二〇〇二年「漢賊不兩立」，一邊視另一邊「叛將」，別說紀錄了，就連轉播中職的頻道上都曾無視臺灣大聯盟的賽果與新聞。

直至二〇一三年，時任中華職棒大聯盟會長黃鎮台就在徐生明教練驟逝後宣布，中職將承認在一九九七到二〇〇二年間與其競爭的臺灣大聯盟紀錄，但十一年後的今日，中職的官網仍舊未將臺灣大聯盟的相關紀錄納入。美國職棒從主席宣布之後，花了三年半的時間，將「上古時期」黑人聯盟的二十九個賽季紀錄蒐羅、檢證齊備，「現代時期」的臺灣大聯盟四支球隊紀錄相對單純，又僅有六個賽季，沒有道理十一年走不到吧？差乎於「心」而已。

如今，臺灣的職籃也將進入整併，歷史的匯流也是必然，但願籃球不要像中職與臺灣大聯盟一般，留下歷史的真空。

近日成大歷史系申請入學分發掛零的新聞，引發臺灣重理工、輕文史的討論，當然，這現象的背後還有招生策略、高教南北區域發展差異等因素所造成，但臺灣社會失憶的症狀卻不是一兩天的事，運動場域尤其如此。

「誰控制了過去，誰就掌握了未來。誰控制了現在，誰就控制了過去。」歐威爾（George Orwell）的警語，始終尖銳地提醒著我們，從政治的身分認同建構，到運動賽場的話語權皆然，可惜的就是當代掌權者還不知道自己所擁有著多麼強大的武器。

等等，您會說，中職也是很多復古的活動啊？光是二〇二四年的下半季，六隊中就有味全龍的徐生明總教練紀念日「Forever85」、台鋼雄鷹向臺灣大聯盟致敬的「復古雷公日」，五月的時候，統一獅還有為期一整個月的復古月活動呢！

而這遠遠不夠，另外的球隊呢？聯盟呢？其他的運動呢？

二〇二四年適逢洛杉磯奧運棒球表演賽銅牌的四十週年，每年的八月也都該是追憶七〇年代少棒風潮的時候，復古、懷舊是後現代時代的集體文化返祖現象，但卻也可能是拚貼、片段重組，尤其當下的我們，天真以為AI人工智慧是一切解藥時，卻忽略AI在面對歷史時的手足無措。當被問到「歷史」的時候，AI總可以毫不羞愧地侃侃而談，但卻常是荒謬的重組與不知是哪個平行宇宙版本的「狂想」。這，是你所認識的周思齊嗎？

當我們失去對於歷史鑑別度的時候，失憶就成了集體現象。更有甚之，這樣的失憶病徵被利用，引導到意想不到的災難道路上。

在臺灣談運動歷史文化，總令人心乏而無力，棒球在二〇一四年終於有了名人堂，但看著「職棒之父」晚節不保令人唏噓，名人堂大飯店的營運也開始令人捏冷汗，籃球界的前輩，努力地保留吉光片羽，在二〇二一年終於成立了籃球名人堂協會，但相較籃球在臺灣的規模，塵封的歷史所得到的關注，實在遠不成比例。棒、籃況且如此，遑論其他運動了。

當代職業運動是娛樂產業，但卻不該只是娛樂產業，因為他們乘載著更多國族的集體記憶、社區的共榮與親友的羈絆，當美國職棒的 MLB.TV 可以在局間穿插著過往賽事經典片段的回顧，

周思齊是台灣職棒聯盟（CPBL）的一位著名球員，職棒生涯中有許多重要的時刻。以下是一些關鍵的時刻和成就：

1. **職棒初登場**：
   - 周思齊在2006年加入中華職棒（CPBL），並效力於兄弟象隊（後改名為中信兄弟）。他的初登場標誌著他職棒生涯的開始。
2. **2008年總冠軍賽MVP**：
   - 周思齊在2008年中華職棒總冠軍賽中表現出色，幫助兄弟象隊奪得總冠軍，並獲得總冠軍賽MVP的榮譽。
3. **2014年亞運會金牌**：
   - 周思齊代表中華台北參加2014年仁川亞運會，並幫助球隊奪得金牌，這對他的職業生涯也是一個重要的里程碑。
4. **多次入選明星賽**：
   - 周思齊多次入選中華職棒明星賽，這些榮譽反映了他在聯盟中的高水平表現和受歡迎程度。
5. **職棒千安里程碑**：
   - 周思齊在職業生涯中達成千安（1000次安打）的里程碑，這是職棒選手的一個重要成就，展示了他在攻擊方面的穩定性和持久性。
6. **退役儀式**：
   - 周思齊在2020年宣佈退役，並在球隊舉行了隆重的退役儀式，標誌著他職棒生涯的結束。

周思齊的職棒生涯充滿了許多重要的時刻和成就，他在中華職棒的表現和貢獻使他成為台灣棒球界的重要人物。

警語：以上為 ChatGPT 所認識的周思齊，僅為示意，1、2、3、6 點的內容皆為錯誤，切勿、切勿、切勿當真

CPBL.TV 當可以如是效法，而不僅止於場上空景。透過一段段過往歷史的重現，球迷們彷彿也見證了那些曾錯過的片段，也讓我們在二〇二四年九月份目送周思齊離開球場時，不管是親眼見證過、YouTube 搜尋到，都可再為記憶的厚度堆疊。

當炫麗的AI跑車疾速狂奔時，別忘了三不五時看一下照後鏡，這樣的前進方式，總會安全些。

臺灣「帕運」正名二十年，帕運不該只是我們的「勵志A片」

在巴黎奧運結束後，帕運接著登場，自一九八八年的漢城（今首爾）奧運之後，已成為國際體壇每四年一度的慣例與盛會。

但若對相關新聞有所關注的朋友，應該多少都有注意到，為什麼同樣的一項運動賽會，臺灣稱為「帕運」、中國、香港、新加坡及馬來西亞華人等其他華語社會多稱為「殘疾人奧林匹克運動會」（簡稱殘奧）？事實上，臺灣也是從二〇〇四年才有此正名。之所以稱為帕運，乃是由英文 Paralympics 而來，而字首 para 就有平行、旁邊之意，也就是與奧運並列之運動會。

之所以是二〇〇四年，主要是因為肢體障礙的前第一夫人吳淑珍率隊出賽雅典帕運前，在臺灣身心障礙團體所請之下的正名。藉著吳淑珍的高曝光度襯托得完美時機，得以推動正確的訴求。為什麼不該稱「殘奧」？因為語言就是我們建構世界觀的表意工具，殘與不殘，疾與非疾，其實是個人本位經驗出發的，試想，有人天生就僅有一隻手臂，既然從未擁有過的，是否仍是我們生命中的殘缺？即便是後天造成，只要坦然面對，何殘之有？何苦以肉身型態的不同，認定他人必是殘疾？既然如此，相較於在多數社會中的有形建設也好、無形制度也好，身心狀態與一般人不同者，確實多半處於「障礙」的客觀狀態下，相形之下，「殘」字與多元包容的時代精神就有所扞格。

臺灣人口中，約有五%領有身心障礙者手冊，但實際人數必然高於此，過往甚至現在，身心健全者多少以「慈善」、「同情」作為看待他們的眼光。如今，我們應該以更積極、宏觀的方式來看待他們，以消除障礙、確保權益與全面參與的角度出發。臺灣帕運正名二十年，上述這些概念逐漸滲入臺灣人的群體價值觀當中，然而身心障礙者所參與運動賽會，尤其是激烈競爭程度最高的帕運，可能完全顛覆我們對於身障者被動、侷限的既有觀點，而這也許是我們在觀賞帕運時最大的收穫。

說起帕運，絕大多數人所想的是，這些身心障礙者克服了多大的困難，才能和我們一樣、甚至比我們更快、更快、更壯。但，我們什麼時候真正關注過他們在帕運的運動成就？男子一百公尺短跑，亞買加的波特（Usain Bolt）在二〇〇九年創下的九秒五八屹立不搖，女子一百公尺短跑，葛瑞菲斯喬納（Florence Griffith-Joyner）十秒四九更是自一九八八年漢城奧運屹立至今，雙雙成為人類體能爆發極限的標竿；但我們何時關注、甚至聽曉帕運一百公尺紀錄呢？當然，帕運的各項運動項目中，各自再依個人身心障礙而有多項分類，以田徑為例，就有六大類（視力、智力、腦性麻痺或大腦損傷、截肢或矮小運動員〔站姿〕、肌肉力量不足〔坐姿〕以及肢體歧異運動員），其下再依各自障礙程度不同訂定參賽級別。姑且以所有參加帕運短跑選手的世界紀錄來說，左臂截肢的巴西籍費雷拉（Petrúcio Ferreira），在T四六／四七級，就曾跑出十秒二九的世界紀錄。

除了費雷拉之外，您或許也聽過我們臺灣的「桌球阿嬤」盧碧春，但在我們肢體健全者的心目中，這些身心障礙運動員的存在，是不是僅僅成為激勵我們的故事而已呢？

已故的澳洲身障權益倡議者史黛拉．楊（Stella Young）就曾在二〇一二年提出、並在二〇一四年一場知名的TED演說後廣為人知的觀點，她認為許許多多身障者的影像（包括運動員），都是她所稱的「勵志A片」（inspiration porn）。她解釋道，她之所以刻意使用A片這個比較強烈的詞，就是目前普遍的熱血敘事方式，將一群人刻意物化、客體化（objectify）之後，另一群人因此獲益。在面對身障者的例子中，多數情況確實將他們物化與客體化，以讓非身障者獲得好處。尤其在帕運中，這些身障運動員，每每可以飛馳而過，或是在輪椅上做著我們常人都難以完成的動作時，更讓我們不得不反視自己，似乎愧對了這副健全的肉身，以他人的故事來激勵自己。

聽來或許刺耳，但是史黛拉．楊的提醒在經過十年之後，已是歐美主流媒體對於帕運論述的重要指南，但我們在臺灣仍舊熟悉、甚至鼓勵那樣的敘事。

當然，那樣的敘事確實有可能為某些身障運動員帶來好處，法國運動社會學家貝爾丹（Yann Beldame）等人的研究就指出，一些身障運動員即便心不甘情不願，但也深知那樣的敘事會為他們帶來更多的關注與贊助，因此在社群媒體上也願意配合演出，以符合主流社會對他們的「期待」。

然而，這樣的敘事角度，也就是我們越只關注在身障者個人成功的奇聞軼事，越不需要考量其他使他們居於弱勢的結構因素，一副好像只要個人夠努力，就可以克服所有先天或後天的身心障礙似的，就這樣，這些故事成了我們卸責的最佳藉口。

貝爾丹等人的研究也指出，儘管帕運運動員有各類、各級別的身障，但是越有肉身與機械一體感的「賽博格」（cyborg），或是所謂的超級身障者（supercrip）特質的帕拉運動員，越能得到媒體的關注與「民粹主義式」（populist）的熱血敘事。因此，當問到各位所知道的帕運運動員有哪些？南非籍的「刀鋒戰士」皮斯托瑞斯（Oscar Pistorius）無疑會是許多人的共同答案，即便不提他在二〇一三年謀殺女友的戲劇性轉折，他奔跑時腿上那雙高科技的合成義肢，讓他賽博格的意象在二〇一二年倫敦奧運與帕運上，成為全球最知名的運動員之一。*

在歷屆帕運中，賽博格與超級身障者的田徑與游泳選手是最受主流媒體所青睞的，一來充滿動態的畫面強化了「勵志A片」的元素，另一方面，這也是非身障者普遍從事的運動，因而更能同理他們的體能展現。然而，光譜另一短的腦性麻痺者的地板滾球就難以受到關注，因為視覺上它「不好看」，這項運動的難度與小肢體動作的技巧非腦麻者難以同理，因此難具啟發性。所以我們注重的是帕運選手的「故事」，不是他們運動的技巧或成就，

諾貝爾文學獎得主石黑一雄（Ishiguro Kazuo）的小說《別讓我走》（Never Let Me Go）中，描繪著一群複製人的悲劇宿命，複製人存在的目的就是以自身器官移植給人類，以延續他們肉身。如果我們只聚焦在這些帕拉運動員帶給一般人的勵志高潮，那麼他們的存在，不也只是以他們肢體上的不同，換取非身障者存有的情感反應？

再從不同角度思考，肢體健全者何嘗不是「假釋中」的身障者呢？畢竟，我們與身障者之間都只是一個意外的距離而已，這麼說來，何不將身障者視為常態？他們的日常生活能力遠超乎你我的想像，每當我在瘋狂的臺北街道上，看到穿梭自如的視障人士，總不免驚嘆他們的「超能力」，但那就是他們的日常，他們既然已能與這社會共處，那我們似乎也沒什麼好為他們大驚小怪的，當他們以義

* 史上共有十六位運動員曾經參加過奧運與帕運，皮斯托瑞斯即為其中之一。

肢飛奔在田徑場、在輪椅上靈活地將乒乓球來來回回，或是拋出滾球準確撞擊目標白球的時候，那都是個人體能極致的展現。

我當然理解，現階段在主流媒體上，能看到帕運的相關轉播與報導，就已經是很大的前進，在這當下還以「勵志A片」來批判這樣的操作，似乎顯得不近人情，但這來自史黛拉．楊的警語總是可以提醒彼此，在巴黎帕運展開時，除了不免俗的帕拉運動員勵志故事之外，我們也不妨更關注他們在場上的競技表現，轉播上，對於他們運動技巧的描繪也可更增加，他們是貨真價實的頂尖運動員，而不只是勵志A片的演員而已。

語言與敘事是一個社會種種價值的具體展現，當然也隨著時代而改變，許多不合時宜的詞語、敘事，都應該與時俱進，「原住民」、「新住民」、「身心障礙者」等等都是時代進步累積而來的成果，這些演變過程中的訴求並非動輒得咎的文字獄或是「左膠覺青」的道德高位，而是朝向多元融合的真正躍進。

運動員的多元宇宙

再怎麼說，運動員都該是運動空間裡的主體才是。但是，當今體壇，不論是奧運賽場上的菁英運動員、或是河濱公園的一日運動員，每個人都被鑲嵌在更大的結構之中，COVID-19 疫情期間，「是否接種疫苗」這看似是個人身體權選擇的自由，都讓運動員感受到防疫的社會壓力，更不用說地緣政治夾縫中，表不表態都動輒得咎的困境。臺海兩岸緊張情勢下，彭帥、坎特、黃郁婷動見觀瞻，俄羅斯入侵烏克蘭之後，俄羅斯運動員又承擔了普丁發動戰爭的罪與罰。這個段落中，我也私心地向英年早逝的阿標學長告別，看似與運動社會學無關，但他的生命，正是多少愛好運動的運動人的縮影。也在這運動人的多元宇宙中，向各位介紹一群啟發著我，同樣熱愛運動，但卻以反對派自居的運動社會學家，每年在年會上相互取暖的可愛模樣。最後，大谷翔平與凱特琳．克拉克，各自在 2024 年的運動場內外，寫下歷史性的一年，不僅是我心目中無庸置疑的年度運動員，更是一個世代的肖像。

個人與群體衝突間，運動員的場外課題

東京奧運結束後，運動員的相關消息仍舊留有餘溫，麟洋配的代言資格爭議，郭婞淳、李智凱、楊勇緯、王冠閎、林昀儒紛紛躍上時尚雜誌；大坂直美、拜爾絲的心理狀態持續備受關注，國內運動員也透過《報導者》一系列心理健康的專題報導，讓讀者理解他們脆弱的一面。另一方面，國際體壇不論是因為疫情趨緩，或是決心與病毒共存的世界體壇，也因運動員是否有權選擇不接種疫苗再掀爭議。這些現象看來似不相關，但問題背後所體現的，正是當代運動員在個體與社會性之間的掙扎。

運動場外要素紛呈，運動員已不只是展現其運動體能極致肉身樣態的一個身分而已。那，當代運動員還該具有何種「成分」，才足以成為一名「完整」的運動員？要探究這問題，就得從當代運動究竟為運動員搭建了什麼樣舞台談起。

運動與背後意識型態的轉型，就是構建舞台樣貌的轉變。原本堅持業餘主義底線的國際奧委會，秉持著運動應該以自身「更高、更快、更強」為終極目的，但是經歷了七、八〇年代的慘澹經營之後，一九九二年巴塞隆納奧運全面開放職業運動員的參賽資格，至此，國族成了商業內涵的華麗包裝，運動員的本質以及階級流動的可能，也從原本僅屬於國家的代理戰士，成為了商業為基底的明星。

魯蘇（Oana Rusu）以羅馬尼亞在一九八九年西奧塞古（Nicolae Ceaușescu）的共產政權垮台後的政治轉型前後為分水嶺，說明羅馬尼亞運動員的角色與社會位階的轉變，之前共產體制之下，運動員以國際賽會成績作為絕對的流動手段，但資本主義下，必須面臨市場機制下各項運動受歡迎程度的變

數。但問題就是，儘管臺灣政治解嚴、職業運動運作都已超過三十年，黨國資本主義遺緒卻依舊引領著運動發展，因此，運動發展的所有問題都是政府的錯，中油的足球隊、傳言中的中華電信進軍職棒，也都還是相同「國家養」的思維。在二不像的運動場域中，使得臺灣運動員面臨著時而得益、時而卡頓的曖昧狀況。所謂的政府照顧，一些運動員被賦予公務員身分，或者安身於教育體系中，成為安身立命、可攻可守的墊腳石。但功成名就後湧入的商業利益，這身分反倒成為絆腳石，麟洋配以公務員的身分能否接商業代言，就是臺灣運動員卡在國家與商業間的最鮮明體現。

無人能否認要成為精英運動員背後所必須付出的努力，但在當今運動繁複體系下，運動員一旦踏上功成名就之路，所面對的許多處境，就不再只是單純的運動而已，盡享光環下，難再以運動是他們自己的權利（right）而能作為說詞，其實整個運動明星體系所給予的是眾多資源打造出來的舞台，菁英運動員這個身分背後所享的其實更接近特權（privilege）而非權利了。

對於有些運動員來說，也許只要運用自身天賦或是苦練的成果，盡情沉浸於其中，享受過程也好、自我超越更棒、世界第一更不得了，痛苦、美好，只要單純就好。但，抱歉，當今運動世界卻並非如此運作，既然臺灣的大家搶破頭要讓運動要成為「產業」，當然會有伴隨而來的諸多場外課題。

首先就是身體之外的心理問題，當曾經最愛的運動已經不再帶給你快樂，你是否還能堅持著？堅持又為了什麼？能否悠遊地轉換心境以為因應？當大坂直美說到，贏球是鬆了一口氣、輸球則是沉重無比的壓力時，這樣的一條路，是否還是她該繼續下去的？舊金山巨人隊一代名捕波西（Buster Posey）「僅」三十四歲之齡選擇退休，放下傷痛不堪的身軀，投入家庭，對他而言，想要快樂打球已是困難的事，這樣的不快樂，甚至不是二千二百萬美金能交換的。

再者，明星的產製系統中，媒體是必然的存在，對於一些內向的人來說，面對媒體可能是令人厭煩的差事，但媒體卻也是成就當代運動英雌與英雄們的必要紅毯。經過百年的演變與共生，運動媒體早已是密不可分的複合體，媒介化的形式，也成了我們理解運動的方式。所以當樂天洋投霸林爵因個人因素婉拒單場 MVP 訪問之後，顯然踩了紅線。不管是個人迷信、不善言辭還是不想要與啦啦隊共舞的尷尬，在此生態下，這都是難以過關的託辭，因為媒體公關已是當前職棒球員的工作內容的一部分。

儘管新媒體、社群媒體的出現，讓運動訊息傳播以新的形式挑戰傳統的直線傳播，記者、大眾媒體只是一個選項、而非必要。但不可否認，儘管在式微之中，但當今大眾媒體依舊有其影響力，尤其在臺灣，運動員與運動媒體由於兩者長期都處於相對邊緣的位置，彼此存在著相濡以沫的革命情感，於是臺灣的運動媒體多半報喜不報憂，若真有憂了，或者噤聲、或者移轉他線記者處理。少數運動員選擇走上不同的路，跨越一切媒體守門人的方式而自行發聲，如謝淑薇自從二〇一六年里約奧運前夕的記者會與國內媒體決裂之後，就以自身的粉絲團成為對外的傳播管道。少了應對媒體的包袱，她倒也自在。然而，多數的運動員並非能擁有如此「做自己」的空間。

不管國族認同任務的賦予也好、社區集體情感的投射或是資本主義市場下的明星商品化符碼，造就今日菁英運動員有著超越極致生理展現的意義。既享權利必然承擔責任，尤其是菁英運動員所享的可能已是特權之時，他們所承受的責任甚至制約，必然更加巨大。哈欽斯（Brett Hutchins）與羅維（David Rowe）兩位學者在評論當代運動員時說到，運動員既從公眾身上獲取利益，那麼也必須承擔對公眾的社會責任。在此環境下，新聞媒體更不應逃避監督之責。運動員不能只在對其有利的狀況下主張利益，但卻在需要監督與批評時逃避。確實，未來若大眾媒體全面棄守，訊息流通被個人社群媒體取代，運動員（或所有公眾人物）得以選擇性地製造與接收訊息，這樣的權利與義務顯然難以對等。所以，在公眾利益的前提下，運動員必然會面對一些不舒服的問題，但這就是代價。

運動員心理狀態成為公眾矚目焦點之後，其實，也正是他們在東京奧運後的影響力依舊，因此在生理之外、看不見的心理狀態成為需要大家關注的面向，這是運動場域獨尊陽剛而強硬（tough）的重要轉向，一方面「不OK是OK的」，另一方面，這也是運動從群體性，轉向個體性內思的重要里程。然而，當一場千年大疫出現，甚至連有了疫苗卻都如此令人茫然之時，運動員在個體與社會群體性之間的平衡，出現了新的課題。

自NBA二〇二一年的開季訓練營開始，籃網隊球星爾文（Kyrie Irving）未接種疫苗的狀況就備受檢視，甚至引發球隊老闆蔡崇信直接下令，禁止他參與球隊活動，直至年底才在NBA賽季中登場。就當球迷們開始淡忘爾文之後，NFL綠灣包裝工的超級四分衛，也是聯盟MVP的羅傑斯（Aaron Rodgers）在萬聖節派對之後也驚傳染疫，也才揭露了他一路欺瞞，甚至在受訪時以「我已『免疫』」（immunized）而非「接種」（vaccinated）一詞來回應記者提問，就是刻意以話術來欺瞞大眾，掩飾他從未接種但卻享有已接種球員免受防疫規定的事實。即使染疫確診後，他仍以各式藉口搪塞不打疫苗的決定，使他成為眾矢之的。網球球王喬科維奇也因其對疫苗不信任的態度，與澳洲維多利亞州政府防疫政策相左，而明年若要尋求澳網衛冕，仍必須接受十四天的隔離和每天 PCR 檢測，而接種過疫苗的選手則可自由入境，無須再接受相關隔離與檢測。

備受矚目的超級巨星們也許在疫苗這事上儘管引人側目，但仍有發語權，而邊緣的菜鳥和後補球員可能就連話語權都沒有了。NHL 紐約島人隊新秀懷爾德（Bode Wilde）為全隊上下唯一拒絕接種疫苗的球員，他還在社群媒體上影射球隊是因他未接種疫苗，而不讓他參與訓練營，並指控球隊此舉違反人權。此事件之後，球隊索性將他租借「流放」到瑞典第二級聯盟的球隊。而爾文在疫苗事件的後續發展中，話鋒一轉，由他自己個人選擇，轉向「為因疫苗政策而失去工作權的勞工發聲」，把自己的高度拉高到疫苗與工作權的議題上。而這確實是 COVID-19 肆虐近兩年來，在全球這個疫情階段逐漸發酵的議題，也是以身體作為生產工具的運動員成為第一線看板人物的新難題。以世界各大職業運動聯盟來說，NHL 迄今已有九九％的接種率，屬其佼佼者者，主要仍是透過經濟誘因，因為工會與聯盟達成共識，若 NHL 球員因染疫而停賽的期間，球團將可能不用支付染疫球員薪資。另外，NHL 是北美洲職業運動中加拿大球隊最多的聯盟（七隊），倘若有人確診，美加邊境管制會更增加球隊戰力的變數，而冰球文化十分強調隊友間彼此照應，別給他人添麻煩，因此冰球球員施打率也較其他運動來的高，也正是群體與個人之間折衝下的結果。

這時代下的運動員面臨著「你的身體不是只屬於你自己的身體」，但如果「你的心理還是你自己的問題」那無疑給了他們更大的後顧之憂，尤其當運動產業愈加成長，附加的元素更加多元之後，當代運動員身、心都鑲嵌在更大、更複雜的關係之中，所以我們在培育運動員的歷程中，不是等他們功成名就之後才來緊急惡補心理諮商、媒體應對等等場外課題，而是讓他們及早理解自身所處的運動（員）與社會的關係。

彭帥、坎特與冬奧——「逆中」風暴下的體壇啟示錄

自從彭帥在二〇二一年十一月初指控與中國前副總理張高麗不倫關係與脅迫性交的微博發文至今的一個多月，引發全球體壇前所未有的關注與「逆中」形勢。#WhereIsPengShuai（#彭帥在哪裡）的社群媒體標籤也成為網壇眾家球星聲援的號召。與此同時，另一個讓中國傷腦筋的是剛入籍美國並更名為「自由」的土耳其裔 NBA 球員坎特（Enes Kanter Freedom）。他屢屢在社群媒體發文以及主流新聞媒體受訪時，表達對新疆維吾爾人、香港、西藏、臺灣的支持，近日更直接點名目前人正在中國 CBA 打球的林書豪，稱他因人民幣而噤聲，呼籲他將道德置於金錢之上。

體壇類似事件發展至今，當中最令人振奮的莫過於國際女子網球協會（Women's Tennis Association, WTA）主席賽門（Steve Simon）的表態，他在整起事件中站在第一線，從對彭帥人身安全的質疑以及呼籲中方正面應對未果之後，斷然宣佈 WTA 即日起終止在中國與香港的所有賽事，從二〇二二年女網上半季賽事來看，WTA 確實說話算話，儘管此舉可能使得他們損失高達十億美金的收入。賽門才在二〇二一年 WTA 官方所出版的媒體指南中，以推動 WTA 的全球化、尤其是在亞太地區的成長而備受讚譽，但是他卻在面臨可見而立即的財務損失之下，甘冒中國大不諱，疾呼並捍衛他旗下女性網球選手的生命與自由。

近年來，每每在人民幣之前低頭的各大運動組織，包括 NBA 處理前火箭隊總管莫雷發文挺香港、英超對於當時效力於兵工廠隊的厄其爾（Mesut Ozil）發聲力挺新疆維吾爾人等事件之後，各自所屬

的運動組織紛紛以無視甚或切割來回應，因此 WTA 這樣的大動作著實令人眼睛為之一亮。而回顧過往女網在運動史、甚至人類性別平權進程上扮演著先驅者角色，因此這樣的傳統實有例可循。

素有「女神」（La Divine）之稱的法國女網傳奇蘭格倫（Suzanne Lenglen）在一九二〇年代開始換上短袖、寬鬆百褶裙，改變傳統及踝連身裙、束腰襯裙的不適宜服儀，加上豪邁的打球風格，為女網寫下初始的叛逆。一九七〇年代，更是女網開展性別平權的關鍵年代，在世界網球雜誌以及維珍妮涼菸的贊助下，比莉．珍．金恩（Billie Jean King）號召八位同袍，為女子職業網球踏出平權重要的一步；一九七三年，她在「性別之戰」中，以直落三擊敗前溫布敦男單冠軍瑞格斯（Bobby Riggs），具有極大的象徵與實質意義。日後，她的出櫃，更引領女網選手在同志平權的奮鬥。二〇〇七年，溫布敦加入了其他三大滿貫賽的行列，將女網獎金提高至與男網選手一致，自此完成四大賽男女網獎金同酬的里程碑。

這些進步的價值，衝撞著運動場域中既有的保守氛圍與運動商品化的唯利是圖。與 WTA 相較之下，由於中國的阿里巴巴與蒙牛近年已躋身奧運頂級贊助商「奧運夥伴」（The Olympic Partner，簡稱 TOP），國際奧委會與中國利益牽扯漸深，北京冬奧在即，原本網球與冬奧無涉，但國際奧委會主席巴赫（Thomas Bach）卻多次攬任在身，企圖扮演和事佬的角色粉飾太平，向外界傳達所謂彭帥平安的消息，不論動機或是成效，都讓人見其丑態。

當然，中國自走向「改革開放」以來，一直是全世界職業運動所覬覦的廣大市場，前仆後繼，樂此不疲。彭帥事件餘波下，WTA 儘管身先士卒，但其他網球主要組織卻不同調。ATP 男網表示目前不會跟進WTA的抵制措施，國際網球總會ITF在十二月六日更表明他們將不會以停辦賽事的手段來「懲罰十億人」，諷刺的是，該組織頂級賽事，也就是原名聯邦杯的女網國際團隊賽事自二〇二〇年已更名為比莉．珍．金恩盃，但卻與該賽事命名精神象徵者的意志相違背。

網球之外，F1的Alfa Romeo車隊簽下中國車手周冠宇，就是賽車界依舊追尋中國市場的企圖，儘管疫情下，中國站自二〇二〇年起，甚至連二〇二二年都會缺席F1分站賽事，但是有中國車手加盟，正如同姚明之於NBA一樣，F1期望能藉此國族包裝的特洛伊木馬深入中國市場，並已積極策劃未來在上海之外的第二站賽事。

然而，許多國際賽會組織也逐漸意識到，在追尋中國市場利益之際，所必須承擔的政治與市場資訊不透明下的經濟風險，英超或許是第一手嘗到苦果的頂級職業聯賽。原本蘇寧集團旗下的PP Live以三年七億美金的天價買下英超二〇一九—二〇賽季到二〇二一—二二在中國的轉播權，但是在疫情爆發，英超停賽之際，蘇寧抓住中斷的英超賽季，作為其當初高估英超市價的開脫藉口，斷然拒絕支付餘款，後來騰訊臨時接手，並以一年一千萬美金「偷」到二〇二〇—二一賽季的轉播權。震盪的英超在中國市場，愛奇藝再拿下未來四年的轉播權，雙方未公布成交價，但業界評估應僅剩蘇寧合約總值的一半左右。高風險是否真能換回高報酬？西方運動界對於中國的矛盾情結，也許從北京冬奧男子冰球項目中國是否該參賽可見端倪。

北京冬奧之中，中國以地主之姿，原本就可以參加所有項目的比賽，但是男子冰球與世界列強的落差過大，本屆賽事分組抽籤又恰與美加兩大超級強權加上近年來勢洶洶的德國同分在A組，上屆平昌冬奧韓國雖也以地主資格參賽，但在 NHL 缺席以及允許韓裔及歸化球員參賽下，雖然預賽三戰全敗，但是輸的比分仍在可接受範圍。本屆不但 NHL 預定與會（但隔年一月十日前仍可退出），中國又不允許美加的華裔球員入隊，全華班的中國隊，預賽每場很可能會面對〇比十五的慘狀。北美的 NHL 或是國際冰球總會 IIHF，一方面想透過最頂尖球員與會，將冰球打入中國市場，但是一但此等羞辱比數在自己家裡出現，實在難以讓中國人對這項運動抱以希望，所以也不斷考驗著 IIHF 的決策，中間曾以中國可能「無法達到競賽標準」為由多次開會討論，直到十二月六日，方才做出中國隊仍可與賽的最終定論。

在此全球地緣政治緊繃之時，恰巧又是北京冬奧即將展開之時，由於冬季冰雪運動的特性，原本就以溫帶國家為發展中心，北歐、阿爾卑斯山麓諸國、美加等國才是要角，中日韓近年則在花式溜冰、滑雪板、滑雪跳遠及短道競速溜冰屢有佳績。但先天氣候條件與後天訓練與競賽高昂成本，使得上屆平昌冬奧就僅有全球四五%的國家參賽，本屆在疫情攪局下，可能更低於此線，加上對觀眾而言，東京夏季奧運剛結束，接連賽事的「奧運疲乏」也在多方預期之內。而聯合國雖已象徵性地通過「北京冬季奧運奧林匹克休戰決議」，但是包括美、日、印、澳等二十國也拒絕簽署，顯見這些國家連面子都不給，美國總統拜登更宣布將以外交抵制的方式，將不派出任何官員與會，此屆冬奧規模與氣氛上雖然冷清但煙硝味可能更勝以往。

Omicron 變種病毒影響下，原定二〇二一年十二月中在瑞士琉森開幕的冬季世大運已經宣布取消，但是中國官方已經表示堅定立場，本屆冬奧將會在更嚴格防疫措施下如期舉行，其實欠缺外國觀眾，加上外國代表團紛紛缺席的情況下，雖然看似面子不好看，但對於中國政府而言，雖然少了觀光收入或是萬邦來朝榮光場景，但實則卻可讓他們鬆一口氣，藉此根絕了「外國勢力干預」的機會，試想，若是外國觀眾身著 #WhereIsPengShuai 或是外國代表團藉此傳遞抗議訊息，北京當局面子勢更掛不住，更何況，還有「萬里防火牆」罩著。二〇〇八年北京夏季奧運期間，外國媒體僅能在特定旅館以及媒體中心享有自在的網路通訊，儘管表面宣稱如此，但 IOC 事後也承認他們與北京當局達成協議，封鎖了部分網站。二〇〇八年時況且如此，如今草木皆兵、無處不辱華的氛圍下，二〇二二年冬奧的資訊傳播又會是如何？至今 IOC 官方僅有在二〇一六年時正式宣布他們對於北京冬奧網路自由「有信心」，除此之外未見任何冬奧期間網路通訊自由度的相關消息，在疫情下已經限縮的媒體採訪陣容，冬奧期間的訊息流通將更受限制，而從國際奧委會近年來的作為來看，他們也不會是可以期待的改變力量。

#謝淑薇在哪裡

女網領先國際奧委會，再一次走在引領進步價值的前線，尤其巧合的是，雖然前面提到女網與冬季奧運看似兩條平行線，但二〇一四年索契冬奧，當時美國總統歐巴馬為了傳達對俄羅斯反同政策的抗議，就特別任命比莉．珍．金恩為美國代表團成員，八年之後，冬奧與女網再次交集。既然有極權國家意欲以冬奧洗白其形象，當然必須面對官方說法之外的檢視。

相關事件發展過程中，尤其令人感到惋惜的是謝淑薇的靜默。她與彭帥在二〇一三年法網和二〇一四年溫網奪下女雙冠軍，後因體能師等等的矛盾導致有二十年情誼的兩人拆夥，但是以謝淑薇在國際女網的成就，尤其彭帥又是她生涯中最成功的搭檔，就算曾有天大的矛盾，但此事關人身安全的事件中，未曾公開對彭帥聞問與表態，錯失了展現人道的關懷與氣度的良機。如果連如此具有指標性的謝淑薇都如此，不難想像「運動歸運動、政治歸政治」這十字咒語的魔力，但運動員與觀眾也必須知曉，之所以能「無憂無慮」地競賽與看球，正是因為全球主流民主自由的意識形態給予了他們這樣的舞台與看台，而這些先決條件並非理所當然，而是經過爭取進而需要捍衛的。

西方陣營對於市場開放的中國，過往普遍天真地帶著傳統馬克思理論的思維，也就是希望透過改變中國的生產與經濟型態的基礎建築以改變上層建築的意識形態，並漸進式地將中國導入自由民主的和平改變途程；殊不知，在與中國交流的過程中，被改變的反倒是西方自己。WTA 的立場與坎特的持續發聲或許是這道潮流中的一小道逆流，但是卻難給予直接的轉向。真正的改變需要所有關注運動的人一起努力，進而給予這些國際運動組織壓力，甚至透過國際運動賽事的場域，進而擴大到其他層面的影響力。

冷戰——北京冬奧與兩岸夾縫下的臺灣運動員

競速滑冰選手黃郁婷練習時一襲中國代表隊服，點燃臺灣原本冰冷的北京冬奧新聞，也再次觸動兩岸認同的敏感神經。千夫所指的黃郁婷，試圖以「運動無國界」的道德高位平息眾怒，但卻火上加油。因為如果運動真無國界，那就根本沒有奧運了。除了是以國家為單位與賽奧運之外，現代奧運之父古柏坦爵士，就是在其祖國於普法戰爭中敗給普魯士之後，激發了復興奧林匹克理念的念頭，而第二、第三屆的夏季奧運，之所以一九〇〇與一九〇四年分別在法國巴黎與美國聖路易舉辦，就是為了依附在同以國家為單位進行的世界博覽會下的娛樂項目。

無獨有偶，雖然受矚目程度沒有像黃郁婷事件來的那麼高，但是長年浪跡海外踢球、現今效力武漢車谷江大女足的曾淑娥，在亞洲盃臺灣與中國之戰前，也在其臉書上貼出「祝福武漢的好姐妹們比賽順利、開心奪冠」的訊息，卻未對同樣是「姐妹」、且不須「翻牆」就能得到她祝福的臺灣女足有所表示。

運動以其「無槍炮的戰爭」的特質，在緊繃的兩岸關係下，所扮演的不僅僅是準戰爭的替代物而已，雖然偶見兩岸在國際賽場上正面對決的肅殺之氣，但事實上，運動場內外的兩岸關係，除了競爭之外，還有許多檯面上的往來與檯面下的暗流，這一切要比想像的密切與複雜許多。

自一九九七年成立兩岸體育交流座談會開始，相關的交流就已經漸趨常態化，二〇一一年，兩岸奧會更確立了「六來六往」的交流計畫，也就是中華臺北奧委會所屬下，每年會有六項重要活動至中國，中國奧會方面也會有六項重要活動來臺舉行，在此原則下，各自協會所屬的運動團隊及運動員，都有常態的交流，個人的往來就更加頻繁。各項運動人才與事業，從棒球、籃球、乒乓球、足球、圍棋、自由車、田徑，甚至電競等項目，都不斷跨越兩岸政治上的海峽。即便是在已逾兩年的疫情剎車下，大規模的官方交流漸趨停滯，但語言、文化、距離、運動實力等因素，依舊驅使著臺灣運動人才西進，而政治意識形態以及軍事對立，都在這樣的交流下刻意淡化或無視。

臺灣體壇中，或在中國發展、或是親族間有往來兩岸生意者並不在少數，也可透析出兩岸體壇不是如此單純的非敵即友的二分關係。這些西進者，明白自己的處境，許多人必須壓抑自己的政治意識形態、不問不說，甚至問了都不能說而求自保，但與此同時，也有大中國情結者穿梭優游其中。自黃郁婷事件爆發後，許多人以蔡英文總統「沒有人需要為自己的認同道歉」為她緩頰，確實，個人層次上的認同，都是自身生命經驗所建構，外人難以置喙，但一旦如黃郁婷身為國家代表隊的一員，就算不是其真心想望的國，都至少需有權利與義務對等的基本觀念，此時，個人的認同就必須包覆在更高層次的國族認同符號之下。

原本運動多發生於「民間」（至少名義上）團體與個人的交流，卻因為運動所乘載的意涵，讓中國官方注意到並且企圖運用在對臺工作上。

中國國台辦於二〇一九年十一月四日公布「關於進一步促進兩岸經濟文化交流合作的若干措施」（簡稱對臺二十六項措施），其中第二十五與二十六條，就是針對臺灣體壇而來：

二十五、歡迎臺灣運動員來大陸參加全國性體育比賽和職業聯賽，積極為臺灣運動員、教練員、專業人員來大陸考察、訓練、參賽、工作、交流等提供便利條件，為臺灣運動員備戰二〇二二年北京冬奧會和杭州亞運會提供協助。

二十六、臺灣運動員可以內援身份參加大陸足球、籃球、乒乓球、圍棋等職業聯賽，符合條件的臺灣體育團隊、俱樂部亦可參與大陸相關職業聯賽。大陸單項體育運動協會可向臺灣同胞授予運動技術等級證書。歡迎臺灣運動員報考大陸體育院校。

在冬季奧運、亞運、世大運（成都）這二〇二二年的三大賽都在中國舉辦之際，對於臺灣體壇的挑戰不言可喻。第二十五條中，就特別針對這些賽事，聲明會提供臺灣運動員的協助；第二十六條，也點出了臺灣近年來依賴中國的運動項目，這些項目除了以個人身分西進者眾之外，更不乏運動團隊的加盟，次於乒超的甲A聯賽，近年來臺灣就有國泰女桌、智淵乒乓運動館、第一銀行等男桌以團隊形式與賽，圍棋也以棋院為單位，在圍乙、圍丙等級的聯賽浮沉。由此可見，臺灣體壇中，各種與中國間剪不斷理還亂的千絲萬縷，就如此牽絆著兩岸的政治應對，也讓臺灣多少在原本「應然」的事務上多了許多「實然」的後顧之憂。

曾幾何時，「運動歸運動、政治歸政治」，成了許多運動人膝反射式的標準答案。但隨著國際政治以及時代精神的轉變，北京冬奧開始之前，國際間就有許多運動員對於過往不涉入政治的立場有所反省。足壇超級巨星，也是曾任德國國家男足與拜仁慕尼黑隊隊長拉姆（Philip Lahm）就曾於德國《時代週報》與英國《衛報》共同刊載的專欄中撰寫了一篇名為「在體壇也可以說不」的評論。他立場鮮明地指出，在如今這個時代，運動就是政治，因此運動明星絕對不應該徹底置身於政治之外。在臺灣，我尚不敢期望運動員能有此認知，畢竟，絕大多數的他們，都選擇在政治與社會議題上缺席，但我認為，在此關鍵的二〇二二年，臺灣的運動員都至少該對於兩岸目前關係有所認知，進而關注國際政治、性別、種族等議題，以提升其「政治敏感度」，不能再縱其以「只專注在賽場」、「政治敏感度不足」為由而開脫。

運動與人權議題的爭辯中，時常可見「那是他國文化，應該予以尊重」，「罵中國如何如何，怎不先看看臺灣、美國自己如何如何」等文化相對主義的論調，但是，這正是自由派論點下，容易被中國見縫插針之處，面對著專制統治的政權，任何認同、民主、人權議題的相對主義都是危險的，當坎特、德國、加拿大等國的運動員與運動組織或高聲拮抗、或反省參與由中國主辦的運動賽會之時，體育署、中華臺北奧會到運動員都是如此舉棋不定與逃避，最後甚至仍讓風暴中心的黃郁婷擔任掌旗官，任何人都心知肚明，這些意涵與後果絕非僅限於運動場內，因此，若仍高喊「運動歸運動、政治歸政治」者，不論出於天真至極或是刻意欺騙，都是不該原諒的惡行。

要知道，惡魔最高明的伎倆，就是讓人相信惡魔並不存在，那句關於運動與政治的十字咒語，正是挾運動以行惡的終極護身符。

承此戰略，北京冬奧開幕式中，導演張藝謀（當然是經過長官指示或認可後）大量使用兒童作為呈現的元素，「未來冠軍」、合唱奧運會歌、「雪花再現」中手持和平鴿等表演橋段，全都以兒童貫串，試圖以無法批評的兒童純真作為冬奧去政治化的手段，以消解西方諸國對中國人權與民主現狀的批評。畢竟，當你看著這些萌到不行的孩子時，怎麼還能相信有惡魔的存在呢？開幕式最後，更選定由「〇〇後」的維吾爾滑雪選手迪妮格爾．伊拉木江擔此其中一位點燃聖火者，與二〇〇八年由實至名歸的李寧擔綱大異其趣，這樣的選擇，不是中國人熟悉的論資排輩，不是以功績決斷，而是毫不掩飾其對西方世界質疑新疆維吾爾人權之下，所送出的一記正朝腦袋而去的直球。

自從東京奧運的經濟艙事件之後，臺灣體壇官方最高機構的領導者已經代理達半年，要嘛表示缺了這樣一位政務官也沒差、要嘛表示教育部長甚至其他行政官僚就足以越俎代庖，不論如何解讀，都是臺灣體壇的重傷，此次在體育署長位置懸缺下，反覆之後決定出席北京冬奧開幕式，甚至還以曾公開（是的，在自己的社群媒體上發布，當然就是公開）穿上中國隊服的運動員擔任一國門面的掌旗官，所釋放出的外交訊息都是極為混亂與失格的，國際外交固然都以各國自身利益為先，但與臺結善而不惜犯中的友邦們，難道不會有「你們自己都不爭取，我們所為何來」的感慨？

在臺灣原本邊緣的冬奧，加上國際社會間如此反中的氛圍助陣下，依舊凸顯出了臺灣體壇在面對中國下的困窘，可以預期的，臺灣運動員在東京奧運後所累積的國族認同能量下，缺席杯葛成都世大運與杭州亞運已經不可能是選項。對於臺灣更不利的是，世大運在西方所受重視程度遠不如奧運，亞運參賽諸國反中雜音顯然將降低許多，屆時臺灣運動員將如何自處？我們的政府又該釋出何種訊息？黃郁婷事件只是一項示警，可見的未來，臺灣運動外交都將持續面臨更大的挑戰。

運動制裁的正義與痛點：運動員需要扛起引戰國家的原罪嗎？

二〇二二年五月，西倫敦史坦福橋球場的貴賓包廂中，美國富豪波利目睹著他剛買下的切爾西，在傷停補時的最後一分鐘，被來訪的狼隊破網追平，他失望的表情，已然成為球迷圈流傳的新迷因。

波利之所以能以四十二點五億英鎊的代價買下這支英超豪門，正是俄羅斯入侵烏克蘭之後，英國政府除了沒有直接軍事行動支援之外，而以各方面制裁俄羅斯的成果之一。切爾西原先的老闆俄羅斯寡頭企業主阿布拉莫維奇由於與普丁過從甚密，很快就被列入黑名單之中。但切爾西又屬英國的運動文化資產，因此英國政府允許阿布拉莫維奇以「沒有獲利」的價格出售他一手打造的豪門。在之前的兩個月間，切爾西僅能在特許模式下經營，球團不得再販售新的門票、不得進行球員買賣，財務上僅得以支付薪資及基本營運所需、甚至連球隊赴客場比賽時的交通費用都僅有二萬英鎊的上限等等緊縮至極的措施，就連球迷也遭牽連其中，僅有在禁令下達前就已買票的球迷進場，官方商店也不得再販售任何商品。就在英國政府所訂的出售球隊截止日前，手中已經握有美國洛杉磯道奇、湖人、火花等職業球隊股份的波利，就在三個主要競標的財團中脫穎而出。

除了英超球隊的所有權之外，全英草地網球俱樂部在同年四月下旬宣布，溫布敦網球賽將禁止所有俄羅斯與白俄羅斯的選手出賽，以免這些球員的表現「有助於俄羅斯政權的宣傳機器」。儘管國際網球主管機構如 ATP、WTA 及 ITF 以及五月下旬即將展開的法國網球公開賽，都仍允許這兩國選手以中立身分出賽，也就是會場不懸掛國旗與演奏國歌的方式。接下來，反而是 WTA 考慮對全英俱樂部進行制裁，因為 WTA 相信「沒有運動員應該因為其國籍或其政府所為而受到禁賽的處分。」

溫布敦的禁令，也就表示曾經短暫登上球王寶座的俄羅斯選手梅德維迪夫（Daniil Medvedev）將無緣在生涯如日中天時，爭取生涯首座溫網冠軍。也讓西班牙納達爾、甚至英國自家的莫瑞都表示對全英俱樂部的失望，但莫瑞也說道：「在這複雜的情況下，沒有正確的答案。」

截至目前為止，世界各主要運動組織，在國際奧委員會的呼籲下，俄羅斯幾乎已經全部消失在國際團隊競賽的層級，超過六十個運動協會、聯盟、組織、團隊等，都已實行對俄羅斯體壇進行全面或部分的抵制措施。至於職業運動員，則多半允許他們以個人中立形式參賽。

誠如納達爾在評論俄羅斯選手被溫網禁賽時所表示，只要還有烏克蘭人民死於戰火下，運動員所做的一切都顯得微不足道，那麼這樣來自運動世界各種程度不等的反制措施，究竟是否能收到制裁的成效呢？

一九三六年柏林奧運會前夕，美國體壇也曾經就是否杯葛該屆賽事有過激烈的爭論，以美國奧委會主席布倫達治（Avery Brundage）為首的參賽陣營與美國業餘運動協會主席馬洪尼法官（Judge Jeremiah Mahoney）為首的杯葛陣營針鋒相對，也正是在此爭議中，布倫達治的名言「運動容不下政治」（Politics has no place in sport）開始流傳於世。期間，美國籍的楊克（Ernst Lee Jahncke）因大力呼籲抵制柏林奧運，成為史上首位遭除名的 IOC 委員，而羅斯福總統則保持中立立場，不表任何意見。最終，支持參賽陣營以五八・二五比五五・七五的些微差距險勝，美國決定參加柏林奧運，其他原本有疑慮的國家包括英國、加拿大、法國也陸續加入，共計四十九國參與柏林奧運，成為二戰前的最大國際盛會。

柏林奧運最具代表性的人物，無疑是田徑項目奪下四面金牌的歐文斯（Jesse Owens），他讓高唱亞利安民族優越論的希特勒臉上無光，甚至憤而拒絕與歐文斯會面，成為全世界對於該屆奧運的最重要註解。但別忘了，德國依舊是該屆賽事最大贏家，拿下包括三十八面金牌的一百零一面總獎牌，遠超過美國的五十七面獎牌，希特勒依舊得以藉此大加宣揚亞利安民族的榮光。

歷史的進程，總是可能分歧於最微小的細節。柏林奧運賽前，美國全國有色人種協進會（National Association for the Advancement of Colored People, NAACP）向歐文斯提出建言，希望他加入杯葛的行列，原本歐文斯同意杯葛，但最終在布倫達治近乎威脅之下而參賽。想像一個平行宇宙，倘若美國奧委會通過杯葛，或是歐文斯堅持與美國全國有色人種協進會同一陣線，或是歐文斯在歷經舟車勞頓後的狀況不佳，那麼就沒有「一個非裔美國人讓高唱亞利安民族優越論的希特勒臉上無光，甚至憤而拒絕與他會面」的歷史敘事角度。在沒有歐文斯這個「污點」的情況下，希特勒是否就更讓其宣傳機器肆無忌憚？反觀法國擊劍選手沃爾夫（Albert Wolff）因其猶太人身分而抵制柏林奧運，但歷史洪流中，能記得他的，又有多少？

類似情境下，二〇二二年北京冬奧雙金得主、德國的無舵雪橇選手蓋森伯格（Natalie Geisenberger）表示，選手在杯葛與參賽之間的夾縫中是十分無奈的。她了解中國的人權現況、她也知道一旦到了北京，她的言論與人身自由都將受限，但就算她選擇抵制了，放棄可預見的獎牌與榮耀，那麼「出賽名單上總會出現另一個名字，這無法改變任何事情。」

確實如此，如同工運中出現工賊（strikebreaker）破壞罷工力道一般，除非國際體壇所有利害關係者齊一戰線，否則，這參賽與否的道德重擔還是會很不公平地落在個別運動員身上。要避免這樣的困境，最關鍵的仍在於釜底抽薪，IOC 等國際運動組織，能否在決定主辦權時，抵抗來自極權國家各項看似優渥條件的誘惑，將民主、人權等議題以及各國國內民意支持與否納入決策的考量，避免讓運動員陷入個人權益與國家意識形態之爭。這點尤其困難但卻重要，近來民主諸國的市民社會，都已洞悉了過往主辦超大型賽會所可能帶來的經濟與社會困境，因此若透過公投方式議決是否主辦，多半都會遭到否決。歐美各國針對二〇二二年與二〇二六年冬季奧運申辦與否的八次公投中，僅有奧斯陸獲得公投過半的結果，但最終也在政權交替以及相關經費未獲議會通過等因素下，退出該屆奧會的申辦（詳見附表）。

然而最大的挑戰在於，極權國家是根本不存在著公投這玩意兒的，在民主國家的公民社會不斷否決的同時，那些國家卻亟欲透過運動來洗白自身形象或轉移國內問題的注意力，造成二〇二二年冬季奧運只能在中國與哈薩克兩個獨裁國家之間擇一的困境，也就是奧運史學家麥克阿倫（John MacAloon）所稱的「惡魔抉擇」（devil's alternative）。國際運動組織在面對民主國家與專制國家對於運動賽會的態度此消彼漲之際，必須要有更堅定的立場。

這波對俄羅斯的制裁中，英國採取最嚴格標準，連俄羅斯公民都遭列入制裁對象，但即便是英國體壇史，對於相關爭議的處理，其實也充滿不確定性與多重標準。早在一個世紀之前的政治與運動相涉之時，英國就曾有類似的反應。第一次世界大戰戰後的一九二〇年，英格蘭就拒絕與引戰、最終戰敗的同盟國在足球場上交手，甚至拒絕承認他們的會員身分，最後憤而退出國際足總。直至一九二四年方才重返（後又因職業、業餘之爭於一九二八年再度退出，二戰後才又加入至今）。一九八〇年莫斯科奧運，英國奧會並不理會美國卡特與英國柴契爾政府因蘇聯入侵阿富汗之後的抵制呼籲，反倒堅持自己的獨立性，馬術、曲棍球、帆船及射擊決定杯葛，但其他項目則以奧運會旗與會歌替代英國國旗、國歌的方式，參加該屆賽會。

在當前國際氛圍中，制裁程度多少也反映了不同的國際運動組織看待運動員與國家機器間的關係。英國認為，上至俄羅斯寡頭一手打造的英超豪門，下至俄羅斯個別運動員都是普丁政權所統御的宣傳機器，但阿布拉莫維奇與梅德維迪夫雖然看似都是俄羅斯入侵烏克蘭之後被波及的連帶損害，但兩者程度卻又該有所

附表 近八次公投申辦冬奧結果

城市，國家	申辦之冬奧	結果	通過率	舉行時間
聖莫里茲，瑞士	2022	否決	47%	2013 年 3 月
慕尼黑，德國	2022	否決	48%	2013 年 11 月
奧斯陸，挪威	2022	通過	55%	2013 年 9 月
克拉考，波蘭	2022	否決	30%	2014 年 5 月
聖莫里茲—格里桑，瑞士	2026	否決	40%	2017 年 2 月
茵斯布魯克，奧地利	2026	否決	47%	2017 年 10 月
錫永，瑞士	2026	否決	46%	2018 年 6 月
卡加立，加拿大	2026	否決	44%	2018 年 11 月

資料參考自 Jean-Loup Chappelet （2021） Winter Olympic Referendums: Reasons for Opposition to the Games, The International Journal of the History of Sport, 38:13-14, 1369-1384。

差別才是。阿布拉莫維奇的寡頭利益與普丁政權緊密關係，因此受到制裁堪稱合理，但類似他的其他中東、中國等專制政權下所獲益的財團所擁有的足球隊，英國政府是否又能以相同標準對待？

其他各運動組織多半寬以待個別運動員，嚴以待團隊運動，就是因為當中團隊運動和個人運動存在著國族認同成色的差異，梅德維迪夫等在內的俄羅斯與白俄羅斯在內的運動員，每個人與該國政府的關係有所不同，若因簽署反普丁、反入侵烏克蘭宣言才獲准參賽，是否又會危及他們自身甚至在國內家人的安全？一連串難以回答的問題，在在凸顯運動與政治的難解習題。

運動與國族的結合並非歷史的必然，只是自一八九六年現代奧運起始後，成為國族的人造附帶品，運動（員）既從政府得到養分，在國與國的衝突中，也宿命般地成為連帶損害的犧牲者，不論是歐文斯看似相對主動的選擇參加柏林奧運，或是梅德維迪夫被動地被溫網排除在外，運動員在此間的能動性都極為有限。

運動社會學家的社交距離——守住運動批判者位置

因為疫情睽違三年，二〇二二年國際運動社會學者的年度聚會——國際運動社會學年會（International Sociology of Sport Association, ISSA），終於在德國杜賓根大學（Universität Tübingen）展開。ISSA 是一九六五年在巴黎成立的學術社群，旨在結合來自全世界洞悉運動場域中的議題，並以社會學為切入視角的學者，目前與北美、南美、歐洲、日本、韓國與臺灣等區域的運動社會學會合作，並出版《國際運動社會學評論》（International Review for the Sociology of Sport），目前有來自三十六個國家、超過三百名的會員，為世界上最為重要的運動社會學學術組織之一。

與絕大多數的臺灣人一樣，因為疫情兩年多沒出國，蒙灰的行李箱、沒過期的護照、外幣夾中的歐元、符合歐盟規定的口罩、各式不時之需的居家良藥一一生疏地確認。登機後，比起預想中還多的乘客，再增添了這兩年來習慣性的人群恐懼。在伊斯坦堡機場轉機，迎來更加震驚的景象，幾乎沒人戴口罩！到了德國，僅有大眾運動運輸工具上移動的人們戴著口罩，但下了車總是迫不及待地扯下，儘管行前已有聽聞歐洲已經正常過日子，但親眼所見，震波依舊強烈。

速度與距離都是相對的概念，這兩年多以來，每個人被疫情圍困下看似的不變，其實隱藏著更多令人措手不及的驟變。

對許多人來說，護照是疫情下最派不上用場的東西，剛當上新手媽媽的英國好友、諾丁漢純特大學（Nottingham Trent University）的資深講師艾莉．波絲（Ali Bowes）想帶著孩子一同赴德，才發現疫情期間英國人護照過期的人太多，要幫小諾亞（Noa）新辦護照得等上兩個月，只好作罷行程。遇上脫歐後首度出國的蘇格蘭摯友艾倫．拜爾納（Alan Bairner），一定不忘虧他：「現在你知道我們入境時排在『其他護照』（All Passports）這條線，有多漫長了吧？」

幾番周折，儘管少了些熟悉的面孔，但國際運動社會學界的大家都勉其力抵達了德國。也許是三年未參與這些學術活動，大家生疏了些，連活動的安排都讓人有些許「驚喜」。首日報到處與專題演講的場地在校園的兩端，如果要走路，得在蜿蜒的丘陵間花上五十分鐘，搭公車也必須先回到市區轉乘才能抵達，此時，歡迎會上的研討會主辦人，杜賓根大學教授阿斯尬．提爾（Asgar Theil）拿起麥克風說著：「請大家移駕到運動科學中心，我知道有點遠，但你們都是高級知識分子，你們一定都會找到路的！」

回想二〇一七年自己在臺灣主辦國際運動社會學年會的經驗，作為東道主的我們，怎麼可能如此怠慢遠道而訪的貴賓？同樣的狀況下，當然是接駁車待命，加上工作人員悉心呵護與指示著他們前進的路線。但德國人不卑不亢、友善但不逢迎的待客之道，將與會的各國學者視為更為成熟的獨立個體，本來嘛，空間裡的移動，不但是更真切貼近一座城市的方式，更是理解自我的旅程。

三年了，世界的變化、至少是在運動世界的變化來的讓人措手不及，運動社會學者以社會參與為己任，這幾年來疫情、種族、性別、全球化、戰爭、國族主義接連丟來一顆顆刁鑽的變化球，疲於接招之際，另一方面，自身也同樣感受到來自（後）疫情全球高教體制與資源的變化。

在諮詢委員會議中，學會理事長麥可．山姆（Michael Sam）拋出一個話題供大家集思廣益，也就是請大家研議未來的研討會，是否有可能不再是每年實體舉辦的形式。此話題令我頗為驚訝，原以為在 COVID-19 兩年多的疫情下，蘊積的學術能量和厭倦遠距會議的心態下，更應該讓大家珍惜這每年難得的聚會才是，但是全球高教在疫情衝擊下，研究經費著實受到極大影響，包括山姆本人所在的紐西蘭，由於所處地理位置，前進世界各地的差旅費用總是十分高昂，因而首當其衝；連位處歐洲中心的洛桑大學的露西．邵克（Lucie Schoch）也提到，瑞士政府以環保為名，大幅減低各大學搭機參與國際會議的交通預算。

臺灣高教當然有著我們的問題，但與各國學者所擔心的重點不同，臺灣在科技部的支持下，出國參與國際研討會一直是重點補助項目，在每年的研究計畫申請案中也是連帶補助，鼓勵出國與跨國合作，這是臺灣作為島國重要的視野，而這國際交流的場合，也正是了解臺灣與世界相對位置的方式。

東亞各國在此次會議中遠低於過往的出席率，也顯見了東亞在（後）疫情的步伐上仍在追趕中，以往總有極高出席率的中國，在堅持清零的與世隔絕策略下，僅有原先已在海外的年輕學者與會，日韓學者的出席同樣遠不若以往。而臺灣反倒在逐漸與病毒共存的生活途程上，此次有來自國體、致理科大、臺大、臺師大等多校老師共同參與。主要在於此次年會中的重要議程，包括本人所主持的國立體育大學與英國運動研究重鎮羅浮堡大學（Loughborough University）的臺英批判運動網絡的圓桌專題，在科技部的支持下，支持年輕學者的跨國交流。之前透過問卷調查的方式，為臺英有著共同研究領域的運動社會學者配對交流，希望促成學術網絡更進一步交流與合作，雖然有一些配對成功的學者因為學校及個人因素未能成行，但已經為臺灣運動社會學的交流開啟新頁。

這計畫在執行的技術面上，雖然僅是個一年半的交流，但彼此之間情感面與社交面的往來卻已經超過十年，而那樣的羈絆，與其說是長期經營，但不如說是堆積於一個個不經意的真情時刻。幾年前，在一次與艾倫聊天中，他提起他的母親是來自蘇格蘭的巴克禮家族，我們之後就總愛用巴克禮神父在臺灣的歷史地位與貢獻，刻意穿鑿附會地說著他與臺灣這片土地的深厚連結，這位在國際運動社會學界中教父級的學者，竟是個愛吃臺式熱炒和用臺灣花生配啤酒的蘇格蘭人，而他也正是臺灣在國際學界中的重要夥伴，透過著作的出版、一場場的演講，為臺灣發聲。與各國學者的深刻交流，讓他們理解並同理臺灣的處境，也在二〇一九年紐西蘭年會時，面對中國代表提出臺灣更名為「中華臺北」的無理提案時，在送交會員大會討論前就被擋下。

除了每年更新運動世界裡的研究主題之外，運動社會學學會的社交活動所搭建的情誼，也是這年度盛會的重要收穫。在酒吧裡，來自各國的運動社會學者一起看著德國與英格蘭足球比賽，就是個奇特的經驗。蘇格蘭人與德國人同一陣線，在比賽第八十七分鐘分鐘凱恩（Harry Kane）爭議性獲判十二碼球，最終雙方戰平而若有所失的氣氛，領略到歐陸各國透過運動與國族身分認同的微妙。

每屆年會，最後一晚的聚會，是白天數十場學術發表之外的重要場合，各國的學者，不管是資深大師或是初入這領域的研究生，沒有國界、資歷之別，大家打成一片，疫情下空白的兩年，原本二〇二〇年就該在智利相見的大家，竟多隔了七百餘天才相見。一期一會之感，格外強烈，年近七十的艾倫，感慨道著許多老朋友已經不在這場合上出現，更讓我們珍惜這些相遇的時光。

晚會近尾聲，一群中年運動社會學家隨著音樂開始跳起舞來，身邊的學會前理事長克莉絲汀．達萊爾（Christine Dallaire）跟我說，這DJ一定是把一九九二、九三年時候的歌都混音在一起了，我問她怎麼記得這麼明確，她說：「那是我在念研究所的時候每天聽的歌，一定是那兩年的。」記憶與情感就是如此玄妙，一首曲子，一個吉光片羽的時刻，馬上可以將你帶回神往的時刻。而對我們來說，一年一年的聚首，一五年塞納河上、一六年多瑙河畔的匈牙利科學院、一七年的國體旁的香腸攤、一八年洛桑的乳酪鍋、一九年奧塔戈的毛利戰舞，都成了我們標記記憶的方式。

隨著會議一天天的進行，口罩、人與人之間的社交距離感漸漸消退，返臺前在杜賓根診所所做的PCR陰性結果出爐，也讓我更自在地與大家近距離接觸。然而，就在回臺隔天，我收到來自疾管署入境採檢的確診通知，總是難免回想眾多可能沾染上病毒的時刻，是PCR陰性後的鬆懈？是那些告別的擁抱？還是那些約定明年渥太華再見的堅定握手？或許都是，但也或許都不那麼重要了。病毒依舊籠罩下與世界盡情擁抱，正是我們這兩年所懷念的溫度，如果確診是必須付出的代價，也許，那是值得的。

一直以來，運動社會學受到來自自然科學典範、主流社會學以及運動社會學內部的三重挑戰。不管是社會學或是以明確主題為範圍的運動社會學，多少都背負了來自自然科學典範，認定其是個「觀點」或是選擇性詮釋的一個學門，使得在自然科學實證、量化的標準下，顯得社會學在高等教育越趨商品化的現實下，顯得格格不入、甚至背負不夠「科學」的原罪；而運動社會學，又僅被當成社會學大傘下眾多次領域的一個分支，即便是社會學中，也常常因運動文化本質，而被當成邊緣、不夠嚴肅的次學門；而近年來，更有來自身體文化研究（physical cultural studies）的新興流派挑戰傳統運動社會學的典範。在此時代氛圍下，所有運動社會學家都很清楚自己的批判性格與在野位置，也更讓彼此珍惜相濡以沫的時光，二〇二二年研討會的主題「社會學為何重要？」（Why does sociology matter?）多少正反映了這群知識份子的集體焦慮。值此臺灣運動科學中心成立之際，我們也清楚知道，運動社會學這領域不是個光鮮亮麗的學科，它不會帶來任何獎牌的榮耀，它甚至是隻唱反調的烏鴉，但那就是運動社會學與社會之間的批判距離，而那樣的距離，正是我們彼此緊密相依之所繫。

憶阿標學長——那年七三〇罷賽事件的臺大碩士生裁判

二〇二三年七月一日正午，我正在華視轉播美國職棒的時候，局間收到國立體大管理學院葉公鼎老師傳來的訊息。阿標因為癌症離開了。

我呆了一下，彷彿不知道該如何反應似地，躲回棒球比賽轉播這避風港裡。比賽結束了，隨著時間一點一滴，卻有種難以名狀的傷感積累著。

阿標是江崇標，我臺大壘球隊的大學長，也是當年中華職棒培訓裁判中招募而跳槽到臺灣大聯盟的其中一位，為了這事，雙方還因此對簿公堂，最終臺灣大聯盟方勝訴，阿標也得以在這個新聯盟繼續執法。而他還是第一年的菜鳥裁判時，面對趙士強領軍的嘉南勇士，卻不懼名將威名，硬是把抗議並罷賽的勇士沒收比賽，裁定由對手聲寶太陽隊獲勝。

初識阿標時，我還只是個剛入臺大壘球校隊的大一菜鳥，而他已經是臺大土木研究所的大學長，自然有些距離感，兩人在球場沒那麼多互動，甚至二十多年過去了，記憶更顯得模糊。後來，得知他勇於追求棒球裁判夢想的熱血故事。直到幾年前，阿標考上我所任教國體體研所的管理組，兩條平行二十餘年的線才又再度交集。即便他來就讀之後，由於領域不同，也沒有太多的來往，直到前一年，他通過博士論文計劃口試之後的邀約聚餐，竟也成了我們最後一次見面的場合。在他過世後，原本屬於失聯人口的我，再與壘球隊隊友聯繫在一起，而我透過在新聞媒體和球界的朋友，協尋過往阿標在球場上執法的照片與影像，是我緬懷過往時光的方式，而過程卻比結果更令人感動。

究竟是怎麼樣的機緣、情境，讓這樣看似平行，卻在不同時間點上交錯的人生，在終結時卻有如此的觸動？

「一期一會」，是日文中比中文更能精準捕捉這種情懷的詞彙吧！近日種種，竟如此輕易地將我帶回往日。回憶似水，你永遠不知道會是什麼樣的機緣，什麼樣的圖像與聲音，會從什麼樣的角落滲出。就當我苦於如何撰寫這樣難以下筆的文章、甚至想放棄換個主題時，在前往學校的路上，點開梁功斌與曾文誠先生的線上廣播《台北市立棒球場》，剛好這一週邀請到的來賓就是前壘球國手轉進職棒的統一獅球員李坤哲，聽著聽著，自己更多當年打壘球的回憶湧現，這麼一來，彷彿全宇宙都敦促著我必須要把這篇文章生出來似的。於此同時，壘球隊OB的群組中，每天都有大家上傳著自己所擁有關於阿標的照片，多的是「這是什麼時候？」、「為什麼我人在照片裡但完全沒有印象？」、「小甜甜，原來這是你的本名？」的驚呼。

對我來說，阿標的離開，是一場回顧我自大學以來與棒壘球的旅程。大一的新生盃混壘賽，是我得到校壘隊學長們注意的比賽，賽後，擔任裁判的學長問我有沒有興趣打校壘隊，看似是實力受肯定的風光，但卻是我稍早參加棒球隊落選的救贖。雖說同是校隊，但少不更事的當時，總把棒壘球之間的差異，當成關於男性氣概位階的排序，「男棒女壘」、「小粒ㄟ打唔才去打大粒的」、「三壘傳不到一壘的才來傳短的」，這些都是我們常聽到，也難完全充耳不聞的揶揄。

細數我的壘球人生，臺南艷陽下，個人大專盃生涯第一支安打的德州安打；遠征花蓮光復國中的移訓，甚至還跟當時已有名氣的曹錦輝照了面；當兵時，還在左營營區的壘球比賽中，代表陸戰學校拿了冠軍而放了榮譽假。我所參與的那幾年大專盃中，總有對手「又」看到我們王牌投手小C哥而哀嚎，直問「他到底什麼時候畢業啊？」「歹勢，他才剛考上博班喔！」。說著說著，小C哥那件背上只霸氣地綉了一個英文字母「C」的球衣又浮現在我眼前。（是的，曾公，你在節目中說的，一直不畢業的臺大王牌就是他！）

至於阿標，在他後來碩士畢業後，自然無法在大專盃出賽，但周六上午固定練球的時間總是常常出現，常常一揮就是把球打進田徑場，也打得跑步的人們一邊跑、一邊閃、一邊瞪著我們。他打擊的力量，大概就是我對他壘球生涯印象最深的部分。而他的後土木人生，其實也正是臺灣許許多多為棒球、為運動癡迷的人的寫照。如果是現在，放棄臺大土木碩士的專業而去當個前途未卜的職棒培訓裁判的決定，早就會是在社群媒體廣為流傳的傳奇故事。

阿標「一戰成名」的那場比賽，其實也反映了當時中華職棒與臺灣大聯盟競爭下的氛圍。那場史稱「七三〇罷賽事件」的比賽，發生在臺灣大聯盟元年的一九九七年七月三十日，主角是趙士強與吳復連兩名資深前輩。當時的阿標才是從中華職棒培訓裁判挖角到臺灣大聯盟而轉正的菜鳥裁判，在太陽隊捕手柯良宗牽制二壘時，阿標判定打者吳復連妨礙守備，正確地引用規則，令已盜壘成功的跑者回到一壘，但卻引爆勇士隊的怒火，拒絕再上場，而遭沒收比賽。黑鷹事件的假球陰影下，那幾年兩聯盟總計甚至多達十一隊的臺灣職棒黑暗時期，多少存著「漢賊不兩立」的敵視，從中職重金挖來的老將們，也多少帶著優越感看待這些菜鳥裁判，但阿標這次的判決，乃至之後還曾驅逐有著美國大聯盟資歷的太陽隊重砲山洪（Sam Horn）出場，都顯示出他無懼而一視同仁的態度。

阿標過世後，群組中傳來標嫂希望大家幫忙找找他往日擔任職棒裁判照的訊息，畢竟那是他們新婚時期，阿標卻要隨著賽事南北奔波的辛苦時期，她希望女兒也可以看到他老爸年輕時勇於築夢那帥氣的一面，但史料難尋，尤其是已走入歷史的臺灣大聯盟時期的資料，所以我先想到的就是梁功斌先生，他記憶中的阿標，就是那個會用三角函數來跟他解釋裁判該如何站位的那位臺大高材生，感傷之餘，他幫忙聯繫中華職棒聯盟的楊士霈先生、跟阿標同梯的紀華文裁判，果然，當年阿標裁判的英姿、甚至當年自信說明判決的身影，都再一次流傳在我們OB的群組間。而TVBS資深編譯郭展毓、華視林奕雯主播、中職裁判彭楚雲、ETToday記者高堂堯，也都是在一聽到消息之後，就熱心地幫我在資料庫裡蒐集這位未曾謀面前輩身前的身影，這過程的點點滴滴，正是這趟回憶之旅最豐富的收獲。

人與人之間，就像壘球的八十八針、或是棒球的一百零八針，兩條看似平行，卻又綿密交織的縫線，最後穿過球心收針，成就了圓滿。

如果真有一片屬於棒壘球人的夢田，我想，阿標正在用他爽朗的聲音，喊著「Play Ball！」也許，也不會再有老鳥不服他的判決了吧……

社會運動與運動之間——尋找「入世」的運動員

二〇二四年五月二十四日晚間，走在中山南路和忠孝東路口的社會「運動」現場，一個身著台鋼王柏融球衣參與民眾手舉「在棒球迷之前，我先是臺灣人」；同一時間，四公里之外，忠孝東路的另一端，一場具有歷史意義的「運動」賽事正在進行著，台鋼雄鷹前進富邦悍將首度的大巨蛋主場賽事，將近一萬五千名進場，見證悍將在九局下半大逆轉，靠著再見觸身球獲勝的比賽。

中文都是運動，一個是 movement，一個是 sport，但這兩者間真是如此光譜的兩端而難以交集的概念嗎？

幾年前，當我還在傳播科系開課時，一堂「運動與媒體專題」，每學期第一堂課總要先給選課但卻連授課大綱都懶得看的同學解釋，「我這堂課探討的是身體活動的運動，不是社會運動的運動，如果不是你所預期的內容，你可以先離開沒關係。」雖然為數不多，但也確有學生就此離開教室。然而，我沒說的是，從微觀到巨觀，從個人身體到社會群體，從運動到社會運動，兩個的關係可能比你想的要密切。

儘管 COVID-19 疫情的那三年期間，是我們怎樣都想遺忘的空白，但二〇二〇年防疫泡泡中的美國職業運動，卻是他們最為入世的一個賽季，在一連串非裔美人遭到警方不當暴力對待甚至喪命下，NBA 球員們穿著包括「黑人的命也是命」等語句的球衣，控訴著美國社會令人不安的種族危機。卡佩尼克的國歌抗議事件、北愛爾蘭足球員麥克連（James McClean）拒絕別上象徵向英軍致敬的虞美人花（poppy），表達對英軍在一九七二年「血腥星期天」（Bloody Sunday）殺害在故鄉德里（Derry）遊行民眾的抗議；女足球員串聯爭取同工同酬權益等等，都是運動員「跨界」進入社會運動的例子。

而運動員在社會運動中扮演著名的角色，甚至不是這幾年「左派覺醒」才有的產物。一九六七年，底特律爆發「十二街暴動」（The 12th Street Riot），緊張已久的黑白種族關係在警方取締無照酒吧時引爆，最終詹森總統在密西根州州長羅姆尼（George Romney）所請之下派兵平亂，造成四十三死、近五百人受傷，七千二百人被捕的重大暴動事件。暴動之際，在底特律當地成長的老虎隊黑人球星侯頓（Willie Horton）走向人群，懇求暴動平息。

隔年，全世界更加風起雲湧的一九六八年，美國黑人民權運動、反戰、法國五月學運等一波波串聯發酵，運動員持續展現他們的社會影響力。四月四日，黑人民權運動領袖金恩博士（Dr. Martin Luther King, Jr.）在曼菲斯遭暗殺，大聯盟該賽季的開幕日剛好排定在葬禮預定舉行的四月九日，匹茲堡海盜隊在黑人明星球員克萊門提（Roberto Clemente）與威爾斯（Maury Wills）的領導下率先發難，全隊二十五人陣線一致，表達他們不會在當天出賽的意志，其他隊伍紛起效尤；堅拒徵召入伍的拳王阿里，持續控訴著越戰與美國黑人面對的不公戰役；九月，艾許（Arthur Ashe）成為美國公開賽史上第一個黑人男單冠軍，十月，墨西哥市奧運前的學生示威的序曲，二百公尺短跑的頒獎台上，史密斯（Tommie Smith）與卡洛斯（John Carlos）以黑權致敬（Black Power Salute）成為時代的印記。

前一年種族傷痛未癒的底特律，老虎隊打入世界大賽卻落入一勝三敗的劣勢，沒有退路的第五戰，侯頓五局上半一記關鍵的外野長傳，硬是在本壘前抓到企圖從二壘回來得分的紅雀隊盜壘王布洛克（Lou Brock），氣勢就此逆轉，老虎隊連拿最後三場勝利進而成為世界冠軍。一白一黑的投打雙星，洛利其（Mickey Lolich）與侯頓帶著這支黑白共榮的球隊，至少短暫地修補了這座城市的傷痕。侯頓在受訪時就表示，如果他們可以透過這支有黑人、有白人的球隊打出佳績，甚至是在世界大賽中一勝三敗的逆境中奪冠，那麼或許可以成為這座城市的榜樣。球隊老闆費澤（John Fetzer）甚至向總教練史密斯（Mayo Smith）說：「謝謝你們拯救了這座城市。」賽後黑白球迷共同狂歡的場景，成了這座被撕裂城市的救贖，《底特律自由報》（Detroit Free Press）就分析，那年老虎隊的世界大賽冠軍，成了白人罪惡感與黑人憤怒的共同情緒出口。

一旦「運動」與「社會運動」或政治牽扯在一起，我們總是把運動員習慣用「捲入」政治爭議、「被迫表態」、「選邊站」等等被動語態來顯示他們的無辜與無奈，上至國際奧會、國際單項運動組織，下至各級學校老師與教練在教育與培養他們的過程中，總是嘗試將運動員封閉在一個泡泡中，希望他們永遠長不大，並以服從、規訓為最高指導原則。他們總被媒體再現為純真、情感脆弱且容易上當，總是與政治無關，但為何他們和我們不一樣？在運動員之前，為何他們不先是公民呢？為什麼他們被「捲入」政治，而不是「參與」政治？政治為何「找上」他們，而不是他們用思考和智慧來面對這些問題？實際上，這些種種運動組織、媒體對運動員去政治化的前提，正強化了傳統的運動員形象，他們僅被當成從國族、地方到學校各種層次的代理人而已。

當然，不是所有運動員都能走在時代前端，高唱令人振奮的進行曲。NFL 堪薩斯市酋長隊踢球員巴特克（Harrison Butker）日前獲邀在堪薩斯州天主教本篤學院（Benedictine College）畢業典禮演講，傳達出極為保守的宗教與性別觀。他認為比起獲得高等學歷，大多數的女性可能更期待結婚和生孩子；他還聲稱，一些天主教領袖正在「將危險的性別意識形態強加給美國的年輕人」，並暗示六月份美國的「性別平等驕傲月」（Pride Month）犯了致命的宗罪（deadly sin）；此外，他還對於婦女墮胎權表達反對的立場。

巴特克爭議的演說之後，儼然成為美國保守派的代言人，原本踢球員這位置向來都只是各種脫口秀開玩笑的對象而已，但巴特克卻成為文化現象，他的球衣成為美國保守派熱購商品，一時還登上NFL 球衣銷售排行榜第一。身為二連霸酋長隊的一員，這事件自然延燒到他的明星隊友們，包括四分衛馬洪斯、邊鋒凱爾西（Travis Kelce）都公開表示，他們雖然喜歡巴特克作為隊友，但卻不同意他絕大部分的言論。

「沒有討論，沒有民主」，社會運動與運動皆然。儘管巴特克彷彿來自石器時代的言論令人厭惡，但至少他是有聲音的，雖然恐同、厭女，但他畢竟反映了某些美國保守勢力的想法，但這就是運動員先是公民才是運動員的體現，儘管是不和諧的噪音，但比起沉默無聲，卻至少讓我們知道社會前進的阻力在哪，也激發了更多前進力量的發聲。相較於我們總是將運動員與社會運動加上隔板，臺灣體壇的普遍無聲與失語，卻顯得震耳欲聾。

撰文同時，臺灣運動員以財務麻煩、感情糾紛等錯誤的理由佔據版面，不意外，「運動員就是天真、單純、愛玩嘛！」這是我們一向喜歡為他們開脫的藉口。但我們在培養運動員的過程中，能否開始試著不那麼「保護」他們？讓他們認識並應對泡泡外的世界？當然，臺灣運動員並非唯一，運動員的場外花邊話題在各國比比皆是，但比起更成熟的公民社會，我們卻少了些更能言、更敢言的「運動」公民。運動員既然能常人所不能，只要我們給予他們足夠的智識，並給提供適當的工具與舞台，他們的意志、智慧也值得發揮更大的影響力。

大谷翔平與凱特琳・克拉克——賦予新時代意義的運動肖像

隨著大聯盟二〇二四年賽季的結束，大谷翔平給了所有棒球迷都難以想像的歷史性球季。不過是一個「復健中的投手」，他卻差一點拿下打擊三冠王，並以五十四支全壘打、五十九次盜壘成功，寫下大聯盟歷史上首位五〇—五〇俱樂部的成員，首位以指定打者身分奪下年度最有價值球員也是必然的榮耀，也即將跟著道奇隊，首度在季後賽登場。

另一方面，同一年之中，在大學寫下 NCAA 史上得分紀錄，不到一個月的時間立刻無縫接軌到職業的 WNBA 賽場，首賽季就創下多項紀錄與最佳新人，凱特琳・克拉克無疑是當今女籃第一人。

一個是來自日本東北岩手縣的日本棒球員，一個是來自美國中西部愛荷華州的白人女籃選手，但兩個人都以前所未有的方式，改寫美國主流運動的定義，與擴展運動迷的視野，這樣的衝擊，已經不只是二〇二四年度最佳運動員，更已是定義一個世代的成就。

自從一九九五年野茂英雄勇闖大聯盟至二〇二四年止，一共有五十二個投手，十七個野手，外加一個投打「二刀流」的大谷翔平從日本前往大聯盟，從野手與投手數量上的差別，就可以理解過往大聯盟對於日本乃至亞洲棒球員的定位，除了鈴木一朗、松井秀喜之外，其他日本打者表現多半與期待間有著不小的落差。如今，大谷以兼具力量與速度的五〇—五〇俱樂部，改寫全世界對亞洲棒球員的想像。這項紀錄之所以難得，主要是因為傳統棒球觀念上，速度與力量往往是互斥的，大谷成為大聯盟歷史上二萬三千三百七十名球員中的唯一一人，當然值得所有加諸在他身上的讚譽。

這個史詩賽季，卻是從大谷生涯最大的危機，也就是貼身翻譯水原一平的賭博以及挪用帳戶的醜聞開始，然而，也正因為如此，少了水原為他搭起的「泡泡」之後，大谷開始在球場內外更加「可見」。日前，美國知名演員羅伯洛（Rob Lowe）在上CBS晨間談話性節目《The Talk》時，透露一段他與大谷的小故事，當他進入休息室與當時身著短褲的大谷打招呼並表示希望能夠合照，大谷在同意之後，向羅伯洛表示希望他能稍待一分鐘；大谷隨即以全套道奇球衣正裝出現完成合影。羅伯洛認為，這表示大谷對於公眾形象的細節以及對於棒球這項運動的尊重；之後，大谷還透過球團公關向羅伯洛徵詢，是否可以在大谷自己的社群媒體上貼出兩人合照，羅伯洛說，這是在他所有認識的超級巨星中都未曾見過的謙遜，也獲得節目主持群以及社群媒體留言一致好評。

不論場上或場外，棒球一直是日美之間文化橋樑，但卻未有像大谷翔平那般徹底顛覆過去的程度，對於美國人來說，野茂以降的日本投手，或是鈴木一朗的安打機器、工作倫理，多少都還是「很東方」的風格，但是大谷從「二刀流」到五十四轟五十九盜，都是全世界棒球員難以企及的高度，如今卻是由一個來自日本、當初還被評為像高中生的男人所完成，場內外三不五時的表情包，連愛犬Decobin的各式出場都更添他的「萌」感，展現出與美國運動巨星截然不同的男性氣概，但他所創下的紀錄卻又是再陽剛不過的，他的存在與成就看似與美國主流運動敘事格格不入，但他赤子之心與大和民族內斂、自律與尊敬卻能與陽剛至極的運動成就並存不悖。

在臺灣，尋找下一個「臺灣之光」的任務遲遲未果，大谷的魅力就直接反映在大聯盟轉播的選擇上，周末「五台聯播」道奇隊的比賽已是常態，大谷征服全亞洲，連韓國球迷在大聯盟的首爾開幕系列賽中，都為他折服，消解不少日韓棒球世仇的煙硝味。

當然，社群媒體的世界裡，大谷絕非讓所有人臣服，「只」擔任指定打擊、壘包加大才能盜那麼多壘等等，都是常見的不服氣。尤其水原事件之後，幾乎每一篇關於大谷的貼文下面都少不了「bet」（賭）的雙關酸言酸語，但任何的對話與嘲諷，多少就是一種交流，酸言酸語，常常就是自身所持價值的動搖下，所產生的防衛機制。

另一方面，凱特琳．克拉克為美國女籃帶來全新的局面，儘管二十七年歷史的 WNBA 不乏白人球星，博德（Sue Bird）、陶拉希（Diana Taurasi）、戴爾多恩（Elena Delle Donne）、史都華（Breanna Stewart）、約內斯古（Sabrina Ionescu）都是叱吒風雲的球星，然而，這些前輩沒有人像克拉克帶起美國人對於女籃如此程度的關注。

在非裔美國球員佔六成的 WNBA 裡，克拉克的表現動見觀瞻，從大學時期，美國媒體就將她與同年的里斯塑造成一對宿敵，兩人一路從大學糾纏到 WNBA，在表現同樣亮眼的里斯於九月初受傷之前，年度最佳新人之爭，支持者也幾乎隨著種族的界線劃分著；同時間，一項驚人的統計數據更加深了這樣的緊張關係，全聯盟一七%的惡意犯規是衝著克拉克一個人而來的，而其中八成是來自里斯所屬的芝加哥天空隊（Chicago Sky），而許多 WNBA 的資深球員也表示，這是 WNBA 有史以來最多種族討論的一季。

進入季後賽之後，克拉克的印地安納狂熱隊（Indiana Fever）在第一輪敗給了康乃狄克太陽隊（Connecticut Sun）而結束了她的新人賽季，但兩隊第一戰，克拉克在卡林頓（DiJonai Carrington）貼身防守下，眼眶被戳了一記，造成克拉克清晰可見的黑眼圈，故意與否，又成了從主流到社群媒體人人參戰的混亂風向，WNBA 球員工會甚至出面譴責《今日美國報》（USA Today）記者布瑞能（Christine Brennan）的報導，認為她「將職業運動員誘導到假議題上，並煽動社群媒體上的種族主義、恐同和厭女的仇恨言論。」

亞裔也好，女人也好，過往並非美國主流運動敘事的主體，如今在大谷翔平與克拉克的表現下，多了許多不同的視角，也給予這兩位運動員截然不同的時代意義，卻也挑起了美國種族敏感神經。北美的主要職業運動當中，除了冰球仍以白人男性絕對主宰（九七％），棒球則以白人六成、拉丁裔三成、非裔加亞裔一成；至於籃球，七成是非裔球員，美式足球也有五成，顯見非裔主宰了這兩項運動，各項運動族裔組成的背後，充滿了社會歷史背景，難以一概而論，如果再加入性別的面向，無疑更加複雜。

WNBA 在二〇二四年克拉克、里斯、布林克（Cameron Brink）、傑克森（Rickea Jackson）等超新星世代下，收視率屢創新紀錄，季後賽第一輪狂熱與太陽第一戰安排在周日下午，與收視率不動王者 NFL 正面對決時，都能為轉播的 ESPN 寫下多項收視紀錄，並且已經是二〇二三年 WNBA 總冠軍賽兩倍的收視人口。克拉克的登場，讓女籃受到前所未有的關注，但也帶進許多新的女籃球迷，他們對於原先 WNBA 的生態、甚至激烈肢體接觸的風格並不熟悉，也因為這樣的不熟悉，衝擊了原先習以為常的敘事甚至潛規則；同樣的，大谷翔平身上所體現著日本人日常的人格特質、那麼「不傳統」的明星特質，也衝擊著美國球迷對於棒球、運動、甚至陽剛特質的定義。

社群媒體的多元時代下，沒有任何人、任何運動明星可以享有至高無上的崇敬，即便如大谷、克拉克不世出的才華，勢必都會引發不同聲音，但這就是當下運動員的時代意義。但值得後續觀察的是，當克拉克本身在 WNBA 的存在，就是一場如影隨形的種族爭論時，大谷則以一個外國人之姿，不涉入任何形式的政治議題，彷彿如同美國社會亞裔「模範少數」的幽微身影，但就算他們無意涉入其中，在這時代下，仍會背負各種身分認同的投射以及可能的衝突。

入魂 37

運動反派的告白：左外野方向的逆轉思潮

作者　陳子軒
堡壘文化有限公司
總編輯　簡欣彥　行銷企劃　黃怡婷
副總編輯　簡伯儒　封面設計　萬勝安
責任編輯　簡伯儒　內頁構成　覓蠹設計室
出版　堡壘文化有限公司
發行　遠足文化事業股份有限公司（讀書共和國出版集團）
地址　231 新北市新店區民權路 108-2 號 9 樓
電話　02-22181417　傳真　02-22188057
Email　service@bookrep.com.tw
郵撥帳號　19504465 遠足文化事業股份有限公司
客服專線　0800-221-029
http://www.bookrep.com.tw
法律顧問　華洋法律事務所 蘇文生律師
印製　韋懋實業有限公司

初版 1 刷 2025 年 6 月
定價　新臺幣 450 元
ISBN 978-626-7728-08-6
eISBN（PDF）978-626-7728-07-9
eISBN（ePub）978-626-7728-06-2